"互联网+农村供水"

智慧管控平台设计与实现

张恒飞 唐光辉 王 帅 著

图书在版编目（CIP）数据

“互联网 + 农村供水”智慧管控平台设计与实现 /
张恒飞，唐光辉，王帅著．—武汉 ：长江出版社，2022.12
ISBN 978-7-5492-8652-2
Ⅰ．①互… Ⅱ．①张… ②唐… ③王… Ⅲ．①供水管理 -
信息化 - 研究 - 中国 Ⅳ．① F299.241

中国版本图书馆 CIP 数据核字 (2022) 第 252062 号

“互联网 + 农村供水”智慧管控平台设计与实现
“HULIANWANG+NONGCUNGONGSHUI” ZHIHUIGUANKONGPINGTAISHEJIYUSHIXIAN
张恒飞 唐光辉 王帅　著

责任编辑：李春雷
装帧设计：郑泽芒
出版发行：长江出版社
地　　址：武汉市江岸区解放大道 1863 号
邮　　编：430010
网　　址：http://www.cjpress.com.cn
电　　话：027-82926557（总编室）
　　　　　027-82926806（市场营销部）
经　　销：各地新华书店
印　　刷：武汉精一佳印刷有限公司
规　　格：787mm × 1092mm
开　　本：16
印　　张：19
字　　数：455 千字
版　　次：2022 年 12 月第 1 版
印　　次：2022 年 12 月第 1 次
书　　号：ISBN 978-7-5492-8652-2
定　　价：138.00 元

前言

农村供水工程是我国重大民生工程，农村饮水安全事关人民群众的日常生活和生命健康，解决农村饮水安全问题是脱贫攻坚工作的重要任务。党的十八大以来，国家对农村供水工程建设高度重视，地方也千方百计提升农村饮水安全保障能力。"十三五"期间全国累计完成建设投资2093亿元，提升了2.7亿农村人口供水保障水平。截至2020年底，全国农村集中供水率达到88%，农村自来水普及率达到83%，大幅改善了农村群众生活卫生条件，提高了健康水平和生活质量。

然而，我国农村人口众多、分布广泛，农村饮水工程点多面广，供水设施所处之地自然条件复杂，给供水安全监测和管网漏损检测带来严峻挑战。近年来，农村用水方式增多、新农村和小城镇等建设加快，人均用水量逐年增加，因管道漏失而产生的水量损失不断加大。在上游管道破坏至修复期间，下游受水区水压下降或停水，导致供水保障率降低。多数地区完全依靠人工方式维护，难以保证管网巡检运维的范围和频次，发现问题及快速响应能力亟待提升。

近年来，以云计算、物联网、大数据、人工智能、移动计算为代表的"互联网+"技术发展迅猛，给交通、电力、教育等传统行业带来了模式上的革新。将信息技术与农村供水结合，同样可以在监测控制、分析诊断、运营服务等方面带来巨大的变革和创新。当然，农村饮水工程自然、供电及网络条件限制较大，农村管网运行诊断方面研究缺失严重，运维人员素质整体不高，使得农村饮水信息化研究中存在诸多亟待突破的瓶颈。

自2017年以来，我团队在宁夏彭阳县开始实施"互联网+农村供水"项目，攻克了前端感知控制、运行诊断分析及运维服务保障等方面的难题，探索出一条农村供水智慧化管控之路。此后，针对不同地区的供水特点和管理需求，提出特色方案，帮助宁夏海原县、西吉县、隆德县，以及重庆梁平区、垫江县、城口县等10余个县区实现了农村饮水智慧化。

前　言

本书总结了团队在突破技术瓶颈、实施“互联网＋农村供水”项目过程中提出的不同方案，对农村供水管理运营特点进行梳理，对信息化解决方案中的共通之处加以提炼，阐述了前端感知、数据中心、支撑平台、业务应用等各个层级的关键技术和方法，帮助读者理解信息化技术如何与农村饮水安全保障深入融合。

本书由张恒飞、唐光辉和王帅总体策划并统稿。参加编写的人员包括张恒飞、唐光辉、王帅、成雪夫、田昊、谢非、韩锁、张鹏、梅林辉、翁正科和李诗。

由于本书涉及较多农村饮水安全、信息技术、自动控制等专业知识，编写时间仓促，加之作者水平有限，错误与不当之处在所难免，敬请同行专家和广大读者批评指正。

作　者

2022年12月

目录

第1章 绪 论

1.1 背景

农村饮水安全工程是脱贫攻坚工作的重要任务，关系到广大农村群众健康福祉，历来是中央和各地方政府重点关注的重大民生问题。《中共中央 国务院关于全面推进乡村振兴加快农业农村现代化的意见》(2021 年中央一号文件，以下简称《意见》)指出，解决好发展不平衡不充分问题，重点难点在“三农”，要坚持把解决好“三农”问题作为全党工作的重中之重，把全面推进乡村振兴作为实现中华民族伟大复兴的一项重大任务。《意见》要求到 2025 年，全国农村自来水普及率达到 88%，农村供水工程布局更加优化，运行管理体制机制不断完善，工程运行管护水平不断提升，水质达标率不断提高。到 2035 年，我国将基本实现农村供水现代化。实施乡村振兴战略，是全面建设社会主义现代化国家的重大历史任务。而解决“吃水”的问题，是实施乡村振兴、全面建成小康社会首要的、最基础的工作。

2021 年 8 月，水利部等 9 部门印发的《关于做好农村供水保障工作的指导意见》明确指出，按照全面推进乡村振兴战略的要求，各地要按照“统一规划、持续提升，突出管理、完善机制，政府主导、两手发力，广泛参与、社会监督”的工作原则，完善农村供水设施。2021 年 11 月，水利部在北京召开农村供水规模化发展视频会，落实党中央、国务院决策部署，加快推进农村供水规模化发展，大力提升农村供水保障水平，全面支撑乡村振兴发展。要按照“需求牵引、应用至上、数字赋能、提升能力”的要求，逐步实现“四预”，提升风险防范能力。2022 年 4 月，水利部、财政部、国家乡村振兴局联合印发《关于支持巩固拓展农村供水脱贫攻坚成果的通知》，旨在通过建立长效投入机制，强化农村供水工程建设和管理，提升农村供水保障水平，巩固拓展农村供水脱贫攻坚成果。

在党中央的大力推动下，我国农村先后实施生命工程、农村饮水解困工程和农村饮水安全项目，形成了覆盖广泛的农村供水管网体系。由于项目地区多为分散的农村，且地形起伏，给供水管网的养护管理带来诸多不便。目前，完全依靠人工的管理手段，虽然投入了大量人力，但难以保证管网运维的质量和成效，供水不稳、漏损严重的难题难以解决。同时，乡村群众存在饮水服务信息获取及缴费不便等现实问题。由此可见，提升农村供水运维保障水

平势在必行，而农村供水信息化无疑是其重要手段。

与此同时，农村供水信息化在研究和实施层面均存在一系列空白和难题。首先，农村供水管网存在点多面广线路长的问题，管网往往依靠起伏的地形实现加压，管道沿地势起伏。供水关键设施多数布置在野外，网络及供电情况复杂；其次，基于传统管网水力学的运行诊断算法对于管网本底数据、压力和流量监测要求极高，农村供水难以满足要求；再次，基于物联网的农村供水监测预警尚无完整体系，农村供水自动化建设后相应的运维知识存在缺失。因此，需要建设标准化高、运维效果好、应急程度高的运维体系。

鉴于上述问题，本书编写团队通过长期的研究与实践，形成了农村供水智慧管控的成套解决方案。通过自动化监控设施以及信息化管理手段，实现各水厂、清水池、输水管网、入户水表自动化运行，管理模式从以前的人工管理转变为"无人值守、少人值班"，降低人员运维成本。工程供水量、供水人口、供水保障率、工程运行监控等各类信息实时传递、展示、分析，数据更准确和全面。利用适应农村供水管网的监测诊断模型，结合大数据手段及时发现管网漏损和爆管，提高检修效率，有效节约水量。建成农村供水移动服务应用，以微信公众号为载体，打通计量、控制、运维、服务数据链条，为农村居民提供移动报装、报修、缴费途径，有效提升服务质量和群众满意度。

1.2 国内外发展现状

1.2.1 前端智能感知

前端智能感知设备最早见于国外，我国对该领域的研究起步较晚，相关产品在稳定性和功能性上与国外产品仍存在差距。但随着云计算、大数据、物联网、移动终端、人工智能、水利模型等新兴技术的发展和应用，后发优势日趋明显。目前我国前端智能感知设备，尤其是RTU产品正在功能上追赶甚至超越国外产品。

农村有别于城市环境，在农村进行互联网供水改造面临点多线长、地形起伏、高温多雨、供电不易、网络不稳等诸多困难。若RTU依赖自身集成电池实现长达几年的续航，可有效克服农村供水环境带来的诸多困难。目前国内外普遍使用具有低待机电流、高转化效率的进口电源芯片，配合带有休眠模式的进口MCU，实现几十微安的静态值守功耗，延长电池使用寿命。

得益于物联网、移动终端等技术在国内的广泛推广，布设在河道、沟渠中的遥测终端可以实现无线远程回传，部分新型产品甚至可以实现非接触式维护。非接触式维护的关键技术是远程唤醒技术，目前国内已经有多种远程唤醒方式，比如采用蓝牙、Wi-Fi、FSK调制，或集成芯片等方式。前者功能稳定，开发灵活，但功耗太高；后者功耗低，但解码成功率不高。

面对国外势力的技术竞争，我国芯片行业在巨大压力下飞速发展，定时芯片、低功耗逻辑芯片，以及ARM处理器都有了质和量的提升。当前国产芯片技术已经可以实现不依赖国外高性能芯片的低功耗待机以及远程唤醒方案。除芯片层面外,国产电池行业也已经走在世界前列,各种低自放电率、高能量密度的高性能电池层出不穷,可为智能感知设备提供稳定支持。在国内 4G、5G 网络全面覆盖,北斗卫星全面组网的大背景下,我国无线通信,尤其是物联网通信,具有极其良好的网络环境。因此我们有能力、有条件,研发新一代不依赖国外芯片、自持能力强、适应各种通信条件的前端感知设备。

1.2.2 供水诊断分析

农村供水工程点多线长面广的特点突出,与城市供水形成显著差异,也带来了跑冒滴漏严重、运行管理困难等现实问题。在城市供水水量预测方面,黄传连等提出利用时间序列三角函数分析法进行用水量预测,体现了用水量增长趋势和周期性变化。丁祥等提出基于灰色马尔可夫模型的天津市供水总量预测,提高了对波动性较大序列的适应性。刘洪波等提出利用小波神经网络的方法对城市供水管网水量进行预测,提高了预测精度。农村集中供水的建设时间尚短,尤其是农村供水监测的实施近几年刚刚兴起,农村供水规律及用水量预测等相关研究仍处在起步阶段。

在漏损检测方面,Brunon 证实了基于水力瞬变流理论分析长距离输水管道管网漏失的可靠性和有效性。Vitkovsky 等在管道系统水力模型的基础上加入了遗传算法,利用压力预测与实测残差最小值计算漏失量变化。Nixon 等提出的基于水力瞬变流理论仅适用于简单系统中微小振幅波动情况下的管网漏失分析。同时,由于计算较为复杂,水力瞬变流理论尚无用于农村供水管网的案例。

在漏损控制方面,Savic 和 Waiters 对给水管网中隔离阀的布置问题进行了研究,他们利用遗传算法,在控制阀数量确定的情况下,找到控制阀在管网中的合理位置。L. F. R. Reis 等为确定控制阀在管网中的位置建立了模型,将其与管网漏水量结合起来考虑,即自控阀的位置与管网的实际工况有关。一旦管网的实际运行条件发生变化,如供水量增加、节点流量增加等,其模型的解就会发生变化。Bargiela 和 Miyaoka 以系统剩余压力平方和最小为目标函数,决策控制阀的开启度设置,以降低管网压力,可使泄漏量减少 20%~30%。Germanopoulos 和 Jowitt 把与压力有关的泄漏因素引入模型中,使其理论在管网漏损控制领域又向前迈了一大步。近些年来,国内许多专家学者,如吴浩、何维华、严仁清等,就漏损设备、漏损原因、检漏方法等进行了探讨;陈兵等研究了漏失流量与压力、漏洞直径的关系;张宏伟、赵洪宾在大量供水管网漏损数据的基础上,建立了供水管道漏损控制预测模型,改变了供水行业被动式的漏损管理模式。

1.2.3 供水运维保障

在供水工程运维保障方面,国外一些发达国家研究起步较早,从 20 世纪六七十年代就开始对供水系统计算机应用进行探索,如美国的费城、丹佛和加拿大的多伦多等城市,主要采用遥测设备将管网中控制点的压力、水厂出厂压力、出厂流量、水位、功率及温度等实际运行参数自动适时地传送到中心调度室，并对超常现象做出自动报警，以此作为管理人员调度操作的依据。丁亚兰(1999)指出，日本先前将小型的供水设备向广大尚无供水能力的村镇推广，导致小型供水设备占到全部供水设施的96%以上，庞大的设备数量使管理难度提升。为保证饮水质量，日本重新进行了供水管网改造，并对村镇的供水设备进行整合淘汰，应用信息工程进行生产经营管理。2004年，日本政府又提出了全国性的Waterworks Vision计划，通过进一步提高对设备的信息化管理水平，实现将供水安全标准提升至直饮水水平。韩国政府为消除农村饮水隐患，从20世纪90年代起就开始在村镇推广供水系统。他们首先在农村和岛屿建设简单的供水管网系统，用于农业生产以及岛屿生活用水。随后又将视线转移到城市供水设施及信息管理建设，并制定了城市和农村饮用相同标准和质量的供水改造投资计划。该计划的实施实现了将农村、城市、岛屿及其他地区供水系统统一，为下一步进行调度应用提供基础环境。印度也早在20世纪80年代末就启动全国饮用水任务项目，其建设目标也是在供水设施落后的农村地区推广建设安全供水设施，并逐步统一水质监测和饮水安全的监管机制，达到统一协作、统一调度的农村安全供水的目的。同时，印度借助该国软件强大的研发技术优势，融合基础硬件设施，从而保证供水工程的可持续发展。

国内对于农村供水运维的研究主要集中于建立运维管理体制机制，通过明确农村供水工程运维管护主体，建立工程检修维护规章制度，保障工程平稳运行。在农村供水信息化方面，我国建设起步较晚，随着近年来互联网的发展和网络技术的普及，国内各地陆续开展农村供水信息化管理平台的建设。2008年，浙江省开发了一套农村饮水安全管理系统，为浙江省农村饮用水安全管理工作的开展提供了有效的技术支持，并为我国其他地区的农村供水安全信息化管理工作的开展做了开创性工作。2010年，聊城市对农村供水工程进行了分析和探索，并设计了一套农村供水工程运行实时监控、优化调度的信息化管理系统，为整体管理效率的提升提供了必要的支持，同时也为该市农村供水工程的信息化、现代化发展提供了坚实的技术保障，极大地提高了山东聊城的农村供水管理信息化水平。2013年，郑州市建设了农村供水安全管理信息系统，通过对郑州市周围农村地区的实际饮用水安全管理工作情况进行分析，设计了一套贴合当地实际情况的农村供水安全信息管理系统，效果良好。2014年，宁波市建立水利信息化综合管理平台，着重解决基础地理空间相关信息和水利专题信息的存储、传输问题，并通过互联网新技术的集中应用，为水利信息资源科学高效管理和辅助决策提供强有力的支撑。2017年，深水集团携手华为公司、深圳电信共同提出基于NB-IoT、IoT平台和大数据等最新物联网技术的综合解决方案，涵盖智能抄表、智能管网、漏损监测、业务增值等智慧水务相关业务。2017年3月22日，全球首个NB-IoT物联网智慧水务商用项目发布，1200余只NB-IoT智慧水表在盐田和福田的多个小区完成部署；2018年7月，深水集团启动9万只NB-IoT水表的招标，并于2020年实现近50万只智慧水表的更新改造。本书编者团队设计了基于“互联网+”的农村供水自动化监测与管理系统，针对农村供水管理中的自动监测、工程运维、水费计收等业务，构建农村供水管理系统，实现工程自动化、运维智能化、服务便捷化。

综上所述，将物联网、互联网技术引入农村供水管理工作中，开发农村供水工程信息化管理系统，实现农村供水工程各类业务数据的采集、传输、存储、交互、查询、分析与决策支持，构建农村供水信息化综合管理平台，是目前研究领域较为创新的探索，也是未来水利信息化的发展趋势。

1.3 本书主要内容

本书共包括8个章节，各章主要内容如下：

第1章：绪论。介绍了农村供水信息化的背景和现状。

第2章：管控平台总体设计。阐述了农村供水智慧管控平台设计的设计思路、技术路线、平台框架和网络安全等内容。

第3章：物联网感知与控制。介绍了前端感知体系、配套工程以及监控对象，同时对各类监测设备的通信与供电方式进行了分析。

第4章：农村供水数据中心。章节内容包括数据收集及整编、数据处理与建库、数据更新与维护、数据集成与共享4个部分。

第5章：农村供水能力中心。首先介绍了物联网平台所具备的能力，并对分析诊断模型进行了详细阐述。

第6章：农村供水应用。对管控平台的业务应用等进行了详细介绍，实现农村供水全过程监控计量、需水供水、运行管理、公众服务的信息化、移动化、智能化。

第7章：农村供水实践案例。分别对彭阳“互联网＋农村供水”、隆德“互联网＋农村供水”、梁平“互联网＋农村供水”和垫江“互联网＋农村供水”的项目情况、建设方案、建设内容和建设成效进行了介绍。

第8章：总结与展望。对本书的研究内容进行了总结与展望。

第2章 管控平台总体设计

2.1 设计思路

以“互联网＋”技术和思维，探索农村供水管理新模式，通过“云、物、大、智、移”等信息化手段，建成从水源地、水厂、泵站、管网到入户的物联网感知控制体系，以及涵盖供水工程全生命周期和全业务流程的智慧管理平台，实现从源头到龙头全程测控的自动化，需水供水、运行管理、检修养护等管理业务的数字化，报装迁改、用水缴费、信息服务的移动化，工程全生命周期管理的一体化。

2.1.1 测控自动化

利用物联感知技术，广泛布设感知设备，建立高频集中采集的物联网平台，实现覆盖水源地、水厂、泵站、水池、管道到入户的全链条动态感知，根据联动规则完成多级管网自动运行控制，从而达到“无人值守、少人值班”。

2.1.2 管理数字化

在全线精准计量的基础上，厘清管线拓扑结构，分级分区计算水量损失，加强管网运行状态的预警能力，减少供水系统故障发生率。在发生故障的情况下，可迅速诊断定位并响应处置，形成运维业务闭环，减少供水中断时间，从而提升本地区的供水保障率。

2.1.3 服务智慧化

建立便捷的服务通道，提升水费计收率和群众满意度。在精准计量和远程控制的基础上，利用PC端和移动端App、微信公众号，建立水费营收管理和用水户服务系统，在方便群众水费缴纳的同时，做到报装报修、信息公开一步到位。

2.1.4 建管一体化

紧密结合新的建管模式，实现农村供水工程全生命周期管理。构建从工程规划设计、施工建设、运行维护等全生命周期的工程管理系统,实现"一工程一档案",科学有效地保障工程的安全运行和效益的持续性发挥。

2.2 技术路线

管控平台的设计充分运用"互联网+"相关技术,解决农村供水智能化过程中遇到的感知、分析、服务、安全等方面的难题。

2.2.1 云计算

搭建云计算中心,作为数据中心、系统运行的载体。充分运用云计算技术弹性扩容、资源共享、集中运维、容灾备份等方面的优势,打造运行稳定、网络通畅、安全可靠的计算和存储环境。云计算环境的搭建,能够解决农村供水信息基础环境运维力量薄弱的问题,并为大规模的物联感知、大数据分析提供基础条件。

2.2.2 物联网

利用无线物联网技术,结合流量计量、压力传感、水位计量、水质传感、视频监控等设备,实现从水源到龙头供水全生命周期的自动化安全运行,同时实现多级供水设施设备联合自动运行,各级泵站实现自动化调度和无人值守。针对水源地、调蓄池等重要节点,通过实时监测供水过程中的水质情况,并辅以智能视频监控捕捉人为事件,保证农村供水用水水质安全达标。

2.2.3 大数据

现有运行诊断的算法对于压力、流量的监测要求极高,而农村供水范围广而大,难以完全满足研究中提出的监测参数需求。因此,传统水力学模型难以应用到农村供水业务场景,需要利用适应农村供水管网监测的管网诊断模型,结合大数据手段,实现农村供水运行状态的有效诊断。

2.2.4 人工智能

农村供水设施设备多分布在野外,全程自动化解决了需要人员到现场操作执行的问题,人工智能则可以配合视频监控解决设施设备的安防问题。同时,知识图谱等新技术可以用于运行维护知识的积累,并将经验知识运用于运维过程,提升农村供水保障能力。

2.2.5 移动互联网

移动互联网和智能手机是提升农村供水服务质量的必要手段。大量农村人口通过移动设备解决了互联网接入的问题,必然要求农村供水服务要以移动互联网作为主要载体。通

过移动端App、微信公众号、支付宝等群众普及率极高的路径将服务送到用户的身边。

2.3 平台框架

“互联网+农村供水”智慧管控平台框架如图2-1所示，平台具体分为感知采集层、基础设施层、数据汇聚层、支撑平台层、业务应用层和平台用户层。

2.3.1 感知采集层

从水源地、水厂、泵站、蓄水池、管网到用水户全程引入自动监测控制，包括水位、流量、水质、压力、视频、闸泵自动化等自动化监控设施，实现多级供水设施设备联合自动运行，实现“无人值守、少人值班”和从水源到入户的全程自动化。

2.3.2 基础设施层

基础设施层包括互联网和4G/5G无线网络资源、计算存储资源和农村供水指挥调度中心。

2.3.3 数据汇聚层

汇集、整合、共享提供农村供水工程信息化体系所需的各相关数据，包括水厂和水源地数据、骨干管网的数据、供水水泵数据、蓄水池数据、调蓄池数据、联户水表数据，以及在业务应用运行过程中产生的数据。

2.3.4 支撑平台层

支撑平台层包括基础支撑平台和模型平台。基础支撑平台为系统提供身份认证、通用流程、短信、数据交换、地理信息平台等服务，模型平台包括管网分析诊断模型和水电图像AI分析平台。

2.3.5 业务应用层

业务应用层以供水管理业务为核心，重点围绕自动化监控预警、供水安全、运行诊断、供水计费、工程管理等展开。

(1)自动化监控预警

通过高水平的自动化测控体系和信息化管理系统的建设，加强管网运行状态的预测预警能力，减少供水系统故障发生率；在发生故障的情况下，可迅速诊断定位并响应处置，减少供水中断时间；在对管网及建筑物进行常规检修养护之前，可合理安排储水，避免供水中断，从而提升本地区的供水保障率。

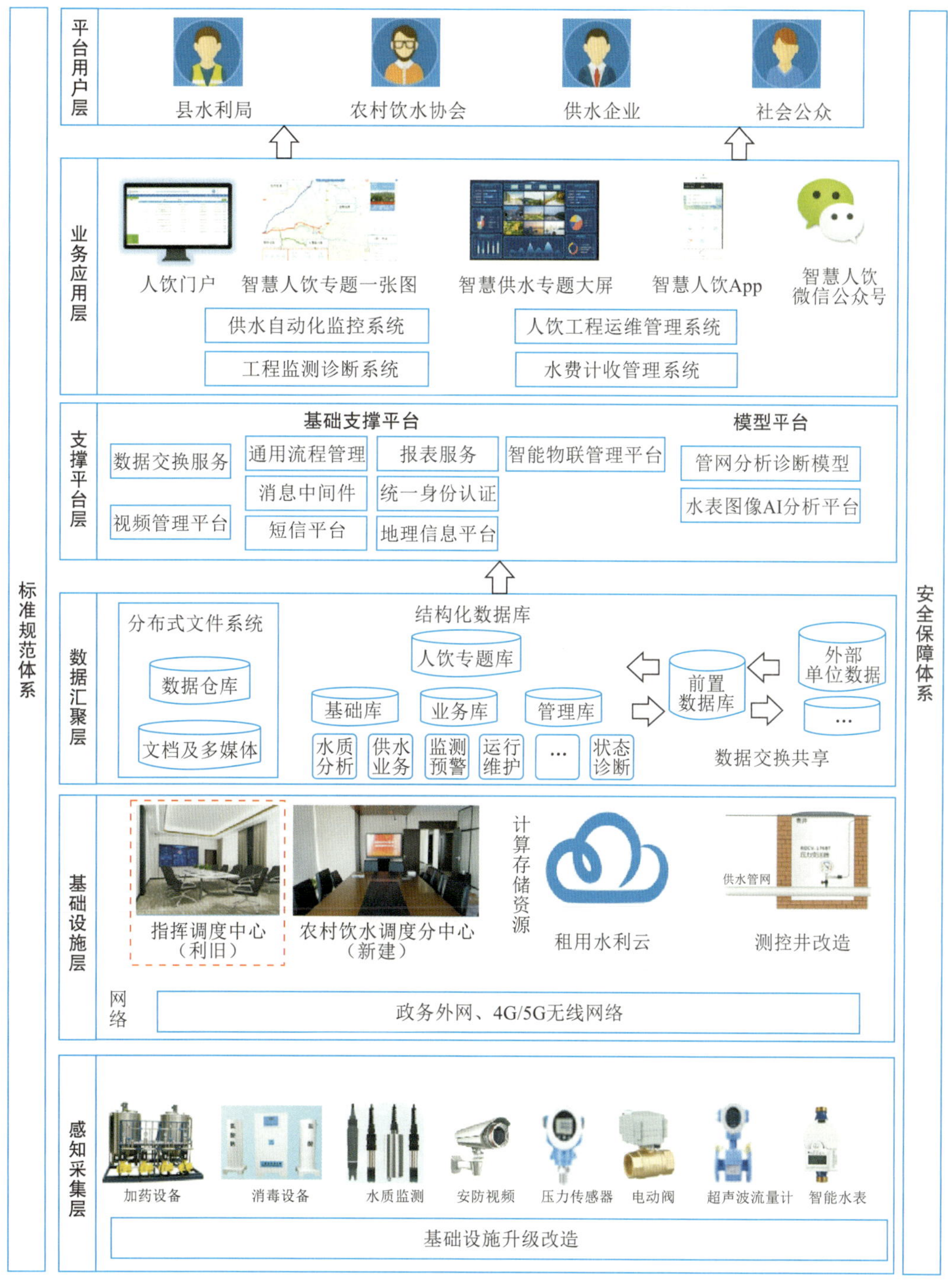

图 2-1 “互联网＋农村供水”智慧管控平台框架

(2)供水安全

针对水源地、调蓄池等重要节点，通过实时监测供水过程中的水质情况，并辅以智能视频监控捕捉人为事件，保证农村供水用水水质安全达标。

(3)运行诊断

在从水源地、干管、支管到入户的全线周密、精准计量的基础上，通过厘清管线拓扑结构，分级、分区计算水量损失，动态掌握局部及整体管网水损情况，对爆管等异常报警，提升水资源利用效率。

(4)供水计费

在精准计量和远程控制的基础上，通过在PC端和移动端分别建立水费管理和水费缴纳信息化系统，提高管理人员对水费计收情况的统筹掌握，并在方便群众水费缴纳的同时，做到用水、收费信息公开透明。

(5)工程管理

面向农村供水工程构建从工程规划设计、施工建设、运行维护等全生命周期的工程管理系统，实现“一工程一档案”，达到对进度、质量、资金、安全等方面的精细管理目标，全面提升工程建设与运行的管理水平，科学有效地保障工程的安全运行和效益的持续性发挥。

2.3.6 平台用户层

平台用户层包括县水利局、农村饮水协会、供水企业和社会公众用户。通过构建农村供水一张图，一方面为供水形势分析提供更加全面丰富的信息支持，另一方面发挥数据资源整合与利用的价值。同时，建设大屏展示系统、移动端App、微信公众号等应用，面向供水管理人员和社会公众，提供方便、快速、全面的信息服务。

2.4 网络安全

2.4.1 网络架构

系统感知层中水厂自动化监控通过运营商VPN数据专线与平台通信，管网监测通过4G/GPRS通信方式传输数据，入户计量水表采用NB-IoT方式进行通信。系统网络架构如图2-2所示。

2.4.2 安全架构

“互联网+农村供水”智慧管控平台部署于云平台，系统安全体系基于云平台现有安全体系进行构建，结合传输过程和应用端防护，实现整个应用体系的安全防护。等级保护信息安全保障体系如图2-3所示。

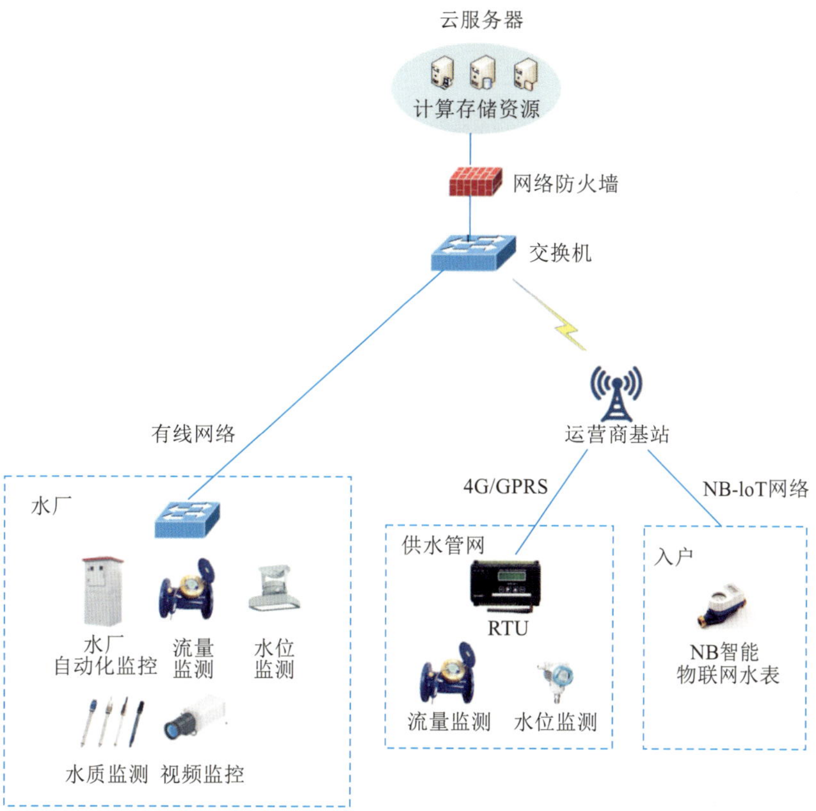

图 2-2 网络架构

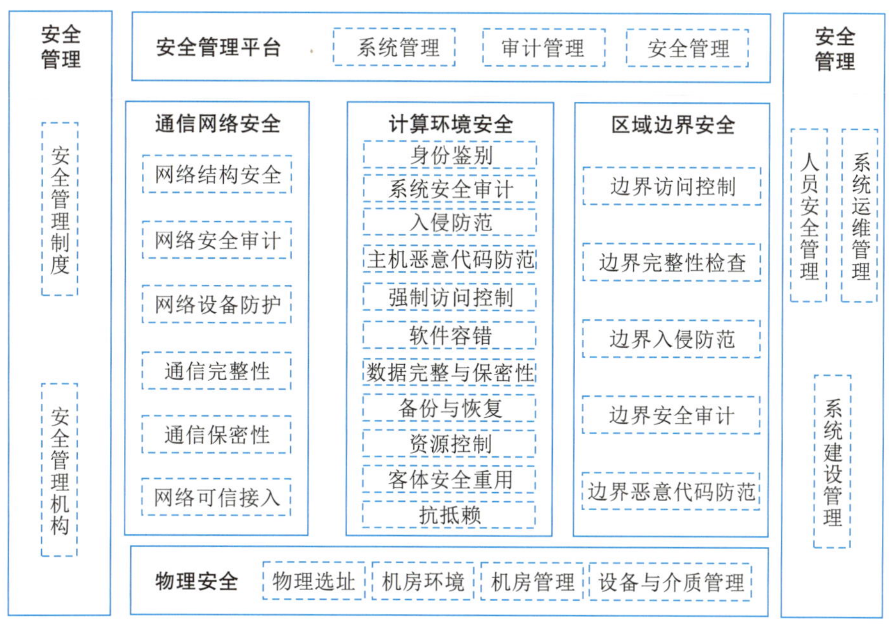

图 2-3 等级保护信息安全保障体系

2.5 本章小结

本章首先阐述了“互联网+农村供水”智慧管控平台设计的总体思路，即测控自动化、运维数字化、服务智慧化和建管一体化。结合“互联网+”这一思维和技术内核，阐述了基于云计算、物联网、大数据、人工智能和移动互联网等代表性技术在解决农村供水运维服务难题方面所起到的作用。最后，给出了平台的整体框架，并对各层次的内容和作用进行了概述。

第3章 物联网感知与控制

3.1 前端感知体系

3.1.1 农村供水全过程监控体系

农村供水全过程监控体系包括原水从水源地、水厂、泵站经输水管网、各级调蓄池到入户的农村供水全过程的各类监控系统的监测、控制和计量。

原水从水源地加压或自流，到取水管道，通往各水厂进行水处理，在水源地监控系统中，需监控水源地的水质情况及取水流量。在水厂监控系统中，需监测控制水工艺中的重要制水参数，以及出水水质和流量。

已经过水厂处理的净水通过输配水管网，供给各个泵站、调蓄池等。在各泵站监控系统和调蓄池监控系统中，需对泵站机组的运行状态或进出水量、水位及阀门进行监控，并按照水质监控及视频监控的布点原则，对重要的水池及泵站布置水质监控和视频监控系统，以保证末端用水安全。

在各级供水工程及最终用户之间，利用输配水管网监控系统，监控供水过程中的流量和压力等，对管网进行实时诊断及分析，提高供水保障。

最终，供水至末端的用水户，利用入户计量系统对各用水户的用水量进行监测，保障水费计收的正确性。

在整个农村供水感知体系中，通过实现各环节的智能感知，保障数据传输及设备控制的稳定反馈，并利用物联网传输至智慧管控平台进行分析处理，最终在各应用系统中对用户进行呈现和互动。

3.1.2 管网监控布点原则

管网监控主要考虑对连通管道各级分水口、配水干管、配水支管分水口进行监测控制，以实现对管网供水的运行监视和调度控制；对供水管网最不利点（高点/低点）进行管网压力监测，以实现对供水管道压力的实时监视。结合管线走向及布置，管网监控点主要布置原则如下：

(1)连通管网

①干管—干管分水口布设压力、流量、阀门多控点。

②干管—分干管分水口布设压力、流量、阀门多控点。

③分干管—支管分水口布设压力、流量、阀门多控点。

(2)配水管网

①干管—支管分水口布设压力、流量、阀门多控点。

②干管—入村管(统一入几个村组的管道)分水口布设压力、流量、阀门多控点。

③支管—入村管分水口布设压力、流量、阀门多控点。

(3)压力监控点

①以干管压力监测为主。

②若干管间距离超过 8km 无监控点,布设 1 处压力单控点。

③在过深沟、爬坡、穿公路等高程起伏较大和周围有重要建筑物或者公共设施等处布设压力单控点。

3.1.3 水质监控布点原则

依据《村镇供水单位资质标准》(SL 308—2004)相关规定,水质采样点应选在水源、水厂出水口、管网末梢等部位。部分项目区在工程中已配备了水质检测设备,并设有专门的水质检测实验室,出厂水均已经过处理和检测,水质检测数据能上传至系统平台。此种情景下,水质安全监测的布设可以只考虑管网末梢蓄水池处,同时将水厂监测数据接入系统中。

管网末梢采样点数应按供水人口每 2 万人设 1 个;人口在 2 万以下时,应不少于 1 个。

依据《室外给水设计标准》(GB 50013—2018)对水源在线检测设置的规定,地下水水源水质应至少检测 pH 值、电导率、浊度等水质参数,但当铁、锰、砷、氟化物、硝酸盐或其他指标存在超标现象时,应增加色度、溶解氧等项目。依据该标准对于配水管网末梢水在线检测设置的规定,配水管网在线监测项目至少应包括余氯、浊度,并可根据需要检测 pH 值、电导率等指标。水质监测站定期监测按照国家及地方相应规定执行,并将监测信息纳入供水调度与水质监测系统。

依据《村镇供水工程设计规范》(SL 687—2014)规定,有条件时,集中供水厂可在出厂水总管上设浑浊度、消毒剂余量等水质在线检测设备,规模较大的工程还可在水源和管网的关键部位安装水质在线检测设备。

3.1.4 视频监控布点原则

视频监控布点应遵循以下原则:

①与自动化系统分开独立组网，通信采用互联网或无线 4G 公网，传输网络视频信号，同时结合内置在网络摄像头内的 SD 内存储卡现地存储，远程查看。

②在泵室/水利工作站内设置枪型/球型网络摄像机，在泵站/水利工作站院落设置球型网络摄像机，实现对泵站/水利工作站室内外的监视，视频摄信号现地存储，远程查看。

③对 100～500m^3 的蓄水池，布设 1 台枪型/球型摄像机；对大于 500m^3 的蓄水池布设 2 台枪形/球型摄像机实现对蓄水池的监视。

④视频监控系统的监控对象包括自动化设备及场景、周边环境及人员闯入情况。

3.2 配套工程

3.2.1 监测井选型设计

目前常用的监测井形式包括现浇混凝土式、预制装配式及砖混结构式，下面从阀门井的价格、耐久性、施工工期、施工难度、运行管理等方面进行比选。

考虑工程经济性、现场条件、施工难度及运行管理，在城镇街道的人行道上监测井采用砖混结构式，位于城镇街道车行道上的少量监测井采用现浇混凝土式或者预制装配式，在农村田间的监测井采用砖混结构式。

表 3-1 形式比选表

序号	比选内容	现浇混凝土式监测井	预制装配式监测井	砖混结构式监测井
1	价格	较高	较低	低
2	耐久性	最好	较好	好
3	施工工期	施工速度最慢，工期长	施工速度较快，工期较短	施工速度最快，工期短
4	施工难度	施工工艺较多，较烦琐，投入机械设备较多	施工工艺已成熟，工艺简单，需要吊装，部分位置条件不能满足吊装	施工工艺已成熟，工艺简单，投入机械设备较少
5	运行管理	监测井本身防水，但漏水存于监测井内无法入渗地下，管理人员进入操作不便	本身不防水，漏水存于监测井内无法入渗地下，管理人员进入操作不便	本身不防水，漏水可渗入地下，监测井内干燥，管理人员进入操作方便

3.2.2 监测井结构设计

3.2.2.1 车行道监测井设计

在城镇街道车行道上的监测井采用矩形钢筋混凝土结构（图 3-1、图 3-2），井口长、宽内径根据管径尺寸不同而不同，井口和地面平行，保证车辆、行人安全、道路平整美观；管底距井底不少于 300mm，在管道下方砌筑砌体支墩支持管体与设备，井底设有集水坑。为保障车行安全，监测井安装球墨铸铁材料防盗井盖，现场进行局部处理以便无线信号传输，同时满足道路井盖设计强度要求。钢筋混凝土井壁的防水套管参照图集《防水套管》(02S404—15)采用钢制套管。

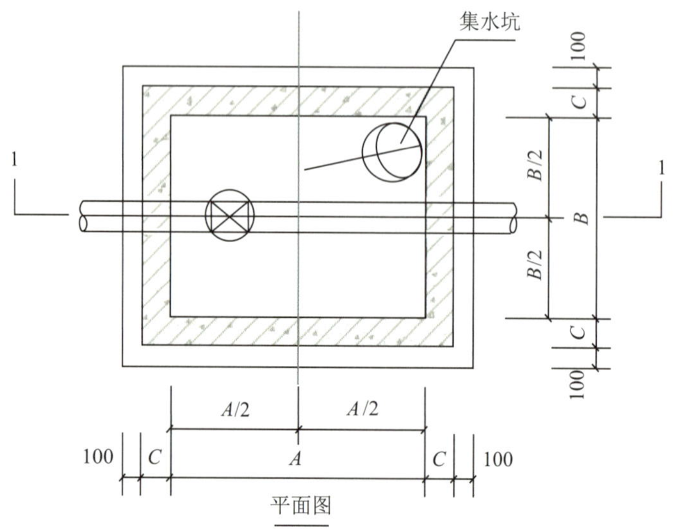

图 3-1 车行道监测井平面图(单位:mm)

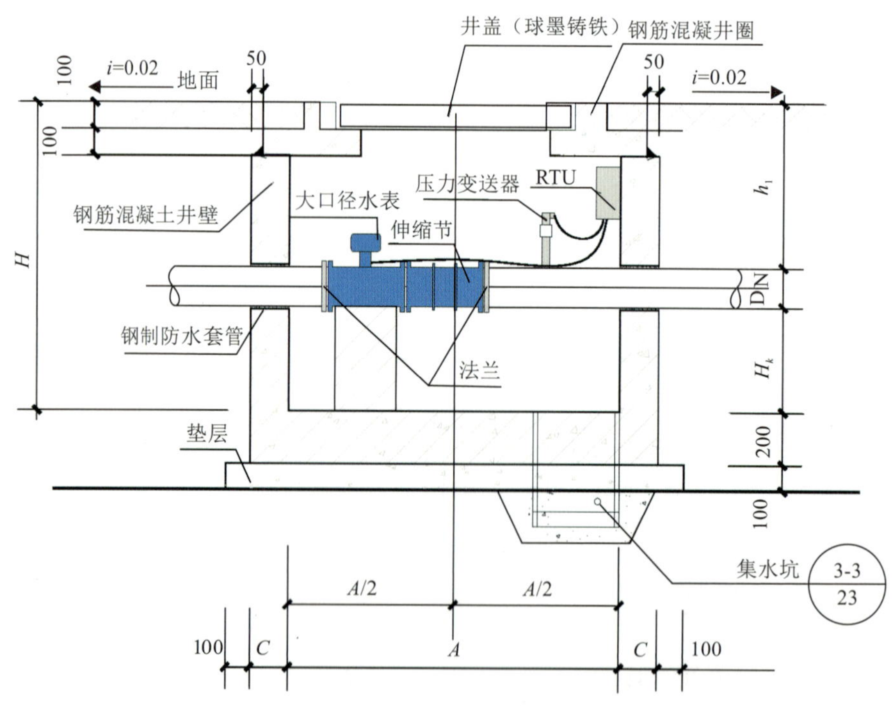

图 3-2 车行道监测井剖面图(单位:mm)

具体要求说明：

①钢筋混凝土井：井壁厚 $C=150$mm，底板厚 200mm，混凝土标号 C25，钢筋 HPB300 级，$\varphi10$；垫层厚 100mm，混凝土 C10；井室深 H。

有地下水时，C10 混凝土垫层下铺碎石或卵石层，厚度不小于 100mm。

②管径 DN 与井尺寸 A/B、井深 H 根据需求分别选型确定，具体尺寸参见表 3-2。

表 3-2　城镇街道监测井管径尺寸与井深对应关系表　（单位：mm）

管径 DN	设备长度 L	井尺寸 A	井尺寸 B	井室深 H	壁厚 C	管底距井底深 H_k	数量
100	250	1300	900	1000	150	300	4
150	300	1300	900	1000			3

③钢制防水套管与井壁洞口处间隙应采用柔性材料封堵；井底设集水坑。

④井室设于城镇街道铺装地面时井口应与地面找平，$i=2\%$向外。

⑤施工时按照电气专业防雷接地的要求做好底板、井壁主筋的焊接形成良好电气回路，利用扁钢在底部将其焊接相连以保证电气连通。

⑥其他地基处理、注意事项需满足图集《室外给水管道附属构筑物》(05S502)的相关要求。

3.2.2.2　人行道监测井设计

在城镇街道人行道上的监测井采用矩形砖砌结构（图 3-3、图 3-4），井口长、宽内径根据管径尺寸不同而不同，井口和地面平行，保证行人安全、道路平整美观；管底距井底不少于 300mm，在管道下方砌筑砌体支墩支持管体与设备，井底设有集水坑。人行道监测井安装复合材料井盖，以便无线信号传输，同时满足人行道井盖的设计强度要求。

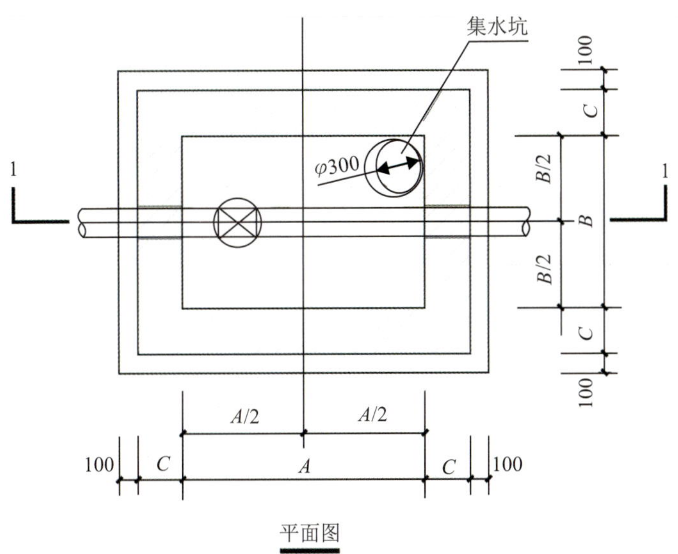

图 3-3　人行道监测井平面图（单位：mm）

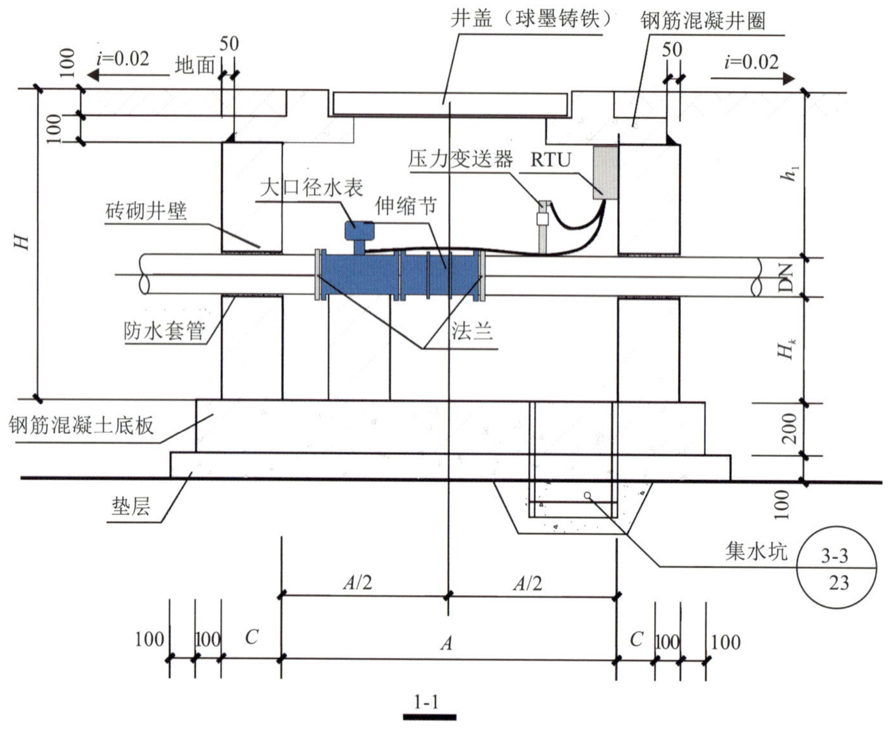

（人行道监测井：井口与地面找平）

图 3-4　人行道监测井剖面图(单位:mm)

具体要求说明：

①砖砌矩形井：井壁厚 C＝240mm，底板厚 200mm，混凝土标号 C25，钢筋 HPB300 级，φ10；垫层厚 100mm，混凝土标号 C10；井室深 H。

有地下水时，C10 混凝土垫层下铺碎石或卵石层，厚度不小于 100mm。

②管径 DN 与井尺寸 A/B、井深 H 根据需求分别选型确定，具体尺寸参见表 3-3。

表 3-3　　城镇街道监测井管径尺寸与井深对应关系表　　(单位：mm)

<table>
<tr><th>管径
DN</th><th>设备长度
L</th><th>井尺寸
A</th><th>井尺寸
B</th><th>井室深
H</th><th>壁厚
C</th><th>管底距井底深
H_k</th><th>数量</th></tr>
<tr><td>50</td><td>200</td><td>1300</td><td>800</td><td>900</td><td rowspan="7">240</td><td rowspan="3">300</td><td>2</td></tr>
<tr><td>100</td><td>250</td><td>1300</td><td>900</td><td>1000</td><td>32</td></tr>
<tr><td>150</td><td>300</td><td>1300</td><td>900</td><td>1000</td><td>23</td></tr>
<tr><td>200</td><td>350</td><td>1500</td><td>1000</td><td>1100</td><td rowspan="4">400</td><td>1</td></tr>
<tr><td>250</td><td>450</td><td>1600</td><td>1100</td><td>1100</td><td>1</td></tr>
<tr><td>300</td><td>500</td><td>1700</td><td>1100</td><td>1200</td><td>1</td></tr>
<tr><td>500</td><td>800</td><td>2000</td><td>1300</td><td>1400</td><td>1</td></tr>
</table>

③砖砌井壁需采用防水砂浆内外抹面，防水套管与井壁洞口处间隙应采用柔性材料封堵；井底设集水坑。

④井室设于城镇街道铺装地面时井口应与地面找平，$i=2\%$向外。

⑤施工时按照电气专业防雷接地的要求做好底板、井壁主筋的焊接形成良好电气回路，利用扁钢在底部将其焊接相连以保证电气连通。

⑥其他地基处理、注意事项需满足《室外给水管道附属构筑物》(05S502)的相关要求。

3.2.2.3 农村田间监测井设计

农村田间监测井采用矩形砖砌结构(图 3-5、图 3-6)，井口高出地面 30cm，防止雨水倒灌进入井内；管底距井底不小于 300mm，在管道下方砌筑砌体支墩支持管体与设备，井底设有集水坑。

具体要求：

①砖砌矩形井：井壁厚 $C=240$mm。砖强度等级大于等于 MU10，水泥砂浆 M10 级。砖砌井壁内外表面采用防水砂浆抹面。

②钢筋混凝土底板厚 200mm，混凝土标号 C25，钢筋 HPB300 级，$\varphi 10$；垫层厚 100mm，混凝土标号 C10；井室深 H。

有地下水时，C10 混凝土垫层下铺碎石或卵石层，厚度不小于 100mm。

③管径 DN 与井深 H 根据需求分别选型确定，具体尺寸参见表 3-4。

④防水套管与井壁洞口间隙应采用柔性材料封堵；井底设集水坑。

⑤井室设于农村田间时井口应高出地面 30cm，根据周围场地平整情况可适当调整井口高度。

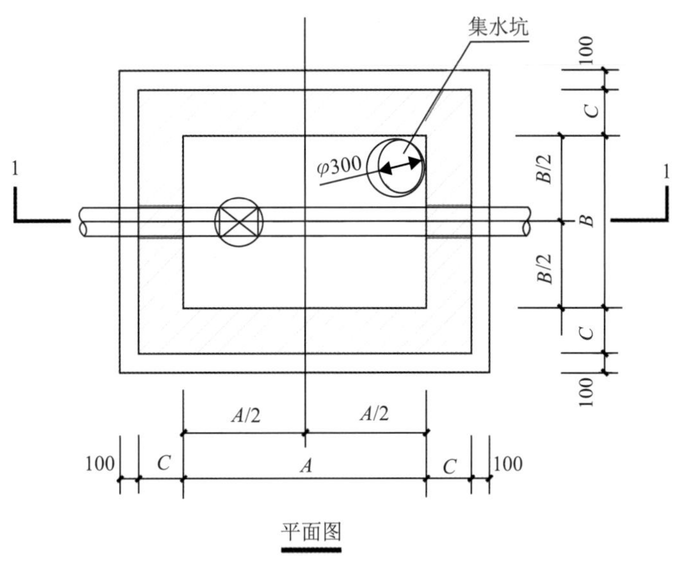

图 3-5 农村田间监测井平面图(单位：mm)

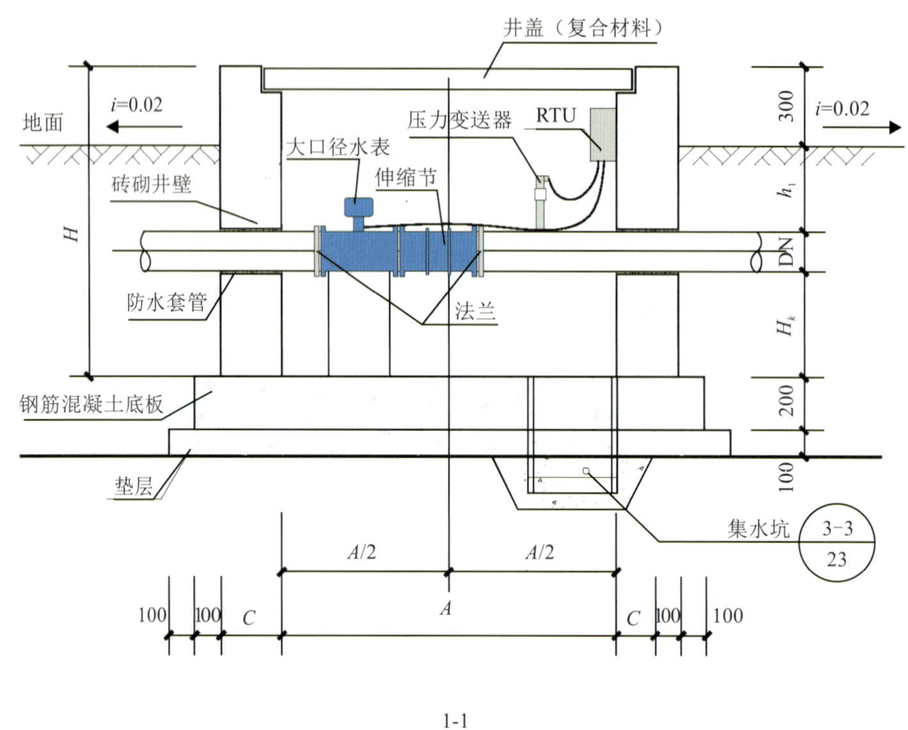

（农村田间监测井：井口与地面找平）

图 3-6　农村田间监测井剖面图(单位:mm)

表 3-4　农村田间管径尺寸与井深对应关系表（单位:mm）

管径 DN	设备长度 L	井尺寸 A	井尺寸 B	井室深 H	壁厚 C	管底距井底深 H_k	数量
100	250	1300	900	1300	240	300	9
150	300	1300	900	1300			2

⑥施工时按照电气专业防雷接地的要求做好底板、井壁主筋的焊接,形成良好电气回路,利用扁钢在底部将其焊接相连以保证电气连通。

⑦其他地基处理、注意事项需满足图集《室外给水管道附属构筑物》(05S502)的相关要求。

3.2.3　复合材料井盖选型设计

根据现场调研情况,若输配水管网大部分都在田间地头,且在浓密树荫覆盖之下,无法使用太阳能供电,远离市电电网,市电供电成本太高,但运营商 4G 覆盖信号较好,项目方案需要选择低功耗产品,放置在人手孔,必须便于无线信号传输。经过对比分析选择复合材料井盖，其具有经济、防盗、对无线信号传输影响较小的特点，且承重力较大的复合材料井盖完全可以满足田间、道路边对行人和一般非机动车辆安全行走、行驶的需求，符合建筑物设计规范。

复合材料井盖具有以下优点。

(1)防盗性能强

树脂复合材料井盖采用不饱和树脂、玻纤等材料及钢筋骨架经特殊生产工艺复合而成，经高温磨压一次成型，材料无再生利用价值，取出钢筋非常难(取出钢筋成本超过钢筋的价值)，因此具有主动防盗的功能。

(2)承载力大

有的复合材料井盖的最大承重可达10t，底部采用特殊的锅底形结构，使受力面积增大十几倍甚至几十倍。其所使用的连续增强纤维丝从材质上保证纤维丝和玻璃纤维布合为一体，从而使该产品具有足够的承载能力。

(3)使用寿命长

通过采用高性能树脂、玻璃纤维和特殊的生产工艺配方，确保了树脂在玻璃纤维中的渗透，大大增强了两者的黏结力，使材料在循环载荷作用下不产生内部损伤，从而保证了产品的使用寿命。

(4)美观实用、档次高

可根据高端客户需求，定做LOGO与多种颜色在同一井盖表面的个性化设计，使图案细腻，色彩鲜艳、分明，并可按需求制成各种与石材路面相同的仿石材表面及颜色。

(5)耐高温/低温，绝缘性能好，耐腐蚀性能强

产品耐腐蚀、无毒无害，无金属添加物，起到了真正意义上的绝缘效果，能在复杂多变、恶劣、要求高的场所使用。

(6)环保、防滑、低噪声

在人员或轻型交通工具碾压过后不打滑、无刺耳噪声及反射现象。同时，因产品重量轻，盖、座扣合精密，克服了其他材质井盖的“跳、跷、响、移位”等问题。

3.3 监控对象

3.3.1 水源泵站自动化监控

水源泵站自动化监控系统的建设需实现对各泵站自动运行、远程控制和供水量的监测。

水源泵站自动化监控系统是一套自逻辑运行的、互相联合调度的整体化自动运行系统。其主要表现为泵站前池、泵站水泵机组以及泵站出水池的联合调度。泵站前池和泵站在同一位置，出水池位于远处的高位。

设计原则如下：

①泵站前池需要实现进水阀根据水位自动化控制。

②泵站需要根据前池和出水池的液位来控制启停。

③泵站还要对出口压力、流量进行采集，以实现水泵的自动化保护和报警。

④出水池需要采集液位，并需要及时将液位数据通信传给泵站控制器，实现出水池的上水自动化控制。

⑤出水池后需要设置电动阀，实现出水自动化控制。

⑥相关阀门和水泵的启停也需要建立一套联合控制逻辑，实现供水过程的智能高效，尽量减少人工操作。在网络不稳定的情况下也能够实现安全供水。

3.3.1.1 功能设计

水源泵站监控系统应实现对泵站运行设备的监视、控制、报警，有关数据的制表打印，全站数据计算、存储以及与调度的通信等功能。

水源泵站自动化监控需实现的功能如下：

①对有水源处的水质进行在线实时监测。

②对有前池的加压泵站前池液位进行监测。

③对泵站水泵实现全自动和手动(现地＋远程)控制。

④对泵站出水管的供水压力、供水流量进行在线监测。

⑤对泵站泵室内外进行视频安防监视。

⑥对泵站出水池的水位进行监测。

⑦对出水池的出水量进行自动化控制。

⑧对泵站前池的进水量进行自动化控制。

出水池通过无线GPRS/3G/4G方式将数据传输到云平台，然后通过业务应用系统后端发出水泵启停指令，根据出水池水位的高低实现自动启停水泵供水。泵站视频也由下向上传输，先在泵站现地存储，然后再根据调用需要，上传云平台，各水厂/水利工作站根据权限进行调阅查看。

3.3.1.2 系统组成

(1)系统结构

根据以上功能设计要求，在水源泵站配置集中控制柜/箱，实现对泵站水池液位、供水压力、供水流量的实时监测和对出水池的监测控制;在出水池配置 RTU 测控终端,实现与云平台的通信和数据通信。

泵站集中控制柜具有编程控制功能和变频启动功能,含有 4G 数据采集传输模块,并能够对设备电流、电压、异常报警和电能进行监测。通过出水池液位控制水源水泵的启停(当高池液位低于设置液位下限值时水泵自动启动,当高池液位高于设置液位上限值时水泵自动停止),保证正常供水。

出水池配备 RTU 测控终端,其除了能够对水池液位和出水量进行监测控制外,还具备现地和远程控制蓄水池出口阀门开关的功能,从而为各水管单位实现供水调度提供了基础支撑。若出水池 RTU 网络传输不畅,泵站能够应急停止上水。并向运维人员发出报警,保障供水安全。

此外,所有泵站配置视频监控系统,视频监视在泵室内和泵站大门口各设置网络枪机/球机 1 台,在泵站院落设置网络球机 1 台,各视频监视终端的图像信息通过 4G 无线网络进入云平台,各级水管单位通过客户端登录查看视频图像,实现管理人员在监控室对各监视点的视频监视和控制。

(2)工作原理

1)数据采集

通过自动化控制系统,利用标准的 Modbus RTU 485 通信功能,读取加压泵站前池的进口管道压力、出口供水流量、水泵的运行参数等相关数据。

流量数据主要有瞬时流量、累计流量等,该数据直接反映二次加压后的供水情况,也可用数据报表或曲线图对某一阶段进行供水量的详细分析总结,结合下游终端水量计量上传数据,可计算出下游管网供水系统的水损量。

前池水位的采集,既可以在线监测前池水位的实时变化值,以便于整体管网的配水调度管理;也可以设定低水位报警值,以确保加压泵的正常工作,避免水泵空转。

供水压力的采集,既可以在线监测供水压力的实时变化值,以便于供水管网的安全管理;也可以设定供水压力区间,在确保供水管网正常工作的情况下,满足末梢用水的压力需求。

2)自动控制

通过可集中控制系统进行输出控制水泵的启停动作(图 3-7),采集反馈水泵的运行状态,并同步于上位系统,可由上位系统直接远程控制水泵的启停及供水压力调节。

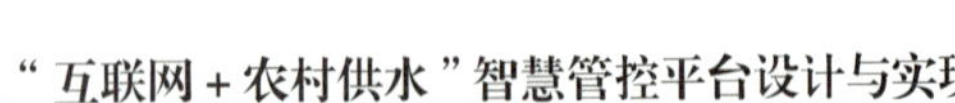

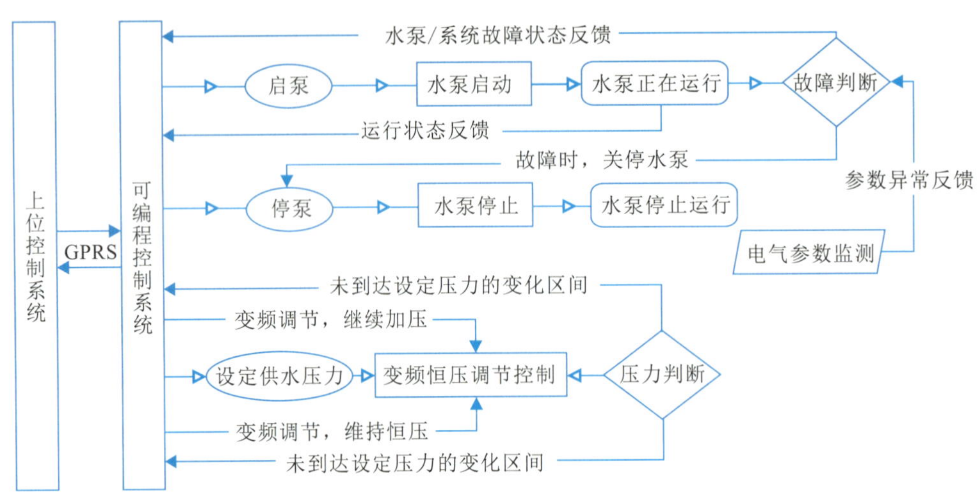

图 3-7　水泵控制原理图

3.3.2　水厂自动化监控

水厂自动化监控系统的建设需实现对水厂内部制水工艺中的关键运行状态和指标、进出水水质以及进出水量进行监控。

3.3.2.1　功能设计

水厂自动化监控系统应实现对水厂内部关键设备的监视、控制、报警，有关数据的制表打印，全站数据计算、存储以及与调度的通信等功能。

水厂自动化监控需实现的功能如下：

①对进出水的水质进行在线实时监测。

②对清水池的液位进行监测。

③对加药及消毒设备进行在线监测。

④对工作站及水厂厂区进行视频安防监视。

⑤对水厂的进出水量进行在线监测。

水厂范围内的各监测设备统一接入 PLC 柜进行集成和数据采集，利用互联网将数据传输到云端服务器，然后通过业务应用系统为业务人员提供监控服务。水厂视频也由下向上传输，首先在水厂现地存储，然后再根据调用需要，上传云中心，各级水管单位根据权限进行调阅查看。

3.3.2.2　系统组成

(1)水质实时监测能力建设

为提升水质实时监测能力，在进水部分建设浊度自动监测设施，动态监测水厂进水浊度。在出水口建设水质自动监测设施，动态监测水厂出水水质，监测指标包括 pH 值、温度、浊度、电导率、余氯，提升水厂水质实时动态监测水平，保障供水水质安全。

(2)净化、消毒设施

配置 PAC 加药及二氧化氯发生器等净化消毒设施，并配备 PLC 柜进行集成控制和数据接入。

(3)流量监测

为实现水厂进水水量的实时动态监控，在水厂进出水管处设置流量自动监测设备，实时掌握进出水量。通过 RTU 或集成至 PLC 柜进行数据接入和采集。

(4)水位监测

针对水厂的清水池配备液位监控设备，通过 RTU 或集成至 PLC 柜进行数据接入和采集。

(5)水厂现地监控

为实现水厂现地实时监控，在水厂配备视频监控及现地工作站，确保每个水厂能满足工作人员在现地访问云端系统，并配置相应的展示设备及安全设备，确保工作站的稳定安全运行。

3.3.3 泵站自动化监控

泵站自动化监控系统是一套自逻辑运行的、互相联合调度的整体化自动运行系统。其主要表现为泵站前池、泵站水泵机组以及泵站出水池的联合调度。泵站前池和泵站在同一位置，出水池位于远处的高位。

(1)停机时

水泵停止向出水池供水，此时泵站前池还在进水，当前池的液位不小于设定最高水位值时，关闭阀门；当出水池的液位下降到最低限度时，不再向下游供水。

(2)正常运行时

①泵站前池：当前池的液位不大于设定正常水位值时，打开阀门；当前池的液位不小于设定最高水位值时，关闭阀门。

②水泵：当前池的液位不小于设定最低水位值及水泵启动水位，出水池水位小于水位下限且出水池水位，打开泵站泵组；当前池的液位不大于设定最低水位值，出水池水位不小于设定最高水位值时，关闭泵站泵组。

③出水池：当出水池的液位不小于设定最高水位时，打开阀门。除此之外，还需要对泵站出水口的流量进行计量。

(3)事故时

水泵出现问题时，需要配套压力设备，以便监测水泵的运行情况。当出口管道监测的压力值大于管道压力承压值，或者管道监测的压力值为0时，水泵关闭。当出水池下游出现水毁时，需要出水池阀门能够及时关闭，防止造成更大的水毁损失。根据3种工况下的需求，设计原则如下：

①泵站前池需要实现进水阀根据水位自动化控制。

②泵站需要根据前池和出水池的液位来控制启停。

③泵站还要对出口压力、流量进行采集，以实现水泵的自动化保护和报警。

④出水池需要采集水位，并需要及时将液位数据通信传给泵站控制器，实现出水池的上水自动化控制。

相关阀门和水泵的启停也需要建立一套联合控制逻辑，实现供水过程的智能高效，尽量减少人工操作，在网络不稳定的情况下也能够实现安全供水。

3.3.3.1 功能设计

泵站监控系统应实现对泵站运行设备的监视、控制、报警，有关数据的制表打印，全站数据计算、存储以及与调度的通信等功能。针对测控功能的不同，对以下分类进行功能设计。

(1)管网加压泵站

管网加压泵站自动化功能设计如下：

①对泵站前池进口安装电动阀门进行自动化控制。

②对泵站前池液位进行在线监测。

③对泵站水泵实现全自动和手动(现地＋远程)控制。

④对泵站供水压力、供水流量进行在线监测。

⑤对泵站出水池水位进行监测。

⑥对出水量通过电动阀门进行自动化控制。

出水池通过无线GPRS/3G/4G方式将数据传输到云平台，然后通过业务应用系统后台发出水泵启停指令，根据出水池水位的高低实现自动启停水泵供水。泵站视频也由下向上传输，先在泵站现地存储，然后再根据调用需要，上传云平台，各级水管单位根据权限进行调阅查看。

(2)泵站出水池

在供配水管网中，在出水池建设安装具备数据采集、传输和控制功能的自动化监测控制箱，采集上传每个监测仪表以及电源系统的工作参数。

在水池安装液位采集设备，对蓄水池液位状态进行实时采集。

在水池出口供水管道安装流量采集设备及电动阀门，实现供水量的控制。

3.3.3.2 系统组成

(1)系统结构

根据以上功能设计要求，在管网泵站配置集中控制柜/箱，实现对泵站水池液位、供水压力、供水流量的实时监测和对出水池的监测控制；在出水池配置 RTU 测控终端，通过无线 GPRS/3G/4G 方式将数据传输到云平台，然后通过业务应用系统后台发出水泵启停指令，根据出水池水位的高低实现对水池自动启停泵供水。

泵站集中控制柜具有编程控制功能和变频启动功能，含有 4G 数据采集传输模块，并能够对设备电流、电压、异常报警和电能进行监测。并通过出水池液位控制水源水泵的启停(当出水池液位小于设置液位下限值时水泵自动启动，当出水池液位大于设置液位上限值时水泵自动停止)，保证正常供水。

出水池配备 RTU 测控终端，其除了能够对水池液位和出水量进行监测控制外，还具备现地和远程控制蓄水池出口阀门开关的功能，从而为各水管单位对管网的供水调度提供可靠保障。

此外，所有泵站配置视频监控系统，视频监视在泵室内设置网络枪机/球机 1 台，在泵站院落设置网络球机 1 台，各视频监视终端的图像信息通过 GPRS/3G/4G 无线网络进入云平台，然后各级水管单位通过账号和密码登录查看视频图像，实现管理人员在监控室对各监视点的视频监视和控制。

(2)联动控制

为了实现建设目标，满足泵站前池、泵站及出水池联动的需求，需要对泵站进行自动化和信息化控制。泵站联动控制逻辑如图 3-8 所示。

联动控制流程如下所示：

1)前池进水阀的控制

当前池的液位不大于设定正常水位值时，打开阀门；当前池的液位不小于设定最高水位值时，关闭阀门。

2)泵组的控制

当前池的液位不小于设定最低水位值及水泵启动水位，出水池水位小于水位下限且出水池水位能够实时上传时，打开泵站泵组；当前池的液位不大于设定最低水位值，或管道监测的压力值大于管道压力承压值，或管道监测的压力值为 0，或出水池水位未更新，或出水池水位不小于设定最高水位值时，关闭泵站泵组。

3）出水池电动阀的控制

当出水池的液位不小于设定最高水位时，打开阀门；当下游出现漏水情况时，关闭阀门。

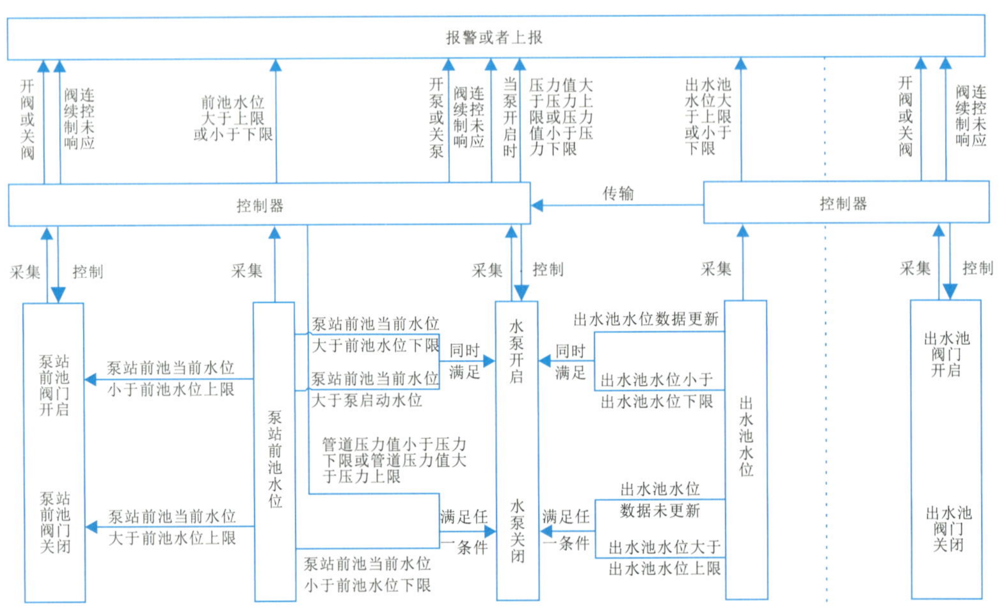

图 3-8　泵站联动控制逻辑图

（3）工作原理

1）数据采集

通过自动化控制系统，利用标准的 Modbus RTU 485 通信功能，读取出口供水流量、水泵的运行参数等相关数据。

流量数据主要包括瞬时流量、累计流量等，该数据直接反映二次加压后的供水情况，也可用数据报表或曲线图对某一阶段进行供水量的详细分析总结，结合下游终端水量计量上传数据，可计算出下游管网供水系统的水损量。

前池水位的采集既可以在线监测前池水位的实时变化值，以便于整体管网的配水调度管理，又可以设定低水位报警值，以确保加压泵的正常工作，避免水泵空转。

供水压力的采集既可以在线监测供水压力的实时变化值，以便于供水管网的安全管理，也可以设定供水压力区间，在确保供水管网的正常工作情况下，满足末梢用水的压力需求。

2）自动控制

通过可集中控制系统进行输出控制水泵的启停动作，以及采集水泵的运行状态，并同步于上位系统，可由上位系统直接远程控制水泵的启停及供水压力调节，如图 3-9 所示。

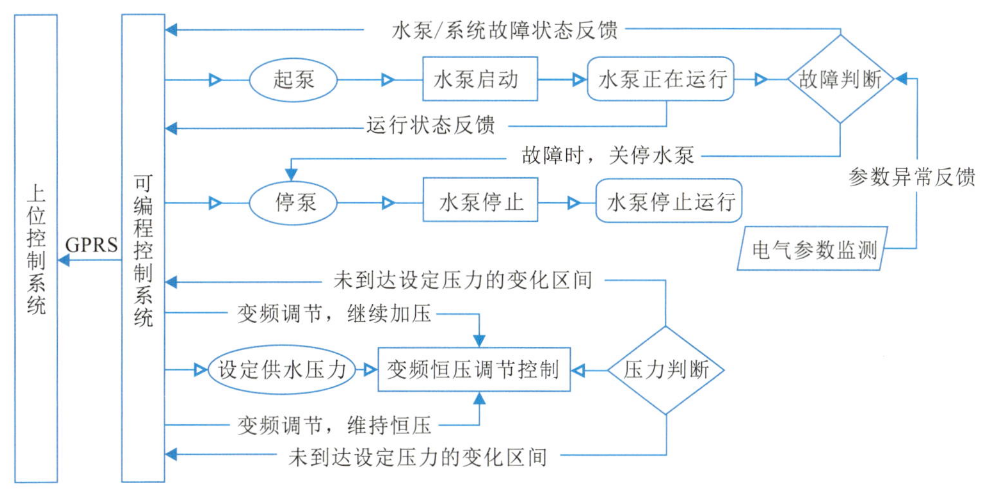

图 3-9 水泵控制原理图

3.3.4 调蓄水池监控

调蓄水池需进行水位采集及阀门控制，根据水池水位，通过自身控制逻辑进行供水控制，实现蓄水池供水自动化控制。在采用自身控制逻辑进行自动化控制的同时，可进行远程参数调整、控制系统的命令下发或人工干预，根据供水需求灵活采用自动化调整或人工调整的供水方式（全自动、定时、模拟、人工等供水方式），实现提高供水保证率的目的。

3.3.4.1 功能设计

调蓄水池监控系统应配置遥测终端机以实现：

①对采集蓄水池液位的采集。

②对阀门等设备进行控制并监测运行状态。

③将收集的数据实时上报到云平台。

④支持远程升级设备程序、设定参数。

针对以上需求，独立管网蓄水池主要功能设计如下：

①在水池安装液位采集设备，对蓄水池液位状态进行实时采集。

②在水池进口供水管道安装电动阀门，实现对水位和供水量的控制。

③在水池出口供水管道安装流量计设备和电动阀门，实现对供水量的控制。

3.3.4.2 系统组成

(1)系统结构

由液位监测设备、阀控执行设备与数据采集传输设备共同组成调蓄水池自动化监控子系统，数据采集传输设备将采集的液位数据上传上位系统或由现地智能设备直接进行运算分析处理；控制设备根据上位系统或现地智能设备下达的动作指令，执行相应的控制阀门的启停动作。

若蓄水池原检查井可以继续利用，保留原有进口过滤器和浮球阀，新增进口电动控制阀；在出口安装检修蝶阀、电动控制阀，可保留排气阀。对于原检查井不可继续利用的，新建检查井应设置在原检查井离蓄水池的外侧，只安装电动控制阀。

(2)自动控制

独立蓄水池控制逻辑如图 3-10 所示。

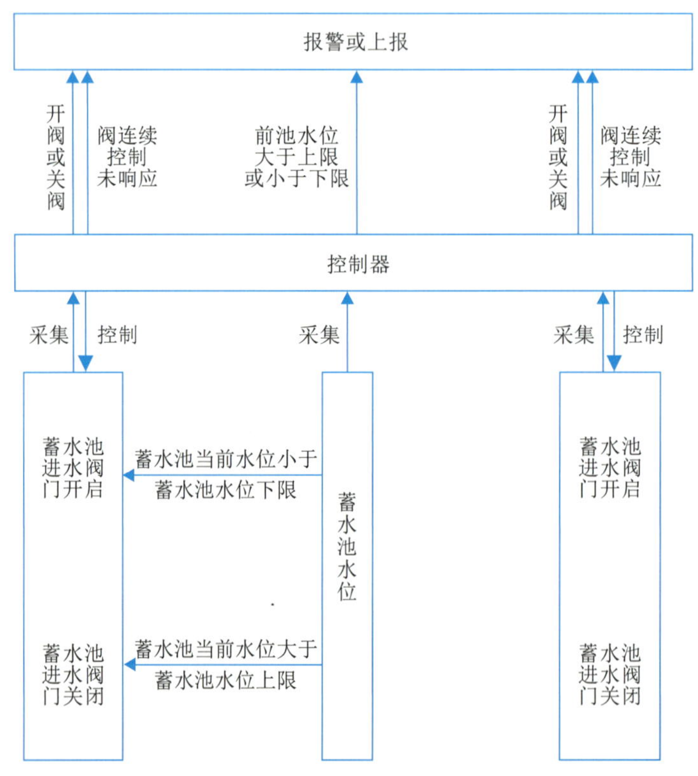

图 3-10　独立蓄水池控制逻辑

蓄水池进水阀门的控制：当蓄水池的液位不大于设定前池时，阀门打开；当前池的液位不小于设定最高水位值时，阀门关闭。

水流自流入蓄水池中，如果在上游管道或者上游出水池添加电动阀门，取消独立蓄水池前的电动阀门，会造成以下问题：第一，当独立蓄水池液位达到最高限度，关阀指令下达后，蓄水池前管道的满管水流仍会进入独立蓄水池，造成蓄水池溢流，如果溢流水量较多，将给下游居民带来一定的损失；第二，上游阀门关闭，下游独立蓄水池放空后，空气进入独立蓄水池上游管道，再次开阀放水时，管道内空气被水压缩，容易发生爆管现象，上游每次放水都相当于试通水；第三，出水池分出的管道，在下游分出几条管道，通往不同的独立蓄水池，如果不在独立蓄水池前增加阀门，那么会出现各蓄水池进水量无法控制，有的蓄水池已经溢流，但有的蓄水池却水量不够的现象。

3.3.5 管网监控

管网监控系统主要考虑对长距离输水管道、连通管道各级分水口进行监测控制，以实现对管网供水的调度控制；对供水管网最不利点（高点/低点）进行管网压力的监测，以实现对供水管道压力的实时监视，从而实现对管网运行安全的预警监测。

3.3.5.1 功能设计

通过管网定点压力监测和流量分区计量等手段，可准确把握供水管网的运行状况，为工程运行监管提供高效、及时、准确的数据依据，提高工作效率和科学管理水平，增强供水管网运行安全性。同时，通过管网压力和流量分析，能够及时预警爆管等管线运行问题。

系统实现的主要功能如下：

①采集数据随机自报：当被测的监测参数发生一个规定的增减量变化，且与上次发送数据时间间隔很短时，自动向数据中心发送一次数据。

②采集数据定时自报：不管参数有无变化，根据设定的时间，即采集和报送一次数据，云平台的数据接收设备始终处于值守状态。

③实现供水管网压力、流量的自动监测和快速采集传输，实现对重要节点的供水在线监测，对供水和调水情势进行正确评估和分析。

④实现监测系统的报警功能，当压力、流量异常时，系统将向云平台自动报警。

⑤可在调度中心实现对分水口电动阀门的自动化控制。

3.3.5.2 系统组成

管网监测系统主要由以下 3 个部分组成：

①测量控制设备：压力变送器、流量计、电动蝶阀；

②数据采集设备：RTU 测控终端或 RTU 传输终端；

③太阳能供电系统、防雷接地等。

3.3.6 入户计量

入户计量系统是供水系统末端流量监测的重要组成部分，也是水费计收管理系统的主要依据。系统应用计算机技术、移动数据通信技术、数据网络技术、自控技术完成用户水表远程数据采集、实时监测、后台分析等功能。

3.3.6.1 系统功能

①可通过 NB-IoT 等多种窄带物联通信无线方式采集远传水表流量数据。

②数据直接上传至“互联网+农村供水”大数据中心，统一接入云平台。

③支持定时上传数据、主动实时报警和智能按需上传3种通信模式。正常工况下为5min采集1次数据，24h上传一次；特殊工况下，短时采集、实时上传。

④支持远程和本地控制阀门开关。

⑤为保障用户实时用水，用水户欠费充值后，可一键启动用水或在平均半小时内恢复正常用水。

⑥支持人工与设备的智能交互，同时内置符合国密要求的加密芯片，保证用户用水数据安全。

3.3.6.2 系统组成

一般用户采用智能水表直接通过无线网络采集上传数据，也可以采用多个水表通过集中采集传输设备完成监测。

乡镇企事业单位入户计量采用大口径远传水表，通过无线传输将数据传输至水利云平台。

3.3.7 视频监控

视频监控系统需对重点水源工程、泵站和蓄水池布置视频监控点。

3.3.7.1 系统功能

系统完成的基本功能：监视和录像功能、控制功能、回放功能。

(1)监视和录像功能

利用安装在监视目标区域的摄像机对生产设备和环境进行远程实时监控，进行24h自动录像（也可设置为手动录像、视频感知录像或报警录像等方式），并将监视目标的动态图像传输到泵站中控室及管理处调度中心，中控室及管理处调度中心也可以对摄像机进行控制和录像。根据授权，监控人员可以进行本地录像、远端录像或调用历史至少7d内的录像进行查看。

(2)控制功能

调度中心运行维护人员及有关管理人员或其他系统授权人员通过微机即可对泵站监控范围目标区域中的设备或现场进行监视，同时可以在微机上对镜头进行控制，包括左右、上下、聚焦、变焦、画面切换等。不仅监控中心的值班人员能看前端画面，而且相关职能部门的成员、领导也能同时在自己的终端上进行实时查看和控制。

(3)回放功能

具有权限的操作人员可对历史录像数据进行检索和回放。

3.3.7.2 系统组成

视频监控系统由网络高清摄像机、存储硬盘等组成，视频网络传输示意图如图 3-11 所示。

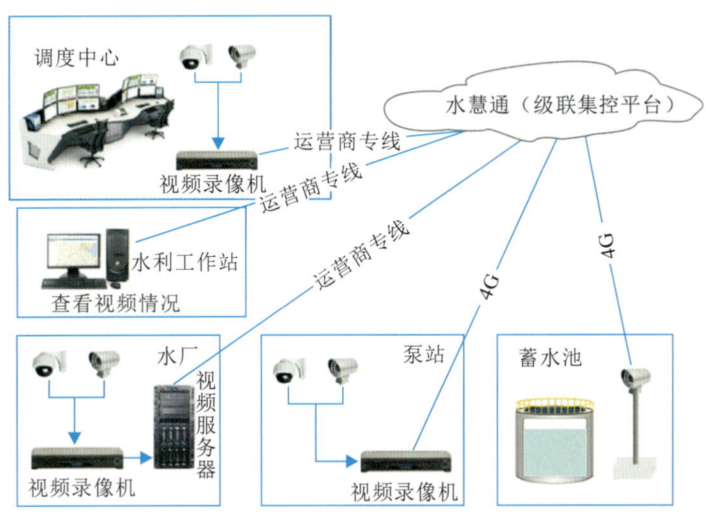

图 3-11 视频网络传输示意图

3.3.8 水质安全监控

水质安全监控系统主要对农村供水生命周期中的重点水源及重点调蓄池进行在线水质监控，主要针对温度、pH 值、溶解氧、浊度、电导率进行在线数据采集，当水质出现异常时，能够迅速报警。

3.3.8.1 系统功能

(1)监测数据

监测数据包括 pH 值、电导率、溶解氧、浊度、温度、余氯等参数。

(2)仪器设备状态量采集

仪器设备状态量采集包括供电系统状态、水质分析设备状态、通信状态等。

(3)报警功能

报警功能包括供电电源断电、设备断电、设备停运、设备异常改动以及数据超标、数据越限。

3.3.8.2 系统组成

将水源处采集的水质参数(pH 值、电导率、溶解氧、浊度、温度、余氯)通过在线式监测装置的 RS-485 通信接口接入站内水泵或闸阀监控箱上传至云平台。

对于管网末梢蓄水池，将水质参数接入蓄水池现地 RTU 控制箱，通过无线(GPRS/3G/4G)方式将水质数据实时传输至云平台。

3.4 监控设备

3.4.1 流量设备

农村供水流量监测数据是"互联网+农村供水"智慧管控平台的核心基础数据，监测数据的准确度直接影响到整个平台的建设效果。根据农村供水的特点，为支撑供水管网流量数据分析，包括流量异常告警、管网区域漏损分析、爆管诊断、需供水预测等功能，实现全链条自动化控制，需要在水源、泵站、水厂、管网、清水池等工程部位建设流量监测点。

结合农村供水的行业特点，为了减少大面积停水的影响和降低施工难度，通常在大于 DN300 口径的管道上使用外夹式流量计或插入式流量计，而在输配水管网小于 DN300 口径的管道上采用管道式流量计、大口径水表等流量计量设备。

3.4.1.1 外夹式超声波流量计

(1)工作原理

超声波流量计利用低电压、多脉冲时差原理，采用高精度和超稳定的双平衡信号差分发射、差分接收数字检测技术来测量顺流和逆流方向的声波传输时间，根据时差计算流速。超声波流量计具有稳定性好、零点漂移小、测量精度高、量程比宽、抗干扰性强等特点。

超声波时差原理测量精度高，在流体的上下游各设置一个传感器，超声波在顺流和逆流中传播速度不同，利用传播的时间差与流体速度的关系，通过流速、管径得出流量。

(2)技术特点

可采取非接触式测量，其为无活动阻挠测量，无压力损失。

可测量非导电性液体，对无阻挠测量的电磁流量计是一种补充，安装简单，性价比高。

3.4.1.2 插入式超声波流量计

(1)工作原理

插入式超声波流量计由转化器及一对插入式传感器组成。插入式传感器由定位底座、球阀、传感器芯组成。原理:超声波穿过液体时，液体对传插时间产生微小影响，其传插时间的变化与液体流速成正比。

(2)技术特点

插入式超声波流量计最大的特点是安装时不用停产断电，可带压安装。同时对于大型管道来说，其性价比十分优越，是大型管道流量计的不二选择。

插入式超声波流量计具有不受温度、压力、密度、精度和电导率变化的影响，传感器结构简单，无节流体，不堵塞等特点。

3.4.1.3 插入式电磁流量计

插入式电磁流量计是一种测量导电流体体积流量的感应式仪表。插入式电磁流量计是在管道式电磁流量计的基础上发展起来的一种新型流体流量仪表。它在保留管道式电磁流量计优点的基础上，针对管道式电磁流量计在大管道上安装困难、费用大等缺陷，根据尼库拉磁(NIKURADS)原理，采用电磁方法，通过测量流体的平均流速获得流体的体积流量。特别是采用带压开孔、带压安装技术后，插入式电磁流量计可在不停水的情况下安装，也可在铸铁管道、水泥管道上安装。

(1)工作原理

插入式电磁流量计的工作原理是基于法拉第电磁感应定律。在插入式电磁流量计中，测量管内的导电介质相当于法拉第试验中的导电金属杆，测量管两端各有一个电磁线圈，它们产生恒定磁场。当导电介质在测量管内流动时，会切割磁力线，从而产生感应电动势，即感应电压。在测量管内部装有两个电极，当导电介质流过测量管时，感应电压就可以被检测到。

测量管道通过非导电衬里(如橡胶、聚四氟乙烯等)实现与流体和测量电极的电磁隔离，这样一来，电极所检测到的感应电压就可以准确反映导电介质的流量情况。

(2)技术特点

插入式电磁流量计具有以下优点：

①插入式电磁流量计的测量精度不受流体密度、温度、压力、黏度和电导率变化的影响。

②测量管内无阻碍流动部件，无压损，直管段要求较低。

③结构简单，电磁流量计测量管可不用内衬，可靠性高。

④高可靠性的外插安装方式，传感器的安装、维护无需拆卸测量管，因此较适合于无法停水的现场使用，而且可以在老管道上现场开口安装。

⑤公称通径范围宽，适用于DN100～DN3000的所有口径管道，传感器衬里和电极材料有多种选择。

⑥一体化接地电极，实现仪表良好接地。

⑦插入式电磁流量计的传感器采用先进加工工艺、固态封装、耐振动、防渗透、寿命长，使仪表具有良好的测量精确度和稳定性。

3.4.1.4 管道式超声波流量计

(1)工作原理

管道式超声波流量计以传播速度差法超声测量为基础，通过传感器向流体发射超声信号，在其受到流体流动影响之后再接收此超声信号并将检测结果用于流量测量。管道式超声波流量计根据对信号检测的原理可分为传播速度差法（直接时差法、时差法、相位差法和频差法）、波束偏移法、多普勒法、互相关法、空间滤法及噪声法等。

超声流量计和电磁流量计一样，因仪表流通通道未设置任何阻碍件，均属无阻碍流量计，适合用来解决流量测量困难问题。

(2)技术特点

管道式超声波流量计解决了外夹式传感器和插入式传感器在安装过程中由于管道不标准和人为安装误差而造成的测量精度下降的问题，真正达到了百分之一的测量精度。

标准管道式超声波流量计工作具有以下优点：

①稳定、精度高，材质为碳钢或不锈钢，可浸水工作，对管内流体不产生压力损失，节约能源，无泄漏、无污染、无腐蚀。

②单片机的采用可方便输入管径、管材、流体种类等有关参数，适应性强。

③具有掉电监测、数据保护功能，再上电即可恢复运行。

④抗干扰能力强，可在恶劣环境下稳定工作。

3.4.1.5 管道式电磁流量计

(1)工作原理

管道式电磁流量计由传感器和转换器两个部分构成。它基于法拉第电磁感应定律工作，用来测量导电液体的体积流量，是一种速度式仪表。根据法拉第电磁感应原理，在与测量管轴线和磁力线相垂直的管壁上安装一对检测电极，当导电液体沿测量管轴线运动时，导电液体切割磁力线产生感应电势，此感应电势由两个检测电极检出，数值大小与流速成正比。

(2)技术特点

管道式电磁流量计具有以下优点：

①无截流阻流部件，不存在压力损失和流体阻塞现象。

②该仪器结构简单、可靠，无可动部件，工作寿命长。

③无机械惯性，响应快速，稳定性好，可应用于自动检测、调节和程控系统。

④测量精度不受被测介质的种类及其温度、黏度、密度、压力等物理量参数影响。

⑤采用聚四氟乙烯或橡胶材质衬里和 Hc、Hb、316L、Ti 等电极材料组合，可以适应不同介质的需要。

3.4.1.6 光电直读大口径水表

光电直读大口径水表是应用在农业灌溉、水源总管道等场景的计量产品。公称口径

40mm 及以下的水表通常称为小口径水表，公称口径 50mm 及以上的水表称为大口径水表。这两种水表有时又称为民用水表和工业用水表，同时这种分法也可以通过水表的表壳连接形式区别，公称口径 40mm 及以下的水表用螺纹连接，公称口径 50mm 及以上的水表用法兰连接。

(1)工作原理

光电直读大口径水表由基表和智能电子元件两个部分组成，智能电子元件包括智能阀控、智能芯片，集成在防干扰屏蔽盒中。开关传感器采用无源开关结构，不需供电，智能芯片为微功耗元件，有线连接方式平常无须供电，只有在对水表读数时才需要对它加电。光电直读大口径水表完成水表的计量、数据存储和阀门控制，控制器部分完成卡片的读写操作、显示以及逻辑判断功能。大口径水表的机械水表根据内部结构不同分为旋翼式水表和螺翼式水表，只具备简单累计计量功能，通过水流冲击叶轮带动转轴实现用水量的统计。

(2)技术特点

光电直读大口径水表具有以下特点：

①远程测量，分段校准，高测量精度和低电压报警功能。

②无磁测量，不受强磁场攻击影响。

③光电直读式有线 RS-485/M-BUS 抄表，现场施工方便，传输距离远。

④低功耗(静态功耗小于 10μA)设计。

⑤表壳的整体结构采用锻造工艺制成，坚固耐用。

⑥测量机构无活动部件，永不磨损。测量精度不受服务周期影响。

⑦密封性强，可水平或垂直安装。

⑧大口径水表机械结构中的水轮会对介质产生一定的压力损失，同时也受水质影响，水中泥沙、杂质等会对水表产品一定影响，选用时要根据应用场景进行选择。

3.4.2 水位设备

在农村供水前端感知与控制中，通常在水厂清水池/高位水池布设投入式水位计，进行水位采集，根据水池水位，通过 PLC 自动控制逻辑进行供水控制，实现清水池、高位水池的供水自动化控制。

(1)工作原理

投入式液位计基于所测液体静压与该液体的高度成比例的原理，采用先进的隔离型扩散硅敏感元件或陶瓷电容压力敏感传感器，将静压转换为电信号，再经过温度补偿和线性修正，转化成标准电信号(一般为 4～20mA/1～5VDC)，又可以称之为“静压液位计”“液位变送器”“液位传感器”“水位传感器”。

(2)技术特点

投入式液位计采用先进的隔离型扩散硅敏感元件,直接投入容器或水体中即可精确测量水位计末端到水面的高度,并将水位值通过4～20mA电流或RS-485信号对外输出。变送器部分可用法兰或支架固定,安装使用极为方便。

3.4.3 多参数水质监测设备

水质检测中的常规参数是水质污染检测的基本指标,在中国生态环境部发布的《环境监测仪器发展指南》中提出,水质自动监测项目分为水质常规参数和其他项目,水质常规参数包括温度、pH值、浊度、电导率、溶解氧、余氯,其他项目包括高锰酸盐指数、总有机碳(TOC)、总氮(TN)、总磷(TP)及氨氮(NH_3—N)。

依据《室外给水设计规范》(GB 50013—2006),水厂出水应监测温度、pH值、浊度、电导率、溶解氧、余氯及其他相关的水质参数。

农村供水前端感知采集通常在水厂清水池/高位水池布设水质多参数监测仪,主要包括pH值、电导率、溶解氧、浊度、温度,水质传感器部分内置清水池水面以下进行水质采样分析,水质控制器等设备采取壁挂方式安装于清水池外墙。

(1)工作原理

1)温度

地表水温度的变化会对水生野生动物、水体微生物产生重大的负面影响,会影响生物生长和鱼虾类动物进食的速度,以及它们的繁殖时间和效率。

2)pH值

地表水水质中pH值的变化会影响藻类对氧气的摄入能力及动物对食物的摄取敏感度。

3)浊度

浊度的高低直观反映了水体的浑浊程度。浑浊程度主要受水中的不溶性物质影响,不溶性物质包括悬浮于水中的泥沙、腐殖质、浮游藻类和胶体颗粒物等。降低浊度的同时也减少了水中的细菌、大肠菌、病毒、隐孢子虫、铁、锰等。

4)电导率

电导率主要反映水的导电性,监测水体中总的离子浓度,包含各种化学物质、重金属、杂质等各种导电性物质总量。

5)溶解氧

地表水中的溶解氧除了被水中硫化物、亚硝酸根、亚铁离子等还原性物质所消耗外,也被水中微生物的呼吸作用以及水中有机物质和好氧微生物的氧化分解所消耗。溶解氧是地表水监测的重要指标,是水体是否具备自净能力的表现。

6)余氯

余氯也称之为剩余氯,是氯消毒的水质参数。水与所加的氯反应后水中剩余的有效氯总量,单位为毫克/升。处理生活饮用水时,常用氯气或某些氯化合物(如次氯酸盐、氯胺化合物)消毒。余氯过高将给水带来臭味,过低将使水失去保持杀菌的能力,降低供水的卫生安全性。多参数水质监测设备的各监测指标分析方法如下:

pH 值(差分电极法)、溶解氧(荧光法)、电导率(电导池法)、浊度(近红外光散射法)、温度(温度传感器法)、余氯(恒电压电极法),输出多个电流值或数字编码给计算机或无线远传设备。

(2)技术特点

多参数水质监测设备具有以下特点:

①集成度高:体积小,外观精美,安装使用方便。

②功能全:集成配电、防雷、AC-DC 转换、水样采样预处理、流通消泡、自动清洁、数据采集、数据远程传输、触控显示等功能,降低了系统集成难度和工作量。

③异常保护:具有异常停水监测功能,停水时自动对传感器电极进行保护,减少异常停水造成不必要的损失。

④更可靠:针对水质在线分析,内部做了大量优化处理,相比单独仪表更可靠和稳定。

⑤环境适应能力强:选配温控加热防冻模块,设备可以在寒冷地区户外常年运行。

⑥集成 GPRS/NB-IoT 无线数传。

3.4.4 压力设备

除管线老化外,造成供水管线爆裂的原因还包括供水压力不稳,为了随时控制供水压力,需要在供水管网上建立监测站。在结合城市整个供水管网现状及将来运行情况,并且具体分析目前管网中存在的在线或离线的测压点、测流点的位置、类型和可用性的基础上,尽可能充分利用现有资源、避免重复建设。

(1)工作原理

压力变送器的主要作用是把压力信号传到电子设备,进而在计算机上显示压力,其原理大致为将水压这种压力的力学信号转变成电流(4~20mA)的电子信号,压力和电压或电流成线性关系,一般是正比关系。所以,变送器输出的电压或电流随压力的增大而增大,由此得出一个压力和电压或电流的关系式。压力变送器感受压力的电器元件一般为电阻应变片,电阻应变片是将被测件上的压力转换成为电信号的敏感器件。电阻应变片应用最多的是金属电阻应变片和半导体应变片。金属电阻应变片又分为丝状应变片和箔状应变片两种。通常是将应变片通过特殊的黏合剂紧密地黏合在产生力学应变的基体上,当基体受力发生应力变化时,电阻应变片也一起产生形变,使应变片的阻值发生改变,从而使加在电阻上的电压发生变化。

3.4.5 数据远传终端(RTU)

农村供水前端智能感知体系在水源地、水厂、供水管网等工程部位布设了大量的监测监控设备，有些设备具备数据远程传输功能，能够将监测数据传输到监测平台，有些设备如流量计、压力计等不具备远传功能，为了将监测数据按需上传到监测平台，就需要使用数据远传终端(RTU)。

(1)工作原理

数据远传终端设备(RTU)是安装在远程现场的电子设备，用来监视和测量安装在远程现场的传感器和设备。RTU将测得的状态或信号转换成可在通信媒体上发送的数据格式。它还将从中央计算机发送来的数据转换成命令，实现对设备的功能控制。

RTU的硬件主要包括CPU、存储器以及各种输入输出接口等功能模块。这些模块被集成到电路板中，通过电路板布线完成RTU各功能模块连接。CPU是RTU控制器的中枢系统，负责处理各种输入信号，经运算处理后，完成输出。存储器是RTU记忆系统，用来存储各种临时或永久性数据。

1)开关量输入单元

开关量输入单元实现对现场各种开关信号的采集，现场信号可以是继电器触点开关(无源)，也可以是电压信号，还可以是电流信号。由于采用光隔离器件，可以抵抗现场各种干扰，能够在强电场、强磁场、多尘埃、潮湿的环境下正常工作。

2)开关量输出单元

开关量输出单元用于遥控远端设备的开停、声光、告警等。

3)模拟量输入单元

模拟量输入单元采用模拟开关及光电隔离技术，采集现场各种模拟信号，既可以是4～20mA、0～10mA的标准模拟信号，也可以是非标准模拟信号，如交流220V等，A/D板采用智能A/D变换和利用软件技术，可抗工频50Hz干扰，射频干扰等，A/D变换精度高达14位。模拟量路路隔离，可以满足不同的地电位设备同时采集要求。

4)模拟量输出单元

用于PID调节方式下的各种自控系统。

5)脉冲量输入单元

采集脉冲信号的频率，带光隔。采集信号的频率范围为0～20MHz。

6)数字量输入单元

接收各种串行数据信号，可以是RS-485、RS-232、RS-422接口，或V11、V28等各种波特率下的异步串行数据，也可以采集64K同步数据。

数据远传终端集数据采集、传输、存储功能于一体，采用低功耗设计，广泛应用于气象、水文水利、地质等行业。

(2)技术特点

数据远传终端具有以下特点：

①数据采集、传输一体化设计。

②可选配水资源监测数据传输规约、水文监测数据通信规约等。

③支持域名解析功能。

④支持各家组态软件和用户自行开发软件系统。

⑤通信距离长，通过4G/5G/NB-IoT远程传输数据；支持多中心、多端口通信，以适应分散应用和本地应用的不同通信要求。

⑥CPU计算能力强，提供大容量程序和数据存储空间，适合就地运算和大量数据安全存储。

⑦适应恶劣的温度和湿度环境，工作环境温度为－40～＋85℃。

⑧模块结构化设计，便于扩展，支持各种类型仪表及变送器。

⑨超低功耗，适应多种供电方式、节省供电成本。

3.4.6 阀控设备

3.4.6.1 电动排泥阀

电动排泥阀安装在水厂水池旁或水池中，以便随时排除池内泥沙。其主要特点是采用双室隔膜传动机构替代活塞式，无运动磨损，排泥由液压缸和角式截止阀组合而成，液压缸内动力带动瓣升降，使阀体通道开或闭，以达到流体通断的目的。液压缸的活塞密封件为"L"型皮碗，其密封性能好，经久耐用。阀瓣与阀座为软密封，密封性能好，无泄漏。采用电动二位四通换向阀或手动二位四通换向阀集中控制，操作方便。

(1)工作原理

排泥阀由阀体、液压缸、活塞、阀杆、阀瓣组成，液压缸是一种驱动工具，它将液体作为动力，将活塞、阀杆作为开关。开启只需1min即可打开阀板，配备电动模块可远距离控制排泥阀开关。

(2)技术特点

电动排泥阀具有以下特点：

①采用双腔隔膜传动机构代替活塞式阀门，无运动摩擦磨损。

②阀门开启或关闭迅速、灵活，一般20s内阀板即可由闭全开，不因杂质而产生漏水，对退沙淤积不敏感，不需要润滑，无机械磨损。

③辅助关闭设计，不会因为压力损失或隔膜片损坏而导致水池漏水。

④密封性能好，耐腐蚀。

⑤驱动压力低，介质广，可将水或气作为压力源。压力根据阀门进出口压力而定，一般为0.1～0.3MPa。

⑥经久耐用，使用寿命长，一般寿命可达10年以上。

3.4.6.2 电动控制阀

电动控制阀是一种以电磁阀为向导阀的水力操作式阀门。常用于给排水及工业系统中的自动控制，控制反应准确快速，根据电信号遥控开启和关闭管道路系统，实现远程操作，可取代闸阀和蝶阀用于大型电动操作系统。

(1)工作原理

阀门从进口端给水时，水流流过针阀进入主阀控制室，当电磁导阀打开时，控制室内的水经电磁导阀、球阀流出。球阀开度大于针阀开度，主阀控制室内压力很低，主阀处于全开状态。

当电磁导阀关闭时，主阀控制室的水不能流出，控制室升压，推动膜片关闭主阀。

(2)技术特点

电动控制阀阀门平稳关闭而不产生压力波动，且关闭速度可调。该阀门体积小、重量轻、维修简单、使用方便、安全可靠，电磁阀可选用交流电220V或直流电24V，可根据各种场合选用常开或常闭型。

3.5 通信与供电

3.5.1 通信方式

①现在城乡区域GPRS/4G信号覆盖良好，因此对水厂清水池/高位水池、输配水管网以无线网络通信的方式将数据上传至服务器，实现自动化测控层的数据采集和管控。

②对于末端入户智能计量的数据传输，主要是以NB-IoT方式和GPRS方式通过基站直接与机房服务器进行数据交互，实现对各用户用水量的数据采集和对智能表阀的远程控制。

③对于水厂厂区自动化设备，采用有线网络传输连接的方式，以确保水厂控制的安全性和实时性。

3.5.2 供电方式

3.5.2.1 水厂厂区自动化设备

对于水厂厂区内的流量计、自动加药设备、自动消毒设备、PLC自动控制柜、电动阀、视频监控等设备可直接使用水厂的市电。

3.5.2.2 水源、输配水管网自动监测设备

根据现场实地调研情况，水源、输配水管网分水口监测点大部分在公路边或田间地头，绝大部分管线分水口都在浓密的树荫之下，距离供电电源较远，无法利用太阳能和风能供电，也无法直接使用市电资源，故在输配水管网配置的监测系统设备供电均采用自带锂电池供电。

对超声波流量计/大口径水表、压力变压器监控站点的供电情况进行分析，输配水管网监控设备供电情况如表 3-5 所示。

根据用电量计算：

$$每日用电量(Wh)=功率和(W)\times 每日放电时间(h)$$

智能遥测控制器 24h 低功耗运行，每小时召测和发射 1 次。

$$每日用电量(Wh)=0.000138\times 24+(0.0006+0.0027)\times 24=0.082512W(智能遥测控制器)$$

在野外工作的设备，在设计上优先选用低功耗设备，设备自带锂电池作为供电方案。锂电池具有体积小、能量高、自放电低、寿命长的特点。

表 3-5　　输配水管网监控设备供电情况

序号	设备	数量	电压	电流	功率	备注
1	压力变压器	1	3.6V	0.02A	<2.7Ah/年	一节电池可连续使用 6 年以上
2	超声波流量计/大口径水表	1	3.6V	0.02A	<2.7Ah/年	一节电池可连续使用 6 年以上
3	智能遥测控制器(待机)	1	7.213V	19.2μA	0.000138W	两节电池可连续使用 5 年以上
4	智能遥测控制器(召测)				0.0006W	
5	智能遥测控制器(发射)				0.0027W	

3.6 本章小结

本章首先阐述了农村供水智慧管控平台前端感知与控制涉及的监控对象以及监测点布设原则，即在水源、水厂、泵站、输配水管网、调蓄水池、入户等全流程的工程部位，根据各部位的功能设计以及供水智能应用的实际业务需求，进行流量、压力、水质、图像、自动控制等基础数据的采集，为农村供水夯实数据基础。

然后，结合各部位的实际监测对象，进一步描述了农村供水前端感知与控制广泛应用的各类监测仪器，如流量计、水位计、压力计、水质监测设备、控制阀、数据远传终端等的主要工作原理、技术特点和主要技术参数。

最后，结合农村供水实际现场情况，对各类监测、控制设备的通信和供电方式进行了设计，本章针对农村供水前端感知与控制体系，从水源地到水龙头进行整体分析，并对各监控对象、监测仪器设备进行了概述。

第 4 章 农村供水数据中心

4.1 数据收集及整编

4.1.1 数据收集

4.1.1.1 收集原则

(1)时效性

数据的时效性指数据集合中的每条记录保证描述的是相应实体最新的信息，而非陈旧过时的。信息只有及时、迅速地提供给它的使用者才能有效地发挥作用。

(2)准确性

数据的准确性指数据采集值或者观测值和真实值之间的接近程度，也称为误差值，误差越大，准确性越低。数据的准确性由数据的采集方法决定。

(3)全面性

数据的全面性衡量的是数据采集点的遗漏情况。该原则要求所搜集到的信息要广泛、全面、完整。只有广泛、全面地搜集信息，才能完整地反映管理活动和决策对象发展的全貌，为决策的科学性提供保障。

(4)精确性

数据的精确性指对同一对象的观测数据在重复测量时所得到不同数据间的接近程度。精确性，也可以称为精准性。精确性与我们数据采集的精度有关系。精度高，要求数据采集的粒度越细，误差的容忍程度越低。

(5)直观性

数据的直观性指数据能够以一种形象直观的方式将复杂枯燥的数据呈现出来，让用户更容易理解。一般数据可以采用表格、图形、文字、视频等形式表达。

4.1.1.2 收集方法

在实施过程中，根据实际情况，组合应用以下数据收集方法，尽可能地将原始资料收集齐全。

(1)资料查阅

资料查阅是最为有效的数据收集的方式，通过收集水利相关各部门日常报表、业务总结、年度报告、工程资料(含规划、设计、施工、竣工等各环节的设计报告及设计图纸等)、政府相关网站公开资料、统计年鉴、招投标公告、相关书籍等资料，进行综合性的查阅分析、有针对性地从中筛选和分析项目所需的数据。

使用资料查阅方法收集数据时，应注意以下几点：

①涉及重要关系部门、重要关系人的，须重点收集其业务资料。

②工程相关的，有效获取其工程资料。

③资料查阅是一项持续性工作，分阶段完成后应输出初步的数据成果。

(2)业务访谈

业务访谈是收集项目数据行之有效的方法，可以比较迅速地了解项目基础情况。业务访谈包括个别访谈法、集体访谈法、会议访谈法、电话访谈法等多种方式，可根据实际情况选择其中一种方式或者组合应用。

使用业务访谈方法收集数据时，应注意以下几点：

①开展业务访谈前，应先准备好业务访谈的基础资料，如地图、表格等。

②优先选择各部门、各科室分管具体业务的副职领导，或者业务骨干作为访谈对象。

③在访谈过程中，宜使用电子地图工具软件，或者大比例尺纸质地图，对水利对象的空间分布情况进行逐一标记，并使用表格记录其重点属性信息。

④访谈结束后，应详尽地将访谈过程中获取的信息整理成初步数据成果。

(3)数据填报

对于部分基层单位所处位置比较分散，业务数据收集需求十分明确，并且需要客户进行搜集整理的数据信息，可通过建立模板文档的方式，协调组织相关业务人员进行数据填报，包括纸质文档填报和电子文档在线填报两种方式。

使用数据填报方法收集数据时，应注意以下几点：

①推荐使用在线方式进行数据填报。

②文档模板中须提供示例数据，并且向客户进行明确的讲解，以辅助客户准确理解各数据项的意义。

(4)系统访问

如已建设有内容相关的信息化系统，可登录至已建设的软件系统，访问相关业务模块。通过软件系统对应业务功能的输出结果收集所需目标数据。如提供有系统对接接口的，可协调软件开发人员调用所提供接口获取目标数据。

使用系统访问方法收集数据时，应注意以下几点：

①软件系统提供数据导出功能的，优先将目标数据导出。

②软件系统没有数据导出功能的，可采取录屏、截屏、拍照等方式予以记录。

③可使用网络请求抓取工具辅助进行网络请求数据的抓取，如浏览器自带的开发者工具 Fiddler、HttpWatch 等。

(5)实地调查

如果所要收集的资料无人能描述清楚，也无法准确通过已有资料分析辨别，那么就需要通过实地调查来收集所需信息。在实地调查过程中，可以通过详细观察、拍照记录、采集样本，实地推理分析，也可采用当面采访、面对面交谈、电话询问、向有经验者打听等方式，收集业务实际所需要的资料。

使用实地调查方法收集数据时，应注意以下几点：

①开展实地调查之前，应整理所要调查的目标清单。

②开展实地调查时，宜配合使用智能手机中的采集软件进行位置及影像信息的采集，以便于后续的资料整理工作。

③实地调查结束后，应对调查所获取的信息进行整理与分析，形成初步数据成果。

4.1.1.3 收集内容

系统建设需要收集整理的数据内容包括基础数据、监测数据、业务管理数据。

(1)基础数据

基础数据存储与农村供水工程相关的基础性数据包括行政区划、水库、河流等水利基础信息和水厂、蓄水池、管网、泵站等农村供水工程基础信息以及农村供水工程管理的基本信息等，可以为业务数据库提供映射数据源。

1)水利基础信息

水利基础信息主要包括行政区划、水库、河流的基础属性、空间属性。

2)农村供水工程基础信息

农村供水工程基础信息主要包括水厂、蓄水池、管网、泵站等的基础属性、管理属性、空间属性。

3)农村供水工程管理的基本信息

管理单位、运营机构信息主要包括各级水务局、水厂、水管站等。

(2)监测数据

1)监控系统数据

监控系统数据包括水厂自动化接入、供水管道监测，涵盖水厂制水及输水设备监测、管道流量压力监测、农村水厂清水池流量监测，属性主要包括设备基础信息以及监测信息等数据。

2)用水系统数据

用水系统数据的主要的用水单元是企事业单位、商业写字楼、城乡居民，属性主要包括各用水单元情况及其用水量监测。

3)水源地监测数据

针对提高饮用水安全保障能力建设的需要，监控供水系统的水质状况。

4)水质监测数据

定期对水厂各类水质指标进行监测，并形成水质监测报告。

(3)业务管理数据

业务管理数据包括运营管理资料、农村供水工程运维和水费等业务相关数据，具体涵盖运营管理数据、巡检维修数据、水费管理数据、预警数据等。

1)运营管理数据

运营管理数据包括运营管理资料、考核相关资料、运营管理业务涉及的规则、供水报表资料、水质管理业务涉及的规则、工程管理相关的公司制度文件、工程建设资料档案、用户服务的台账、现有水费系统账号及用户档案等。

2)巡检维修数据

巡检维修数据主要包括各类运维任务信息，包括工程巡检、工程维修和工程养护。

3)水费管理数据

水费管理数据是支撑水费管理系统各类业务的基础和业务数据，包括用户数据、水价数据、水费收缴数据和欠费数据等。

4)预警数据

预警数据指通过设定阈值对各类设备上报的监测数据进行判断。产生预警数据，包括电压电流超限、流量超限等。

数据资源建设内容如表 4-1 所示。

表 4-1　　数据资源建设内容表

<table>
<tr><th>序号</th><th>数据类</th><th>数据项</th><th>数据目</th><th>细目</th><th>数据属性</th><th>数据内容</th><th>存储方式</th></tr>
<tr><td rowspan="4">1</td><td rowspan="4">基础数据</td><td rowspan="4">基础地理数据</td><td>数据矢量地图切片</td><td>数据矢量地图切片</td><td>空间数据</td><td>适合各业务应用精度要求的行政境界、居民地(点)、地名注记、交通</td><td>结构化存储或文件存储</td></tr>
<tr><td>遥感影像</td><td>遥感影像</td><td>空间数据</td><td>遥感影像地图</td><td>—</td></tr>
<tr><td rowspan="2">行政区划边界</td><td rowspan="2">行政区划边界</td><td>基础数据</td><td>行政区划边界数据基本信息</td><td>结构化存储</td></tr>
<tr><td>空间数据</td><td>行政区划边界数据(市、县、乡镇)</td><td>文件存储</td></tr>
</table>

续表

序号	数据类	数据项	数据目	细目	数据属性	数据内容	存储方式
1	基础数据	水利基础数据	河流湖泊	河流	基础数据	河流基础信息	结构化存储
					空间数据	河流的矢量化空间数据	文件存储
			水利工程数据	水库及大坝	基础数据	水库及大坝基础数据	结构化存储
					空间数据	水库及大坝空间数据	文件存储
				水厂	基础数据	水厂基础数据	结构化存储
					空间数据	水厂空间位置	文件存储
				水厂高位水池/调节池	基础数据	高位水池/调节池基础数据	结构化存储
					空间数据	高位水池/调节池空间位置	文件存储
				水厂供水管网	基础数据	供水管网基础数据	结构化存储
					空间数据	供水管网空间位置	文件存储
				农村清水池	基础数据	清水池基础数据	结构化存储
					空间数据	清水池空间位置	文件存储
			区划管理单元	水源地	基础数据	饮用水源地基础数据	结构化存储
					空间数据	饮用水源地空间数据	文件存储
		水利行业单位	水利行业单位	供水管理机构	基础数据	供水管理机构基础信息	结构化存储
					空间数据	供水管理机构空间数据	文件存储
		管理制度、标准规范	管理制度	管理制度	基础数据	供水管理相关制度	文件存储
			标准规范	标准规范	基础数据	供水管理标准规范	文件存储
2	监测数据	供水工程监测数据	水厂	水厂自动化监测	基础数据	流量、水质等监测设备基础信息	结构化存储
					监测数据	流量、水质等监测设备工况	结构化存储
				视频监控	基础数据	视频监控点基础数据	结构化存储
					监测数据	实时视频监控数据	结构化存储
			供水管网	流量监测点	基础数据	供水管网流量监测点基础数据	结构化存储
					监测数据	供水管网流量监测点监控数据	结构化存储
				压力监测点	基础数据	供水管网压力监测点基础数据	结构化存储
					监测数据	供水管网压力监测点监控数据	结构化存储
			清水池监测数据	水位数据	监测数据	清水池水位在线监测数据	结构化存储
			用水量数据	用水量数据	监测数据	物联网智能水表的用水量在线监测数据	结构化存储

续表

序号	数据类	数据项	数据目	细目	数据属性	数据内容	存储方式
3	业务管理数据	供水业务管理数据	工程运维管理数据	巡检任务信息	业务数据	工程巡检任务记录数据	结构化存储
				维修任务信息	业务数据	工程维修任务记录数据	结构化存储
				养护任务信息	业务数据	工程养护任务记录数据	结构化存储
			工程监测诊断数据	需水预测数据	业务数据	需水预测记录数据	结构化存储
				管网实时诊断数据	业务数据	管网实时诊断记录数据	结构化存储
				管网爆管处置数据	业务数据	管网爆管处置过程数据	结构化存储
				管网漏损分析数据	业务数据	管网漏损分析成果数据	结构化存储
			水费计收管理数据	用水户信息	业务数据	用水户基本信息	结构化存储
				水费缴费信息	业务数据	用户水费缴费记录数据	结构化存储
				水费欠费信息	业务数据	用户水费欠费记录数据	结构化存储
				用水异常信息	业务数据	用水异常记录信息	结构化存储
				水价信息	业务数据	水价定价信息	结构化存储
			综合信息服务	待办事项	业务数据	待办事项数据	结构化存储
				公告信息	业务数据	公告记录信息	结构化存储
				关键 KPI	业务数据	各类 KPI 统计数据	结构化存储
				供水自动化监控信息	业务数据	供水自动化监控记录	结构化存储
				工程运维管理信息	业务数据	工程运维管理记录	结构化存储
				水费计收管理信息	业务数据	水费计收管理记录	结构化存储

4.1.2 数据整编

4.1.2.1 整编原则

(1)规范性

严格按照数据整编的基本要求和内容进行规范的数据整编和加工。

(2)完整性

资料中所有数据应该整编完整,不存在多余或遗漏,必填信息需填写完整。

(3)准确性

准确性指数据记录的信息是否存在异常或错误。

(4)一致性

整编数据和描述信息与原始资料内容一致,满足概念一致性、格式一致性和值域一致性。

(5)及时性

及时性指数据从产生到可以查看的时间间隔,也叫数据的延时时长。

(6)唯一性

针对某个数据项或某组数据,没有重复的数据值。值必须是唯一的如ID类数据。

4.1.2.2 整编方法

数据整编分为以下几个步骤(图4-1):

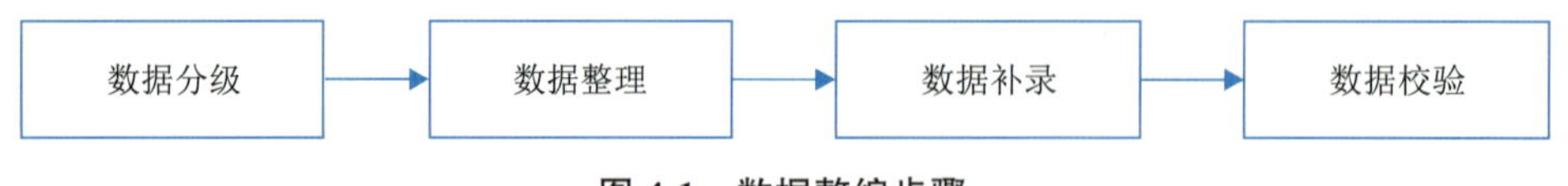

图4-1 数据整编步骤

(1)数据分级

数据分级过滤就是按照不同的数据级别将数据分类整理进入不同的中间数据库中。我们可以将数据分为废弃数据、待调整数据、可转换数据3个级别。

1)废弃数据

废弃数据就是对系统资源造成浪费的数据,并且会影响以后系统的运行,比如重复的业务信息。

2)待调整数据

待调整数据就是严重影响新系统运行的数据,必须进行人工调整后,方可进行数据转换。

3)可转换数据

可转换数据就是不需进行任何处理,基本满足转换要求的数据。或者是新系统建议调整的数据,但是为了不影响系统运行,可以等新系统运行后再调整,这样可以为数据转换工作节省很多时间。

(2)数据整理

数据整理就是将数据整理为系统转换程序能够识别的数据。数据整理大致分为两个阶段:第一阶段是将不同类型来源的数据采集备份到统一的数据库中;第二阶段是将原始数据进行整理,按照该项目要求分类进入不同的中间数据库,为数据转换提供中间数据。数据整理过程需注意以下方面:

1)确保原始数据的完整性

在进行数据整理之前,我们需要先对原始采集数据进行备份。备份的目的有两个,一是统一数据库,便于数据转换;二是为以后数据追根溯源提供参考依据。

2)借助数据整理相关工具

数据整理非常艰巨,涉及海量数据,通过人工检查是不可能完成的。因此,必须编写相关的数据整理工具辅助完成,包括数据整理工具和数据纠错工具。数据整理工具负责将原始备份数据库中的数据分类进入不同的中间数据库;数据纠错工具负责提供友好、方便的工具界面供用户方相关人员完善和纠正错误数据。

3)利用中间库作为桥梁

原系统和新系统的数据库结构可能不同,所以采用中间库作为衔接新旧系统数据的重要桥梁,对于建立新旧系统的对照关系很重要。一旦业务人员对新系统中某项转换数据存在疑问,可以通过中间库的关联,顺利找出原数据。

(3)数据补录

对于工程建设所要求的以及新系统中需要但原来没有收录的业务数据或为非电子格式、非结构数据,或数据结构和格式与新系统相差太大,无法通过数据整理工具整合的数据,需要补录。

数据补录工作是数据整理工作中一项重要而独立的工作任务,必须成立专门的数据采集工作组,负责数据采集工作的全过程。

数据采集的具体过程包括以下环节:

①由标准制定小组按照全国统一标准并结合本地需求,建立结构规范的数据采集标准。

②由数据采集小组工作人员按照标准进行原始数据采集,填报被采集对象的各项信息。

③由数据录入小组将采集来的数据通过计算机批量录入数据库中。

④由数据检核小组对录入的数据进行系统的检查、核对、纠错等。

(4)数据校验

数据校验是为了保证数据的完整性,用一种指定的算法对原始数据计算得到一个校验值。接收方用同样的算法计算一次校验值,如果和随原始数据提供的校验值一样,就说明数据是完整的。

有些重要历史数据的格式虽然不能满足要求,但也要导入新系统中,这就要求新系统能够兼容这些数据。

4.1.2.3 整编内容

(1)基础信息数据整编

基础数据收集包括收集整理本项目系统所需的各类资料,包括用水水费业务数据如用户档案信息数据、用水费用数据、用水量信息等数据;系统管理数据包括用户基本资料、用户权限和用户职能等数据;各类供水工程和设备的基础信息如泵站、清水池、管网、表井、视频监控点等基础数据,以及组织机构、规章制度、工程文件资料等其他数据。

1)运维机构信息

运维机构信息包括系统运维所需的运维机构组织架构信息、运维人员信息、片区分管情况信息、运维负责人与片区的关系、运维人员与工程的关系等工程运维工作所需的各类信息。通过调研等方式收集相关数据,对信息进行分类整理,并生成相应的表格,经与现地管理人员核实后,对表格数据进行规整。

2)用水户信息

用水户信息包括营收系统所需的水费业务相关信息,包括用水户姓名、用水户地址、用水户联系方式、用水户类型、水表号、水表类型、历史缴费记录、历史用水资料等。通过调研等方式收集相关数据,对信息进行分类整理,并生成相应的表格,经与现地管理人员核实后,对表格数据进行规整。

3)泵站信息

泵站信息包括系统所需的泵站相关基础信息,包括泵站的建设时间、泵站地址、泵站前池信息、泵站机组数量、泵站机组容量、设计高程、归属地、进出水管道信息、其所包含的设备信息等。通过调研等方式收集相关数据,对信息进行分类整理,并生成相应的表格,经与现地管理人员核实后,对表格数据进行规整。

4)清水池信息

清水池信息包括系统所需的清水池相关基础信息,包括清水池容积、清水池位置、清水池底面积、清水池最高水位、清水池进出管道信息、上下游信息、其所包含的设备信息等。通过调研等方式收集相关数据,对信息进行分类整理,并生成相应的表格,经与现地管理人员核实后，对表格数据进行规整。

5）管网监控点信息

管网监控点信息包括系统所需的管网监控点相关基础信息，包括管网监控点类型、管道管径、监控点位置、其所包含的设备信息等。通过调研等方式收集相关数据，对信息进行分类整理，并生成相应的表格，经与现地管理人员核实后，对表格数据进行规整。

6）管网信息

管网信息包括系统所需的管网相关静态信息，包括管网长度、材质、直径、水流走向等信息。通过调研等方式收集相关数据，对信息进行分类整理，并生成相应的表格，经与现地管理人员核实后，对表格数据进行规整。

7）视频监控点信息

视频监控点信息包括系统所需的视频监控点相关静态信息，包括视频监控地点、名称、设备型号等信息。通过调研等方式收集相关数据，对信息进行分类整理，并生成相应的表格，经与现地管理人员核实后，对表格数据进行规整。

8）水源地信息

水源地信息包括系统所需的水源地相关静态信息，包括水源地名称、范围、供水范围、相关设备等信息。通过调研等方式收集相关数据，对信息进行分类整理，并生成相应的表格，经与现地管理人员核实后，对表格数据进行规整。

9）其他信息

根据系统需要收集整理其他各类信息，包括用户信息、用户部门、水价定价规则、供水相关规章制度、工程的文件资料等。通过调研等方式收集相关数据，对信息进行分类整理，并生成相应的表格，经与现地管理人员核实后，对表格数据进行规整。

（2）供水系统拓扑属性整编

对管道和其连接的农村供水工程进行梳理，形成每个农村供水工程的上下游拓扑结构关系表。

1）连接点分析整理

对管网关键连接点进行分析和整理，部分属性需在自动化运行一段时间后进行修正，具体需分析整理的属性如下：

连接点ID：标识连接节点的唯一标签，必须设置数值的属性。

x 坐标：地图连接点的水平位置，以地图规定的距离单位衡量。

y 坐标：地图连接点的竖向位置。

分区标签：将连接点按照分区原则进行分组，如压力分区。

标高：高于连接点的一些通用参考标准高度，用于计算连接点的压力。

基本用水量：连接节点用户主要分类的平均或者常规用水量，以当前流量单位衡量，负值表示外部水源进入节点。

用水量模式：时间模式的ID标签，用于表示连接节点用户主要分类需水量随时间的变化模式。模式提供了用于基本用水量的乘子，为了确定给定时间段的实际用水量。

用水量类型：对于连接点定义的用户分类的编号。

2)水源地分析整理

对供水系统中的水源地进行分析和整理，对于由其他供水系统直接供水的情况需特别注意压力水头的获取，具体需分析整理的属性如下：

总水头：水源地水头(标高＋压力水头)。

水头模式：水源地水头随时间变化模式的ID标签。

3)水池分析整理

对供水系统中的水池进行分析和整理，部分属性需在自动化运行一段时间后进行修正，具体需分析整理的属性如下：

容积曲线：用于描述水池容积与水位曲线的ID标签。

对于乡镇供水中带有一体化净水设施的水池还需考虑以下属性：

混合模型：水池内水质混合的类型，包括完全混合、双室混合、先进先出柱塞流、后进先出柱塞流。

混合分数：水池总容积的分数，包括两室混合模型的进水—出水室数据。

反应系数：水池中药剂反应的主流反应系数。

4)管道分析整理

对供水系统中的管道进行分析和整理，该项工作按照上述连接点、水源地、水泵、水池等节点进行管道的分割，确保管网拓扑正确形成。部分属性需要在自动化运行一段时间后进行修正，具体需要分析整理的属性如下：

起始节点：管道开始的节点ID。

终止节点：管道结束的节点ID。

粗糙系数：管道的粗糙系数。

损失系数：与弯头、配件等相关的无量纲局部水头损失系数。

初始状态：确定管道最初开启、关闭或者是否包含止回阀。

主流系数：管道的主流反应系数。

管壁系数：管道的管壁反应系数。

(3)管网控制逻辑规则整编

对管网进行分段处理，收集整理每段管网的上下游工程、流向及自身的管道相关信息，形成拓扑结构表格。

1)管网分区

根据供水管网的水源、配水、供水区域、控制设备安装情况,对供水管网进行分区,形成分区计量和分析的基础。

2)监测控制点与管网关系

将监测控制点融入供水系统拓扑结构,明确水源地、连接点与监控点的逻辑关系,为在节点运行异常条件下确定动作设备提供基础支持。

3)监测控制点与用水户管理

分析梳理监控控制点与用水户关系,为多级分区计算分析提供基础,为停水分析和停水通知提供基础;同时,在用水户用水异常时,提供关联分析和控制基础。

4)管网拓扑模型建立

根据收集整理的管网拓扑结构,建立管网拓扑模型。然后基于管网拓扑模型与布设的自动化监控设备,分析整理各级供水闭环线路,形成可分析计算水损的供水管线树形结构表。最后,建立数据库表,将管网拓扑模型录入数据库,为系统进行管网诊断与水损计算打下基础。

4.2 数据处理与建库

4.2.1 数据处理

对收集到的数据资料进行分类、整理,在综合分析的基础上,对农村供水各业务数据资料进行清洗、整合、加工,形成符合要求的数据成果,为各项业务的开展提供有效的数据支撑。

4.2.1.1 通用数据

(1)资料分类

按照收集到的文件资料的业务类别进行分类整理,将不同类别的文件归类到不同的文件目录,方便后期的资料查找以及与结构化数据进行对应关联。

(2)数据整理

收集的表格文档数据分为电子数据和纸质数据,对于纸质表格或者文档,首先提取、整理成电子表格或者文档,再对电子表格和文档进行抽取、转换。对于核心关键对象,须在本环节明确标准名称及各属性值。

(3)数据清洗

数据清洗是从数据的准确性、完整性、一致性、及时性和有效性等方面来处理数据的空缺值、噪音数据、重复数据、不一致数据等。

1)空缺值

采用忽略元组、人工填写空缺值、插值填充等方法,也可基于多源资料进行分析后取值进行填写。

2)重复数据

采用基本的字段匹配算法、递归的字段匹配算法来查找重复值。可借助 Excel 软件,使用函数比对或者编写脚本进行比对;亦可将数据导入临时库,通过 SQL 脚本进行比对。

3)不一致数据

通过定义完整性约束检测不一致性或通过分析数据发现联系,从而使数据保持一致。

(4)数据整合

数据整合包括两类,一类将不同来源的数据汇集到一张表中,另一类对数据内容进行编码、转码和衍生计算。

数据整合应遵循以下规定:

①合并不同来源的数据时,目标表应记录区分数据来源的信息。

②数据依据相应的数据生产标准或数据约定进行编码或转码。

③数据转码应具备可追溯性,即能够追溯原始的信息。

④数据整合实施过程中,若消耗大量计算资源,应综合考虑其性能。

(5)数据同步

在数据处理过程中,对于来源于其他业务系统数据库的数据,通过 ETL 工具或者编写数据同步程序将第三方数据同步到目标数据库中。不会变更的静态数据,通过一次性的数据导入完成数据同步;动态变化的数据,需设定同步时间和同步脚本进行定时同步。数据同步一般需要经过目标数据库建表、编写数据同步脚本、执行同步脚本、数据检查等步骤。

1)目标数据库建表

在目标数据库中新建需要同步数据的数据库表,如果数据库已有该表,则省略这一步。

2)编写数据同步脚本

基于 ETL 工具编写数据同步脚本,或使用 Java 语言针对性地开发数据同步程序。对于需要增量定时同步的数据,确定增量同步的方式(一般采用时间戳的方式),设定同步时间间隔与频次。

3)执行同步脚本

执行编写好的同步脚本,对于定时同步的数据脚本或程序,设置定时任务执行,以完成数据同步。

4)数据检查

数据同步活动执行完成后,检查目标数据库表中的数据量、数据内容是否与同步的源数据一致。

对于定时同步的数据，须提供自动化的数据检查功能，基于数据同步规则对数据同步的结果进行检查，并将检查结果实时推送至软件负责人的邮箱或者移动终端。

(6)数据加工

数据加工指对输入数据按照拟定的数据加工模型和算法进行汇总、计算、分析及数字化处理，形成业务数据成果的过程。数据生产单位应根据数据类型，建立相应的数据加工模型和算法。

数据加工应遵循以下规定：

①加工处理的源数据必须符合实际要求。

②数据加工模型和算法必须经过验证。

③数据加工处理软件必须经测试和试用被证明具有良好的稳定性、可靠性和容错性。

④数据在加工处理过程中不能出现丢失或改变原始数据的情况。

⑤经过加工处理后的数据必须正确，不能由于软件或操作的原因出现新的错误。

4.2.1.2 空间数据

空间数据包括基础地理数据与农村供水水利对象数据。水利业务空间数据既可以表达水利各要素的地理空间位置，也可以包含该水利要素的属性信息，有着其自身的特殊性。除了按照通用数据处理要求进行处理外，空间数据的处理还需要包括以下几个过程。

(1)准备工作

1)确立地图参照

按如下优先级顺序，确立地图参照。

①如项目所在单位确有需要，可采用客户指定的坐标系及地图参照。

②选取项目所在地域的标准地图作为坐标参照使用，可协调测绘相关部门提供地图数据作为地图参照。

③使用 Bigemap 中的天地图(经纬直投)或者星图地球的地图服务作为地图参照。

2)图件数字化

对收集到的纸质图件，如有必要，需进行电子扫描，形成数字化图件。

(2)格式转换

由于空间数据格式的多样性，为便于统一处理，对于不同类型与格式的数据，应该转换成统一格式的空间数据。具体要求如下：

矢量空间数据转换为 ShapeFile 格式。影像数据转换为 TIFF、IMG 等格式，如表 4-2 所示。

在格式转换过程中，对不同格式的空间数据根据实际情况选择不同的转换与提取方法进行数据分层提取，并确保数据的完整性。

对 GIS 格式的空间数据，可根据数据属性项的内容进行筛选后分类提取。

对于CAD图件数据，可在CAD中根据图层的开关、选中的对象分别另存后进行分层提取；或者使用其他软件，根据所识别出来的 CAD 数据图层、颜色等属性信息进行分层分类提取。

表 4-2 数据生产格式转换参照

类别	源格式	目标格式	建议工具
矢量	dwg、dxf	shp	ArcGIS、QGIS、FME
	kmz、kml	shp	ArcGIS、QGIS、FME
	geojson	shp	ArcGIS、QGIS、FME
	其他软件格式，如 SuperMap、MapGIS、Bigemap、omap 等	shp	使用各自软件转换为 shp 格式
栅格	卫星影像、航片等	tiff、img	ArcGIS、QGIS、Global Mapper
	数字高程模型	tiff	ArcGIS、QGIS、Global Mapper

(3)坐标转换

当原数据的坐标与系统确定的坐标系不一致时，应收集转换参数，利用专业 GIS 软件转换为目标坐标系统。同时也对高程进行转换。根据提供的已有基础空间数据资源的投影坐标系，确定坐标转换基准。

1)矢量空间校正

矢量空间校正专指对矢量数据进行操作使矢量数据的空间位置匹配，它通常用于整合和对齐矢量数据。在进行矢量空间校正时，通常选取地面上具有明显特征的点位作为控制点(如道路交叉点、特殊建筑物角点等)；要求至少选取 4 对及以上的控制点，所选取的控制点要尽量均匀分布并尽可能覆盖在目标区域四周。

矢量空间校正一般采用 GIS 软件的相应工具来完成。

2)栅格地理配准

扫描得到的地图数据通常不包含空间参考信息，航片和卫片的位置精度也往往较低，这就需要通过具有较高位置精度的控制点将这些栅格数据匹配到用户指定的地理坐标系中，这个过程称为地理配准。

栅格数据地理配准是采用平移、缩放、旋转等数学变换方法，将栅格数据集中各点的位置与标准空间参考中的已知地理坐标点的位置相连接并进行变换，从而确定图像中任一点的地理坐标。选取控制点的原则同矢量空间校正一致。

(4)矢量标绘

对于需要处理的数字化图件，或者将具备参照作用的基础地图作为底图，使用 GIS 相关软件进行矢量化处理。同时，对于其他格式转换过来的水利对象空间数据，对缺失部分或者错误部分进行手工修正处理。矢量标绘时，水利相关对象应予以分类，每个分类应建立单独的图层。

(5)属性规整

空间数据经过上述处理后，需要进行属性规整，按照农村供水数据库设计中水利基础对象、地理空间信息部分的要求，完成相应字段属性的修正。将整理好的水利对象属性数据与水利对象空间要素进行挂接，一般通过对象ID进行业务属性数据的挂接。

4.2.1.3 监测数据

监测数据主要面临的问题是数据缺失处理以及异常数据处理。一般参照(但不限于)以下技术方法。

(1)数据缺失处理

数据缺失指的是在正常情况下按照采集频次可上报的监测数据缺失，这种情况需要根据实际业务场景采取删除或填充的方式进行处理，可参考表4-3中的各类处理方法。

表4-3 数据缺失处理方法

处理方法	适用条件	优缺点
插值填充	监测目标值呈一定趋势性、规律性。 视数据情况采用KNN填充、梯度插值、B样条插值等方法。 如涉及空间相关，可采用Kriging插值、IDW插值等方法	优点：简便、快速。 缺点：1. 这种方法会产生有偏估计。 2. 均值补差法是建立在完全随机缺失的假设上，会造成变量的方差和标准差偏小
均值、中位数、众数填充	通常可以根据样本之间的相似性(中心趋势)填补缺失值，通常使用能代表变量中心趋势的值进行填补，代表变量中心趋势的指标包括平均值、中位数、众数等	优点：简便、快速。 缺点：1. 这种方法会产生有偏估计。 2. 建立在完全随机缺失的假设上，会造成变量的方差和标准差偏小
随机填充	目标值呈随机分布规律	优点：简单、易行。 缺点：仅弥补时间序列上的缺失，无其他实际意义
回归插值	处理变量之间的相关关系	优点：简单、易行。 缺点：1. 容易忽视随机误差，低估标准差和其他未知性质的测量值，且缺失信息越多越严重。 2. 研究者必须假设存在缺失值所在的变量与其他变量存在线性关系，但很多时候这种关系是不存在的

续表

处理方法	适用条件	优缺点
极大似然估计	适用于任何总体	优点:估计量具有一致性和有效性。 缺点:并非所有缺失值都能求得似然估计量,解似然方程时,可能难以求解或根本写不出有限形式的解
删除	样本量大且缺失值所占样本比例较少。 监测目标值呈随机分布规律	优点:简单、易行。 缺点:1. 损失样本量,造成资源浪费,容易丢弃隐藏信息。 2. 削弱统计功效。 3. 样本量较小时,数据的客观性和结果的正确性会受到严重影响。 4. 缺失数据所占比例较大,且缺失值非随机分布时,可能导致数据发生偏离

(2)异常数据处理

异常数据指按照设备上报规则,上报数据超过正常范围或量程的情况需要对数据进行处理,可参考表4-4中的各类处理方法。

表4-4 异常数据处理方法

处理方法	适用条件	优缺点
回归	建立在稳定数据变量的基础上	优点:分析多因素模型时,更加简单和方便,去噪效果好。 缺点:1. 直接采用非平稳时间序列建立回归模型,很容易产生"伪回归"问题。 2. 存在着因果关系的变量间建立的回归预测模型的预测效果较差
均值平滑	有序列特征的变量	优点:简单、计算速度快。 缺点:此方法去噪导致信号的细节和边缘模糊
离群点分析	1. 数据和检验类型要充分。 2. 预先知道样本空间中数据集的分布特征	优点:建立在标准的统计学技术之上,当数据和检验的类型十分充分时,检验有效。 缺点:1. 绝大多数是针对单个属性的,而数据挖掘要求多维空间挖掘离群点。 2. 数据分布可能是未知的,统计学方法在数据不充分的情况下,不能确保所有的离群点被发现

4.2.2 数据质检

农村供水管理单位根据各部门提供的原始数据进行数据质检，如质检不合格则需要发给数据提供单位进行数据确认，对于不合格的数据需要整理后再进行提交质检，数据质检流程如图 4-2 所示。

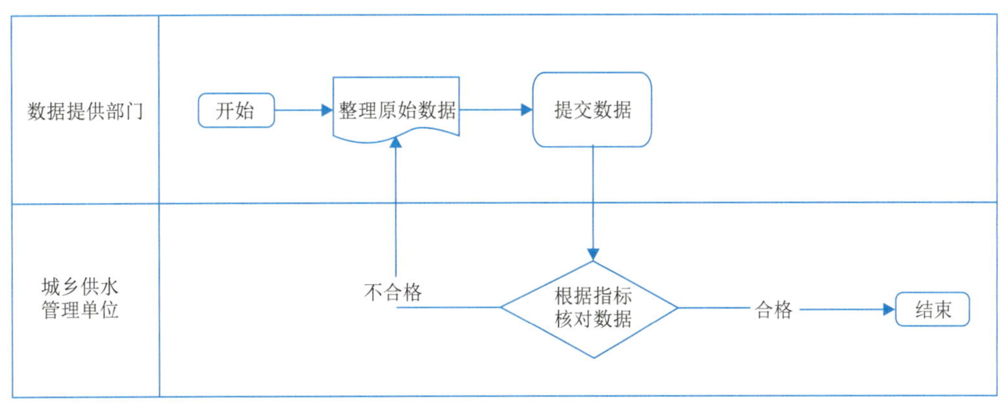

图 4-2 数据质检流程

数据质检应按照规定的制度、程序和方法进行。应建立自检、复检的分级质检机制。数据质检应遵循以下规定：

①数据生产单位应先完成数据自检，自检通过后申请复检。

②每一次、每一级的质检过程与结果应有文档记录。

③质检通过的数据进入成果汇交环节，未通过质检的数据返回，由数据生产单位负责修正或者重新加工，直至通过质检为止。

对于定时同步的数据，须提供自动化的数据检查功能，基于数据同步规则对数据同步的结果进行检查，并将检查结果实时推送至软件负责人的邮箱或者移动终端。

4.2.2.1 内容与指标

(1)基础数据

基础数据存储指与农村供水工程相关的基础性数据以及基础矢量数据，包括行政区划、水库、河流等水利基础信息和水厂、蓄水池、管网、泵站等农村供水工程的基本信息以及农村供水工程管理的基本信息等。分为结构化数据和空间数据两大类。

1)结构化数据

基础数据在进行质检时按照完整性、唯一性以及一致性原则。按照国家统一编码规范进行核对，对多条数据中存在的相同编码进行核查检验。同时需要与业务表进行一致性检查，基础数据中的主键以及字段描述需要与业务表存在关联，不允许出现业务表中存在的字段在基础信息表中无法关联的情况。结构化数据质量检查内容与指标如表 4-5 所示。

表 4-5　　结构化数据质量检查内容与指标

检验维度	校核内容	检验标准	检核结论
完整性	校核数据的缺失程度	空值或者无效:检查字段是否为空;检查数值是否为 0。记录数异常:检查源表和目标表的记录条数是否一致	是否有数据
唯一性	校核表数据是否符合业务组合项的唯一性	存在冗余:检查是否有重复数据(技术主键和业务主键)	数据是否符合数据技术规范
一致性	校核表数据在被引用和参考时是否保持一致	映射异常:源表和目标表中直接映射的字段值相同。 无法关联:检查外键是否正确。 违反交叉验证规则:数值交叉校验规则和特定值交叉校验规则	数据是否符合基础数据技术规范

2)空间数据

空间数据质量检查的内容主要包括空间参考系、位置精度、属性精度、完整性、逻辑一致性、时间精度、表征质量等,如表 4-6 所示。

表 4-6　　空间数据质量检查内容与指标

质量元素	质量子元素	检查项	检查内容
空间参考系	大地基准	坐标系统	检查数据的坐标系统是否符合要求,通常要求采用 2000 国家大地坐标系
	高程基准	高程基准	检查数据的高程基准是否符合要求,通常采用 1985 国家高程基准
	地图投影	投影参数	检查数据的地图投影及各参数是否符合要求,通常采用高斯—克吕格投影
位置精度	平面精度	平面位置中误差	检查数据平面位置中误差是否符合要求。数据转换后,平面位置中误差应与源数据保持一致;源数据按照国家标准检查其平面位置中误差;必要时需进行外业校核
	高程精度	矢量接边	检查要素几何位置接边是否符合要求
		高程中误差	检查高程精度、高度精度是否符合要求
属性精度	分类正确性	分类代码值	检查实体各图元属性分类代码值是否正确
	属性正确性	属性值	包括属性空值检查、属性值域检查、属性值逻辑正确性检验等
完整性	多余	实体多余	检查有没有采集生产了多余的基础地理实体。通常需要对照最新的遥感影像进行人机交互检查或野外实地校核
	遗漏	实体遗漏	检查有没有遗漏应该采集生产的基础地理实体数据。通常需要对照最新的遥感影像进行人机交互检查或野外实地校核

续表

质量元素	质量子元素	检查项	检查内容
逻辑一致性	概念一致性	属性项	检查属性项定义是否符合数据规范要求，如属性字段完整性检查、属性字段命名检查、属性字段类型检查以及属性字段长度检查等
		数据集	检查数据图层是否有缺失，数据图层的名称、别名是否符合标准；检查数据分层是否符合数据分层要求。根据标准，检查数据集(层)的几何类型是否正确。不同类型的基础地理实体的根图元、主体图元及构件图元的几何类型是否符合标准要求
	格式一致性	数据格式	检查数据文件格式是否符合要求
		数据文件	检查数据文件是否存在缺失、多余、无法读出等问题
	拓扑一致性	拓扑关系	检查图元间拓扑关系是否符合要求
		重合	检查本应该重合的图元边线是否存在缝隙或重叠；检查不应该存在重叠的图元间是否有交叉重叠
		重复	通过空间分析并结合属性信息，自动检查所有点、线、面图元是否有重复
		相接	检查图元是否存在该相接但未相接，而形成悬挂点的情况
		连续	检查图元是否存在断开不连续，即伪节点等问题。伪节点检查的目的在于查找出具有相同属性并共享结点的所有折线图元，以便将其按空间位置和属性进行合并
		闭合	检查是否存在应闭合但未闭合的图元；如作为制图要素的等高线是否闭合
		打断	检查图元是否存在相交应打断而未打断等现象
时间精度	现势性	原始资料	检查基础地理实体对应原始资料的现势性是否满足要求
		成果数据	检查基础地理实体成果数据的现势性是否满足要求
表征质量	几何表达	几何类型	检查各类基础地理实体图元的几何类型(点、线或面)是否符合要求
		几何异常	检查基础地理实体几何图形是否存在诸如微小面、微短线、折刺、回头线、黏连、自相交、抖动等图形异常
	地理表达	要素取舍	检查图元依据长度、面积或其他指标予以取舍是否符合要求
		图形概括	检查基础图元合并概括是否保留了地物空间形态特征
		方向特征	检查有方向特性的基础地理实体的方向特征是否有误

(2)监测数据

监控系统数据包括水厂自动化接入、供水管道监测等，涵盖水厂制水及输水设备监测、管道流量压力监测、农村水厂清水池流量监测等，包括设备基础信息以及监测信息等数据。对于监测数据主要从及时性、规范性、准确性 3 个维度进行检查。及时性主要体现在数据的

报送实时性，检查要求所有监测类数据具备监测时间和创建时间，按照要求，监测时间与创建时间之间误差不能太大，否则视为补录数据。规范性指所有监测数据按照规范要求进行建表，保证字段符合建表要求，例如，存储数字的不可设置为字符串，存储日期型字段不可设置为字符串等。准确性指的各类监测数据必须符合监测规则，例如，监测值不可超过设备采集量程等。监测数据质量检查内容与指标如表 4-7 所示。

表 4-7　　监测数据质量检查内容与指标

检验维度	校核内容	检验标准	检核结论
及时性	校核是否能在约定的期限内获得最新数据	时间切片缺失：检查是否有缺失日期数据	是否有数据
规范性	校核表数据是否符合格式规定	违反码值规范：值域约束——代码表值域约束。 违反格式规范：日期格式是否正确；利用通用格式规则对字段进行校核，如身份证	数据是否符合监测数据技术规范
准确性	校核表数据与目标特征值之间的差距	值域异常：值域约束（指定有业务含义的数值值域和文本值域）。 时序波动异常：单一维度分布稳定性校验（维度/度量），环比数据相对正常	数据是否符合监测数据业务需求

（3）业务数据

业务数据包括运营管理资料、农村供水工程运维和水费等业务相关数据，具体涵盖运营管理与考核资料、农村供水工程巡检数据、维修养护数据、用户数据、水费收缴数据等。业务类数据主要从完整性和一致性角度进行检查。完整性指水费数据、运维记录等数据在一个运行周期内应该是连续完整的，不可出现断档的情况。以水费数据为例，当用户无用水记录时也需要产生费用为 0 的数据记录，以保证计费周期的完整。一致性指与基础数据能进行关联，例如，工程运维记录中的数据必须与工程基本表能对应，不可出现存在运维记录而无工程信息的情况。业务数据质量检查内容与指标如表 4-8 所示。

表 4-8　　业务数据质量检查内容与指标

检验维度	校核内容	检验标准	检核结论
完整性	校核数据的缺失程度	空值或者无效：检查字段是否为空；检查数值是否为 0。 记录数异常：检查源表和目标表的记录条数是否一致	是否有数据
唯一性	校核表数据是否符合业务组合项的唯一性	存在冗余：检查是否有重复数据（技术主键和业务主键）	数据是否符合数据技术规范

续表

检验维度	校核内容	检验标准	检核结论
一致性	校核表数据在被引用和参考时是否保持一致	映射异常：源表和目标表中直接映射的字段值相同。 无法关联：检查外键是否正确。 违反交叉验证规则：数值交叉校验规则和特定值交叉校验规则	数据是否符合基础数据技术规范
规范性	校核表数据是否符合格式规定	违反码值规范：值域约束——代码表值域约束。 违反格式规范：日期格式是否正确；利用通用格式规则对字段进行检核，如身份证	数据是否符合监测数据技术规范
准确性	校核表数据与目标特征值之间的差距	值域异常：值域约束(指定有业务含义的数值值域和文本值域) 时序波动异常：单一维度分布稳定性校验(维度/度量)，环比数据相比正常	数据是否符合监测业务需求

(4)管理数据

管理数据包含元数据、菜单信息、接口信息、用户信息、权限信息和日志信息等，如表4-9所示。

表4-9　　管理数据质量检查内容与指标

检验维度	校核内容	检验标准	校核结论
完整性	校核数据的缺失程度	空值或者无效：检查字段是否为空；检查数值是否为0。 记录数异常：检查源表和目标表的记录条数是否一致	是否有数据
唯一性	校核表数据是否符合业务组合项的唯一性	存在冗余：检查是否有重复数据(技术主键和业务主键)	数据是否符合数据技术规范
一致性	校核表数据在被引用和参考时是否保持一致	映射异常：源表和目标表中直接映射的字段值相同。 无法关联：检查外键是否正确。 违反交叉验证规则：数值交叉校验规则和特定值交叉校验规则	数据是否符合基础数据技术规范

4.2.2.2 规则与方法

在整个数据生命周期中，原有的数据质量问题解决了，往往还会发现有新的质量问题，主要表现为两点：其一是质量问题的某些“症状”会随着另外一些“症状”的解决而显现；其二是随着时间的推移和数据的演化，会有新的数据质量问题产生。因此，不能指望任何一种方法能够毕其功于一役。数据质量的保证和提高遵循这样一个过程：数据质量分析→发现问题→数据清洗→数据质量分析。在这个不断反复的过程中，数据中的问题逐步被发现解决，从而使数据质量得到保证和提高。这个过程周而复始，伴随数据的整个生命周期。鉴于以上原因，我们提出数据质量研究框架：核心为质量维度监控评估；中间一层为不依赖于知识的数据清洗，如重复消除、缺失数据处理、异常数据处理等；最外层为依赖应用逻辑的数据清洗。在这个框架下，系统逐步解决数据质量问题，我们强调数据质量的评估居于核心位置，它是数据质量问题捕捉和清洗的基础，也是系统解决问题的关键。

(1)基础数据

基础数据包括结构化数据与空间数据两大类。

1)结构化数据

对结构化数据的校验方法主要为脚本验证。通过 SQL 表达式找出不符合规则的数据，通用规则既要考虑结果的准确性还要考虑处理过程的可行性、时间成本、空间成本、不同规则是否满足业务不相关等因素，如表 4-10 所示。

表 4-10　结构化数据质检规则与方法(部分)

数据项	数据目	检验规则	检验办法	描述
水利基础信息	行政区划	检查主键标识是否唯一； 检查名称、编码是否为空； 检查上下级关系是否关联	按照行政区划编码规范进行检验核对； 使用脚本方式进行判定	行政区区划编码按照国家统一编码进行核对，保证所有数据的唯一性
	水库	检查主键标识是否唯一； 检查名称、编码是否为空； 非空字段信息校核	按照水库注册信息进行校核； 使用脚本方式进行判定	按照水库注册信息进行比对，对已存在信息进行校核
	河流	检查主键标识是否唯一； 检查名称、编码是否为空； 非空信息增补	按照水库注册信息进行校核； 使用脚本方式进行判定	按照河流名录进行比对，对已存在信息进行校核
农村供水工程基础信息	水厂	检查主键标识是否唯一； 检查名称、编码是否为空；检查水厂容量、出厂水压等字段是否符合数据格式要求	使用脚本方式进行判定	取值范围约束判断：＄{1} not in (＄{2})，＄{1}：当前字段 ＄{2}：可能的取值列表(如“01”，“02”)
	泵站	检查主键标识是否唯一； 检查名称、编码是否为空； 检查装机流量、设计扬程、水泵数量等字段是否满足数据格式要求	使用脚本方式进行判定	取值范围约束判断：＄{1} not in (＄{2})，＄{1}：当前字段 ＄{2}：可能的取值列表(如：“01”，“03”)

续表

数据项	数据目	检验规则	检验办法	描述
农村供水工程基础信息	管道工程	检查主键标识是否唯一； 检查名称、编码是否为空； 检查管道设计压力、管道长度等字段是否满足数据格式要求	使用脚本方式进行判定	取值范围约束判断：${1} not in（${2}），${1}：当前字段 ${2}：可能的取值列表（如："01","04"）
	水池	检查主键标识是否唯一； 检查名称、编码是否为空； 检查管道水池设计压力、水池数量等字段是否满足数据格式要求	使用脚本方式进行判定	取值范围约束判断：${1} not in（${2}），${1}：当前字段 ${2}：可能的取值列表（如"01","04"）； 取值范围约束判断：${1} not in（${2}），${1}：当前字段 ${2}：可能的取值列表（如："01","05"）

2）空间数据

结合具体待检查的一个或多个要素图层检查项（即检查要素），对检查规则输入项（即检查参数）进行具体的参数配置和实例化后，便形成了一项检查方案，即检查规则、检查要素和检查参数三者构成一项检查方案。检查方案定义了检查对象和检查方法，是检查规则实例化后的对象，也可以直接用于质量检查的检查单位。检查算子、检测规则及检查方案的关系如图 4-3 所示。

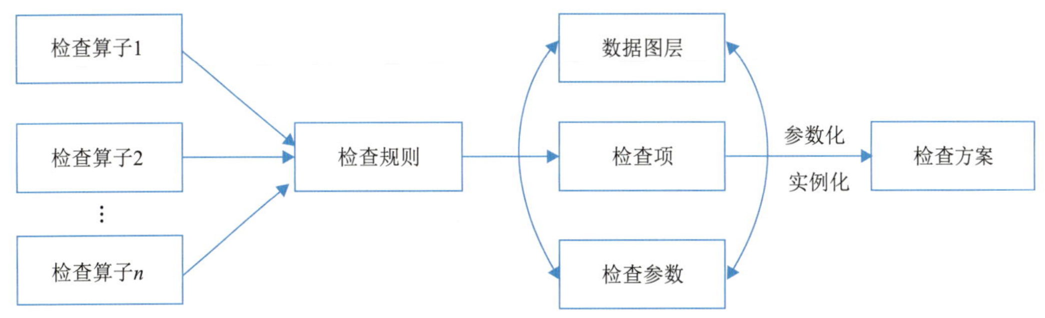

图 4-3　检查算子、检测规则及检查方案的关系

一套数据一般包含多个检查对象和质检环节，且每个检查对象和质检环节的质检要求也不尽相同。因此，通常需要针对一套具体质检数据和质检任务，对一条或多条检查规则进行逻辑组合，配置形成不同的检查方案，最后由多个检查方案共同完成一项数据检查任务。拓扑检查规则集如表 4-11 所示，属性检查规则集如表 4-12 所示。

表 4-11 拓扑检查规则集

规则对象	规则项
点	同层的点要素不能自重叠
线	同层的线要素不能自相交
	同层的线要素不能自重叠
	线要素的两端点不能悬挂
	线要素不能存在伪节点
	线要素不能由多个部分组成
面	同层的面要素边界之间不能有间隙
	同层的面要素不能重叠
点/点	点要素不能与另一点层中点要素重叠
点/线	点要素必须落在另一线层中线要素上
	点要素必须落在另一线层中线要素的端点
	点要素不能落在另一线层中线要素上
点/面	点要素必须落在另一面层中面要素的边界上
	点要素必须落在另一面层中面要素内部
	点要素必须落在另一面层中面要素某一节点上
线/点	线要素的端点必须与另一点层的点要素重合
线/线	线要素不能与另一线层的线要素重叠
	线要素必须与另一线层的线要素重叠
	线要素不能与另一线层的线要素相交
线/面	线要素必须与另一面层的面边界线重叠
	线要素不能与另一面层的面相交
面/点	面要素必须包含另一点层的至少一个点
	面要素不能包含另一点层中的一个点
面/线	面要素的边界必须与另一线层的线要素重合
	面要素必须与另一线层的线要素相交
	面要素不能与另一线层的线要素相交
面/面	面要素必须完全覆盖(包含)另一面层的面要素
	面要素必须被另一面层的面要素包含覆盖
	面要素必须与另一面层的面要素相互覆盖
	面要素不能与另一面层的面要素重叠

表 4-12 属性检查规则集

规则项	规则内容
非法字符	检查指定的属性值中是否存在不应该出现的非法字符。当存在指定的一个或多个非法字符时即为错误
非空值	检查指定的属性值是否为空值
唯一性	检查指定的属性值是否是唯一值，如果存在重复值即为错误
值类型有效性	检查指定的属性值的数值类型是否为指定的类型（如文本型、整数型、小数型、日期型等），如果不是指定的数值类型即为错误
长度有效性	检查指定的属性项值的长度是否为某一固定长度，当其长度不等于设置值时即为错误
取值范围有效性	检查属性值的范围是否在指定的范围内，如果超出指定的范围即为错误。如地下建筑的层数小于或等于 3
枚举值有效性	检查指定的属性值是否为指定的枚举值，如果不是即为错误
格式有效性	检查指定的属性值是否为指定的格式。如检查属性值是否以“G”开头

（2）监测数据

监测数据主要为根据各类设备报送的监测过程数据，从数据是否符合数据范围规范和数据的监测对象是否与基础信息表中的对象存在关联关系两个方面进行验证，如表 4-13 所示。

表 4-13 监测数据质检规则与方法（部分）

数据项	数据目	检验规则	检验办法	描述
测控系统数据	水厂自动化监测数据	检查水厂编码、设备编码、监测时间是否为空； 检查流量、压力、水质指标是否在量程范围内； 检查水厂编码是否能关联水厂信息； 检查监测数据是否具备连续性	使用脚本方式进行判定	主外键之间的关联校验：\${1}.field is in（\${2}.field），\${1}子表 \${2}主表； 判断当前模型时间标识字段是否晚于截止日期：datediff（\${1}，\${2}）< 0，\${1}：字段，\${2}：截止时间
	泵站监测数据	检查泵编码、设备编码、监测时间是否为空； 检查阀门状态、阀门开度指标是否在量程范围内； 检查泵编码是否能关联泵站信息； 检查监测数据是否具备连续性	使用脚本方式进行判定	主外键之间的关联校验：\${1}.field is in（\${2}.field），\${1}子表 \${2}主表； 判断当前模型时间标识字段是否晚于截止日期：datediff（\${1}，\${2}）< 0，\${1}：字段，\${2}：截止时间
	水池监测数据	检查水池编码、设备编码、监测时间是否为空； 检查水位、流量等指标是否在量程范围内； 检查水池编码是否能关联水池信息； 检查监测数据是否具备连续性	使用脚本方式进行判定	主外键之间的关联校验：\${1}.field is in（\${2}.field），\${1}子表 \${2}主表； 判断当前模型时间标识字段是否晚于截止日期：datediff（\${1}，\${2}）< 0，\${1}：字段，\${2}：截止时间

续表

数据项	数据目	检验规则	检验办法	描述
测控系统数据	供水管道监测数据	检查管道编码、设备编码、监测时间是否为空； 检查压力、流量等指标是否在量程范围内； 检查管道编码是否能关联管道信息； 检查监测数据是否具备连续性	使用脚本方式进行判定	主外键之间的关联校验：${1}.field is in（${2}.field），${1}子表${2}主表； 判断当前模型时间标识字段是否晚于截止日期：datediff(${1},${2}) < 0，${1}：字段，${2}：截止时间
用水系统监测数据	用水信息数据	检查设备编码、用水户编码、抄表时间、水表读数是否为空； 检查水表读数指标是否在量程范围内； 检查设备编码是否能关联设备信息； 检查监测数据是否具备连续性	使用脚本方式进行判定	主外键之间的关联校验：${1}.field is in（${2}.field），${1}子表${2}主表； 判断当前模型时间标识字段是否晚于截止日期：datediff(${1},${2}) < 0，${1}：字段，${2}：截止时间

（3）业务数据

业务数据包括运营管理资料、巡检维修数据和水费管理数据，具体涵盖运营管理与考核资料、农村供水工程巡检任务信息、维修任务信息、养护任务信息、用水户数据、水费缴费信息、水费欠费信息、用水异常信息等。主要验证其与基础数据之间的关联关系，如表4-14所示。

表4-14　业务数据质检规则与方法（部分）

数据项	数据目	检验规则	检验办法	描述
巡检维修数据	巡检任务信息	检查巡检任务编号、执行时间、执行人、审批人、说明、巡检部位编号、巡检部位名称等字段是否为空； 检查工程编号是否能关联工程信息	使用脚本方式进行判定	主外键之间的关联校验：${1}.field is in（${2}.field），${1}子表，${2}主表
	维修任务信息	检查维修任务编号、执行时间、执行人、审批人、设备编号、设备名称等字段是否为空； 检查工程编号是否能关联工程信息	使用脚本方式进行判定	主外键之间的关联校验：${1}.field is in（${2}.field），${1}子表，${2}主表
	养护任务信息	检查养护任务编号、执行时间、执行人、审批人等字段是否为空； 检查工程编号是否能关联工程信息	使用脚本方式进行判定	主外键之间的关联校验：${1}.field is in（${2}.field），${1}子表，${2}主表
水费管理数据	用水户信息	检查用水户编号、用水户名称、行政区划代码、法人代表、详细地址等字段是否为空； 检查手机号、电子邮箱等字段是否符合通用规则	使用脚本方式进行判定	主外键之间的关联校验：${1}.field is in（${2}.field），${1}子表，${2}主表

续表

数据项	数据目	检验规则	检验办法	描述
水费管理数据	水费缴费信息	检查收缴记录编号、用水户编号、用水户名称、用户类别、缴费金额等字段是否为空； 检查缴费金额、用水量等数值的合法性； 检查用水户编码是否能关联用水户信息	使用脚本方式进行判定	主外键之间的关联校验：${1}.field is in (${2}.field)，${1}子表，${2}主表； 大小值校验：${1} > ${2} or ${1} < ${3}
	水费欠费信息	检查欠费记录编号、用水户编号、用水户名称、用户类别等字段是否为空； 检查欠费金额等数值的合法性； 检查用水户编码是否能关联用水户信息	使用脚本方式进行判定	主外键之间的关联校验：${1}.field is in (${2}.field)，${1}子表，${2}主表； 大小值校验：${1} > ${2} or ${1} < ${3}
	用水异常信息	检查用水户编号、用水户名称、用户类别、前三个月平均用水量等字段是否为空； 检查前三个月平均用水量、当月用水量等数值的合法性； 检查用水户编码是否能关联用水户信息	使用脚本方式进行判定	主外键之间的关联校验：${1}.field is in (${2}.field)，${1}子表 ${2}主表； 大小值校验：${1} > ${2} or ${1} < ${3}

(4)管理数据

管理数据包括元数据以及系统维护数据等，由于该类数据变动较小，所以验证规则主要从数据合理性方面进行验证，如表 4-15 所示。

表 4-15　管理数据质检规则与方法(部分)

数据项	数据目	检验规则	检验办法	描述
元数据	数据分类、数据表、数据字段、数据源、数据字典	检查主要字段是否为空； 核对数据之间关联关系是否正确	使用脚本方式进行判定	主外键之间的关联校验：${1}.field is in (${2}.field)，${1}子表 ${2}主表
系统维护数据	功能菜单信息、接口信息、用户信息、角色权限信息、系统日志	检查主要字段是否为空； 核对数据之间关联关系是否正确	使用脚本方式进行判定	主外键之间的关联校验：${1}.field is in (${2}.field)，${1}子表 ${2}主表

4.2.3 数据建库

根据农村供水数据类型分为基础数据库、监测数据库、业务数据库和管理数据库 4 类。

4.2.3.1 基础数据库

基础数据包括结构化数据和基础空间数据，存储与县农村供水工程相关的基础性数据，包括行政区划、水库、河流等水利基础信息和水厂、水池、管道工程、泵站等农村供水工程的基本信息以及农村供水工程管理的基本信息等，可以为业务数据库提供映射数据源。

(1)水利基础信息数据

水利基础信息数据主要包括行政区划、水库、河流的基础属性、空间属性以及管理单位。主要内容和字段如表 4-16 所示。

表 4-16　水利基础信息数据主要内容和字段

序号	数据项	数据目	细目	主要字段
1	水利基础信息	行政区划	—	行政区划名称、行政区划编码、行政区划面积、区划级别、备注、空间属性
2		水库	—	水库名称、水库编码、水库类型、水库库容、水库用途、备注、空间属性
3		河流	—	河流名称、河流编码、河流长度、河流级别、河流流域面积、多年平均流量、备注、空间属性
4		组织结构	—	组织名称、上级组织 ID、所在区县、组织创建时间

(2)供水工程数据

供水工程数据主要包括水厂、水池、管道工程、泵站的基础属性、管理属性、空间属性。主要内容和字段如表 4-17 所示。

表 4-17　供水工程数据主要内容和字段

序号	数据项	数据目	细目	主要字段
1	供水工程数据	水厂	—	水厂代码、水厂名称、水厂所在地、水厂规模、水厂容量、水厂类型、出厂水压、运行状况、管理单位代码、时间戳、备注
2		泵站	—	泵工程代码、泵名称、所在地、工程规模、泵类型、装机流量、设计扬程、水泵数量、设备总取水能力、运行状况、管理单位代码、时间戳、备注
3		管道工程	—	管道工程代码、管道名称、管道级别、管道设计流量、管道设计压力、管道长度、管道位置、运行状况、管理单位代码、时间戳、备注
4		水池	—	水池工程代码、水池名称、水池种类、水池设计压力、水池数量、水池位置、管理单位代码、时间戳、备注
5		监测点	—	监测点代码、监测点名称、类型、所在地、管理单位代码、时间戳、备注

(3)管理单位数据

供水工程管理单位主要内容和字段如表 4-18 所示。

表 4-18　　供水工程管理单位数据主要内容和字段

序号	数据项	数据目	细目	主要字段
1	农村供水工程管理单位信息	管理单位	—	管理单位代码、管理单位名称、管理单位所在地、时间戳、备注

4.2.3.2 监测数据库

(1)监测系统数据

监测系统数据包括水厂自动化监测数据、泵站监测数据、水池监测数据、供水管道监测数据等,具体涵盖水厂制水及输水设备监测、管道流量压力监测、农村水厂清水池流量监测等,包括设备基础信息以及监测信息等数据。供水工程监测数据主要内容和字段如表 4-19 所示。

表 4-19　　供水工程监测数据主要内容和字段

序号	数据项	数据目	细目	主要字段
1	监测系统数据	水厂自动化监测数据	流量数据	水厂编码、设备编码、监测时间、流量
			压力数据	水厂编码、设备编码、监测时间、压力
			水质数据	水厂编码、设备编码、监测时间、水质指标 1、水质指标 2、…
			阀门数据	水厂编码、设备编码、监测时间、阀门状态、阀门开度
2		泵站监测数据	机组数据	泵编码、设备编码、监测时间、机组状态
			阀门数据	泵编码、设备编码、监测时间、阀门状态、阀门开度
			压力数据	泵编码、设备编码、监测时间、压力
3		水池监测数据	水位数据	水池编码、设备编码、监测时间、水位
			流量数据	水池编码、设备编码、监测时间、流量
			阀门数据	水池编码、设备编码、监测时间、阀门状态
4		供水管道监测数据	流量数据	管道编码、设备编码、监测时间、流量
			压力数据	管道编码、设备编码、监测时间、压力
			阀门数据	管道编码、设备编码、监测时间、阀门状态

(2)用水系统数据

用水系统数据中主要的用水单元是企事业单位、商业写字楼、城乡居民,属性主要包括各用水单位情况及其对水量、供水时间等方面的要求。用水系统监测数据主要内容和字段如表 4-20 所示。

表 4-20　　用水系统监测数据主要内容和字段

序号	数据项	数据目	细目	主要字段
1	用水系统监测数据	用水信息数据	—	设备编码、用水户编码、抄表时间、水表读数

(3)水源地监测数据

针对各级卫生部门对于提高饮用水安全保障能力建设的需要，监控监测站点的水质状况，水监控监测站点的水质状况主要内容和字段如表 4-21 所示。

表 4-21　　水监控监测站点的水质状况主要内容和字段

序号	数据项	数据目	细目	主要字段
1	水源地监测数据	水源地监测	—	水源地编码、监测时间、水温、pH 值、电导率、浊度、溶解氧、高锰酸盐指数、总氮、氨氮、总磷、化学需氧量

(4)水质监测数据

定期对水厂各类水质指标进行监测，并形成水质监测报告，水质监测报告主要内容和字段如表 4-22 所示。

表 4-22　　水质监测报告主要内容和字段

序号	数据项	数据目	细目	主要字段
1	用水系统监测数据	用水信息数据	—	设备编码、监测时间、水温、pH 值、电导率、浊度、溶解氧、高锰酸盐指数、总氮、氨氮、总磷、化学需氧量

4.2.3.3　业务数据库

业务数据包括农村供水工程运维和水费等业务相关数据，具体涵盖农村供水工程巡检维修数据、水费管理数据、预警数据等。

(1)巡检维修数据

巡检维修数据主要包括各类运维任务信息。农村供水工程基础数据主要内容和字段如表 4-23 所示。

(2)水费管理数据

水费管理数据是支撑水费管理系统各类业务的基础和业务数据，包括用水户信息、水费缴费信息、水费信息、水费欠费信息、用水异常信息等。水费管理数据主要内容和字段如表 4-24 所示。

表 4-23 农村供水工程基础数据主要内容和字段

序号	数据项	数据目	细目	主要字段
1	巡检维修数据	巡检任务信息	—	巡检任务编号、执行时间、执行人、审批人、说明、巡检部位编号、巡检部位名称、工程编号、巡检缺陷记录 ID、缺陷名称编号、完成情况、备注
2		维修任务信息	—	维修任务编号、执行时间、执行人、审批人、设备编号、设备名称、单据编号、部门编码、部门名称、设备编码、故障现象、故障代码、维修类型、维修费用、维修工时、维修开始时间、维修期限、维修结束时间、当前状态、录入人、录入时间、完成情况、备注
3		养护任务信息	—	养护任务编号、执行时间、执行人、审批人、说明、养护部位编号、养护部位名称、工程编号、完成情况、备注

表 4-24 水费管理数据主要内容和字段

序号	数据项	数据目	细目	主要字段
1	水费管理数据	用水户信息	—	用水户编号、用水户名称、行政区划代码、法人代表、详细地址、用户类型、备注、用水户状态、用水户诚信度、用水户报装时间、联系人、联系电话、传真、邮政编码、电子邮箱、最后修改时间、修改人
2		水费缴费信息	—	收缴记录编号、用水户编号、用水户名称、用户类别、缴费金额、缴费时间、支付方式、用水量、用水价
3		水费欠费信息	—	欠费记录编号、用水户编号、用水户名称、用户类别、欠费金额、缴费日期、缴费通知寄送时间
4		用水异常信息	—	用水户编号、用水户名称、用户类别、前三个月平均用水量、当月用水量、用水异常超限值、处理人、处理日期、处理情况

(3)预警数据

预警数据包括各类设备的监测预警信息。水费管理数据主要内容和字段如表 4-25 所示。

表 4-25 水费管理数据主要内容和字段

序号	数据项	数据目	细目	主要字段
1	预警数据	预警阈值配置	—	预警类型、预警名称、预警阈值、预警条件
2		预警信息	—	预警编号、预警设备、预警监测值、满足条件阈值、创建时间

4.2.3.4 管理数据库

管理数据库用于存放支撑系统正常运行的元数据和功能菜单信息、接口信息、用户信息、角色权限信息、系统日志等。管理数据库主要内容和字段如表 4-26 所示。

表 4-26 管理数据库主要内容和字段

<table>
<tr><th>序号</th><th>数据项</th><th>数据目</th><th>细目</th><th>主要字段</th></tr>
<tr><td>1</td><td rowspan="6">元数据</td><td>数据分类</td><td>结构化数据源信息表</td><td>数据源编码、数据源名称、数据源访问方式</td></tr>
<tr><td>2</td><td>数据表</td><td rowspan="2">结构化数据与数据源对应关系表</td><td rowspan="2">表名、字段名、记录 ID、数据源编码、数据源表、数据源字段、数据源记录 ID</td></tr>
<tr><td>3</td><td>数据字段</td></tr>
<tr><td>4</td><td rowspan="2">数据源</td><td>结构化数据源信息表</td><td>数据源编码、数据源名称、数据源访问方式</td></tr>
<tr><td>5</td><td>结构化数据与数据源对应关系表</td><td>表名、字段名、记录 ID、数据源编码、数据源表、数据源字段、数据源记录 ID</td></tr>
<tr><td>6</td><td>数据字典</td><td>数据字典表</td><td>表名、数据项、数据项类型、代码、名称</td></tr>
<tr><td>7</td><td rowspan="8">系统维护数据</td><td>功能菜单信息</td><td>功能菜单信息表</td><td>菜单编码、菜单名称、父级菜单编码</td></tr>
<tr><td>8</td><td rowspan="2">用户信息</td><td>接口信息表</td><td>接口编码、接口名称、接口访问地址</td></tr>
<tr><td>9</td><td>用户基本信息表</td><td>用户 ID、用户名、用户密码、用户真实姓名、用户所属组织机构编码</td></tr>
<tr><td>10</td><td rowspan="4">角色权限信息</td><td>用户角色信息表</td><td>用户 ID、角色 ID</td></tr>
<tr><td>11</td><td>角色信息表</td><td>角色 ID、角色名称</td></tr>
<tr><td>12</td><td>权限信息表</td><td>权限 ID、权限名称</td></tr>
<tr><td>13</td><td>角色权限信息表</td><td>角色 ID、权限 ID</td></tr>
<tr><td>14</td><td>系统日志</td><td>系统日志表</td><td>ID、时间、日志信息</td></tr>
</table>

4.3 数据更新与维护

4.3.1 数据更新

农村供水数据经过一定阶段后就需定期更新维护，原有数据变更或新的数据增加都需要进行更新维护，数据的更新需要遵循数据更新流程。

4.3.1.1 更新流程

农村供水数据中心数据更新各阶段工作均应遵循相关管理规程和技术标准，数据更新流程如图 4-4 所示。

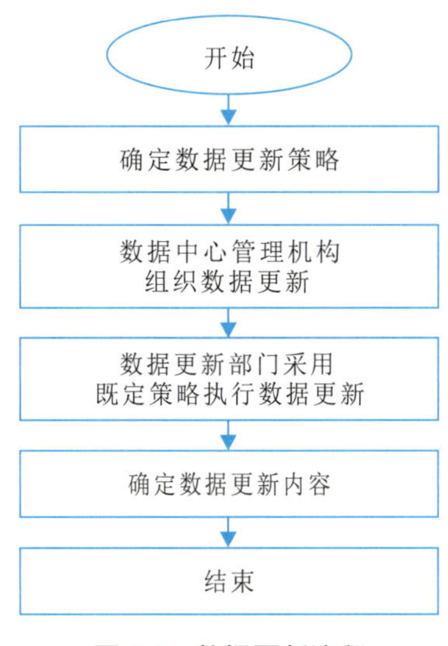

图4-4 数据更新流程

(1)组织数据更新

①数据更新前,各业务数据主管部门应报送数据更新方案,提出数据更新内容、拟定更新策略及方式,数据中心管理机构负责根据数据更新策略,按不同的数据来源和更新方式,分别组织实施数据更新工作。

②与农村供水数据中心联机运行的应用系统,其数据更新由系统按策略自动进行更新或交换;农村供水数据中心与其他相关单位之间的数据更新的内容和更新方式由数据中心管理机构与各相关单位协商进行。

(2)其他数据更新

数据更新部门采用既定策略,对农村供水数据中心执行数据的交换、整编、录入、共享和维护管理等数据更新操作。

(3)数据更新

①数据更新结束后,数据更新部门与业务数据主管部门应对更新的数据进行检查与确认,如有问题数据,将其退回数据更新责任单位进行再次修改后提交。

②数据中心管理机构应保存数据更新的过程记录和日志,以备审计和回溯。

4.3.1.2 更新策略

数据更新主要使用批量数据更新方式,适用于整体更新且更新工作量较大的情况,通过维护系统下载数据模板执行。批量数据更新主要包括更新前的数据备份、更新数据与元数据一致性处理、原版本数据归档和新版本数据生成等工作。

数据更新频次根据数据分类、属性及特性确定,主要分为定期更新和实时更新两种。具体的数据更新频次应满足业务管理需要。遇特殊情况,应随时增加更新频次。数据更新频次由数据中心管理机构确定,具体更新频次按各数据分类、属性及特性,分为按年、按季度、按月、按日和实时进行。数据更新时期由不同的数据、不同的更新方式以及不同的环境决定。数据更新部门可根据具体情况来决定具体的更新时期。

4.3.1.3 更新方法

数据更新根据数据分类,按基础数据、监测数据、业务数据和管理数据分别实施,主要通过手工和交换服务两种方式进行。

(1)基础数据更新

基础数据更新分为结构化数据更新与空间数据更新两大类。

1)结构化数据更新

按照行政区划范围或水利业务部门范围,对水利数据进行部分更新,即仅对一个更新周期中发生变化的数据进行更新。对于用户产生的数据,若数据量比较大,则采用数据批量新增或修改的更新操作。通过人工维护系统批量数据更新,流程如图 4-5 所示。最终将批量导入的数据更新到农村供水数据中心基础数据库中。

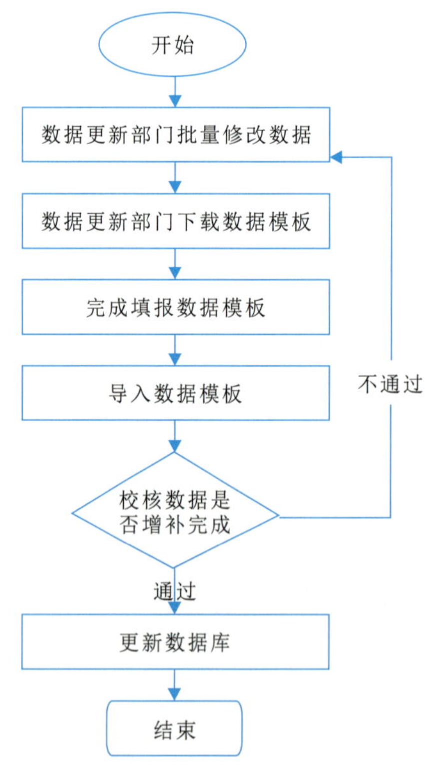

图 4-5 结构化数据更新流程

2)空间数据更新

空间数据更新分为数据修改、地形数据检查、建立临时库、本地更新、数据归档、数据替换6个环节。首先对要更新入库的地形图数据进行检查;然后根据更新范围从数据库中提取需要被更新的数据建立本地临时数据库,在临时数据库的基础上完成数据更新;最后将临时数据库的数据导入基础空间数据库,同时对历史数据进行更新处理,如图4-6所示。

(2)监测数据更新

监测数据更新一般针对设备上报的各类监测数据进行采集,一般是库对库的形式。监测类数据是对数据表和视图按照设定的轮询周期采集数据,设定的周期可以根据业务需求和被采集数据库的现状进行调整,比如按1min轮询一次、5min轮询一次或者60min轮询一次等,视情况而定。轮询采集具有全量、增量和差量采集方式,如图4-7所示。

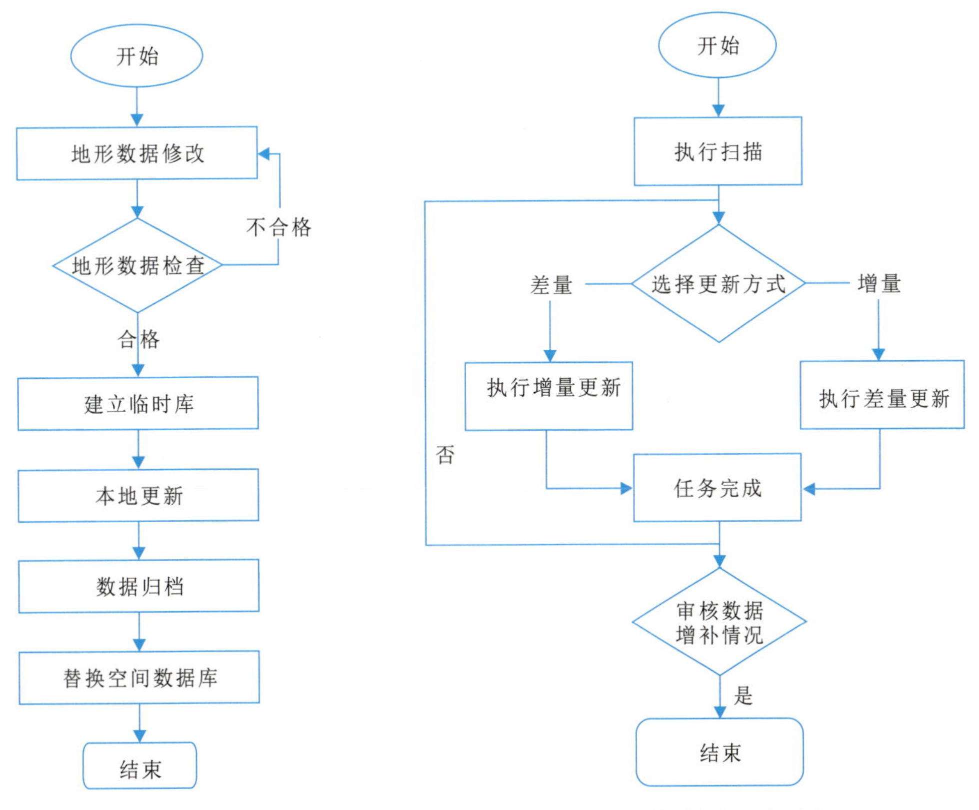

图4-6 空间数据更新流程

图4-7 监测数据更新流程

1)全量采集

全量采集指一次将所有被采集数据(比如具体某一张数据表)全部采集到。全量采集对被采集的数据表可以没有时间戳标志。全量采集主要在第一次数据入库时使用,一般作为数据初始版本。

2)增量采集

增量采集指一次只采集一个周期内的变化数据。增量采集需要被采集数据表具有时间戳(增量数据的标识字段),轮询可以通过时间戳来获取增量数据。增量入库一般用作监测数据采集,通过定时触发进行数据增补。

3)差量采集

差量采集是结合全量采集和增量采集的一种综合采集方式,一次采集对前几个采集周期内已经被采集过的数据再次进行采集。差量采集主要针对前期由于外部原因导致数据未能正常补增的情况,对数据进行校核补充完善。

(3)业务数据更新

业务数据更新主要包括用水户信息以及用水户相关用水信息。

1)用水户信息

由于用水户信息核对是一个反复完善的过程,农村供水数据中心制定用水户收集模板后,根据模板进行收集,统一进行数据录入。后期变动信息也需要审核后才可进行入库,如图 4-8 所示。

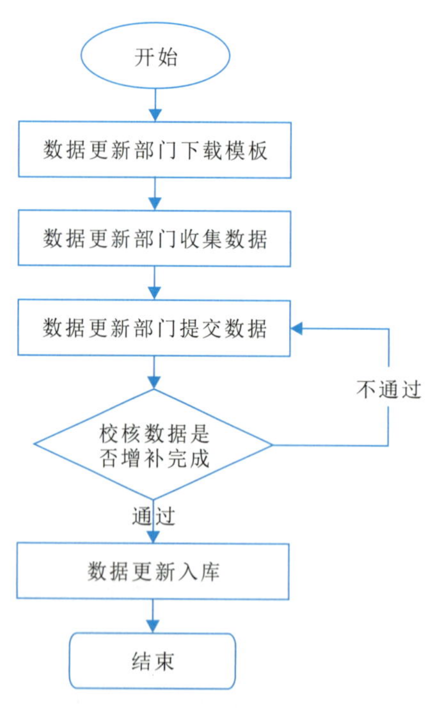

图 4-8　用水户数据更新流程

2)用水户相关用水信息

用水户相关用水信息包括水费缴费信息、水费欠费信息、用水异常信息。根据提供的信息批量进行录入后需与目前库中已有数据进行对比，判定是否需要补增进入，如图 4-9 所示。

(4)管理数据更新

管理数据更新通过农村供水数据中心数据维护与管理系统进行。主要指对数据内容、质量、所处语境等特征的基础定义或结构化描述的更新。管理数据更新流程如图 4-10 所示。

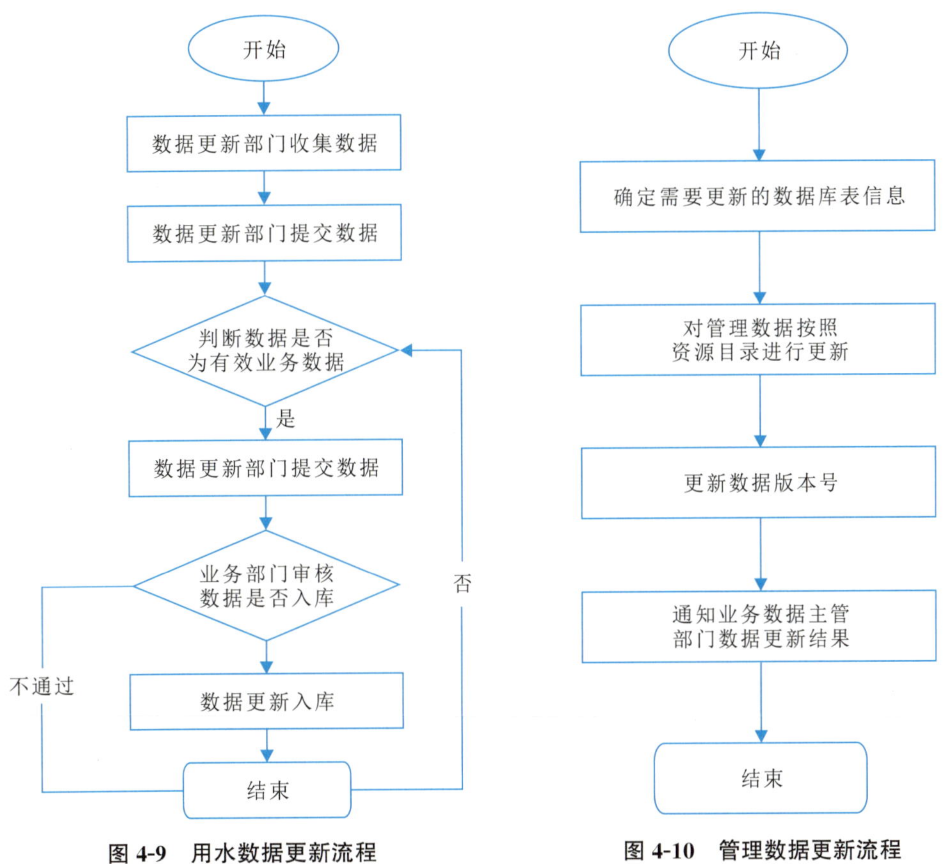

图 4-9 用水数据更新流程

图 4-10 管理数据更新流程

4.3.2 数据维护

数据维护主要包括数据标准维护、数据库监控以及日常维护三个方面。随着水利工程建设发展，供水工程信息标准日益丰富，需要对已有的数据标准进行更新维护。

4.3.2.1 数据标准维护

(1)数据标准修订

数据标准修订流程如图 4-11 所示。

①农村供水管理单位各部门负责收集、整理有关数据标准的修改意见和建议，根据实际工

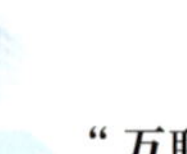

作需要和水利业务发展，从数据标准化角度，分析所收集整理意见和建议的合理性、可行性。

②对于合理和可行的意见与建议，农村供水管理单位各部门详细填写数据标准修订申请表并加盖单位公章，向维护工作组提出修订申请。

③维护工作组对接收的数据标准修订申请进行初步审核后，提交数据标准管理领导小组审批。审批通过后，由城乡供水管理单位负责组织数据标准的修订工作。

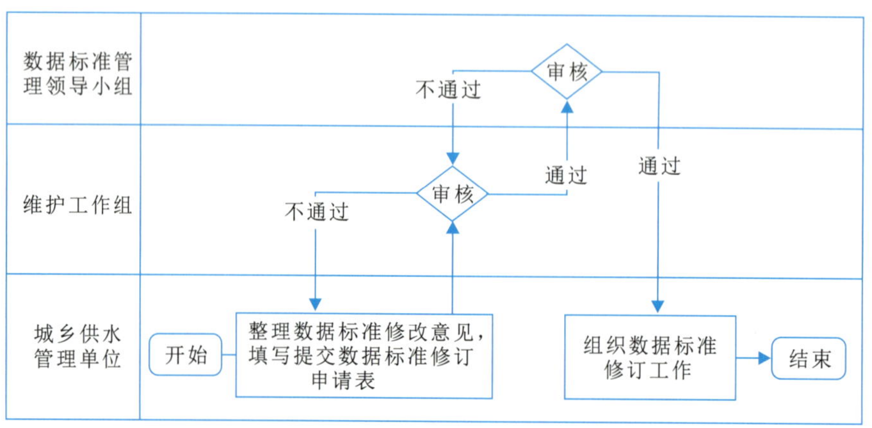

图 4-11　数据标准修订流程

(2)数据标准新编

数据标准新编流程如图 4-12 所示。

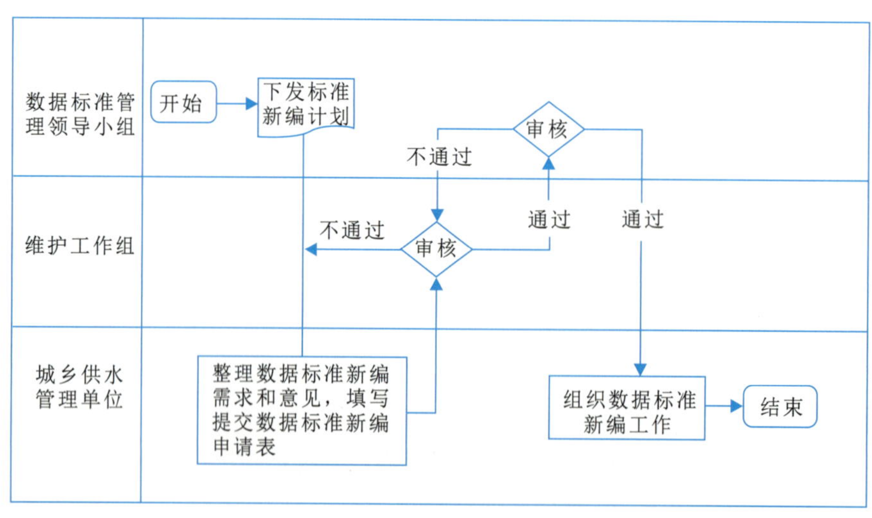

图 4-12　数据标准新编流程

①数据标准管理工作小组按照基础数据标准管理单位对应表，将数据标准管理领导小组下发的年度标准新编计划发给农村供水管理单位。

②农村供水管理单位负责收集、整理有关数据标准的新编需求和建议，从数据标准化角

度分析所收集新编需求和建议的合理性、可行性。

③对于合理及可行的需求与建议，城乡供水管理单位应按要求填写数据标准新编申请表，并加盖单位公章，向维护工作组提出数据标准新编申请。

④维护工作组对提交的数据标准新编申请组织评审，并将初审意见提交数据标准管理领导小组进行审批。审批通过后，由数据标准管理工作小组负责组织数据标准的新编工作。

4.3.2.2 数据库监控

(1)查看数据库日志

数据库的日志上会有大量对管理员有用的信息。通过查看警告日志和跟踪文件可查找错误原因，对于发现的问题应及时解决和汇报。

(2)检查是否有失效的数据库对象

主要关注索引、触发器、存储过程、函数等。

(3)查看数据库剩余空间

剩余空间不足时要扩展空间，一般来说，当剩余空间小于10%时，应进行空间扩展。

(4)重点表检查

检查系统核心业务表，重点检查这些表的索引是否失效，表的统计信息是否及时更新。检查数据量超过百万行的表，如果索引失效会导致表扫描，占用大量系统IO，严重影响系统性能。

(5)查看数据库是否正常

包括数据库实例是否正常工作、数据库连接是否正常等。

(6)死锁检查

监控数据库运行过程中出现的阻塞，记录现象和产生阻塞的SQL语句，执行的用户，发生时间、频率，处理(杀掉、等待自然解锁)等。

(7)监控SQL语句的执行

查找效率低下的SQL语句，联系协调开发人员进行处理。

(8)操作系统检查

检查CPU、内存、虚拟内存等的使用情况。

4.3.2.3 日常维护

(1)页面修复

根据日常监控的结果，进行页面或者数据库坏块修复，如将表数据导出后重建表，然后

导入数据；提交修复记录。

(2)碎片回收数据重组

当某些数据库运行一段时间后，会产生碎片，影响数据库的性能；可根据日常检查的结果，运用工具或脚本对数据库空间进行重组或回收。

(3)删除不用的数据

对目前数据库中存在不用的数据进行分析，如存在该类数据则进行清除，在清除之前进行数据备份。此项工作要得到开发方、设计人员以及相关人员的确认后，方可执行。

(4)错误修复

如果发现数据库出现了错误，就需要根据每天监控的结果对数据库进行修复。

(5)定期备份

定期对数据库进行备份操作，不论是进行人工备份还是自动备份，在备份的时候，不能影响数据库的正常工作，同时还需要妥善地保管备份的文件。

(6)历史数据迁移

指定历史数据迁移计划，定期进行历史数据迁移，减少生产数据库的压力。

(7)安全维护

保证数据库的安全性。这是数据库维护的一个重要的工作内容，为了保证数据库的安全，防止非法访问或者是病毒侵袭，需要定期修改数据库的密码。

4.4 数据集成与共享

4.4.1 横向集成

(1)与各水厂信息化系统的横向集成

1)集成内容

系统应实现与已建水厂自动化监控系统和水厂水费营收系统的集成，获取水厂基本信息、自动化设施设备信息、监控数据、视频信息、用户用水信息、用户缴费信息等。

水厂基本信息：水厂的建设年份、负责人、设计供水量、供水人口、处理工艺等。

自动化设施设备信息：设备名称、安装位置、安装年份、厂家等。

监控数据：水厂进、出口水质、水量。

视频信息：关键部位的视频信息。

用户用水信息：用户基本信息、用户抄表记录。

用户缴费信息:用户水费缴纳记录、欠费信息。

集成水厂控制功能:通过与已建系统进行接口对接,集成水厂控制能力。

2)集成方式

对于水厂的档案信息、现场图片等静态数据,可通过提供文本数据,在本项目系统开发过程中一次性集成。

对于水厂的视频,通过提供的访问 IP、用户名、密码以及视频管理软件提供的接口,在本项目系统开发过程中一次性集成工程视频。

对于水厂实时监控数据、实时警情数据、设备控制等工程动态数据,通过水厂自动化监控系统提供的数据分享接口获取数据,实现与水厂自动化监控系统数据集成。

对于水费收缴数据,通过提取已建的水费营收系统数据库,在本项目系统开发过程中一次性集成。

(2)与其他信息化系统的横向集成

在系统建设过程中,按照政务信息资源规定格式编制数据资源目录,预留数据接口,通过数据共享服务实现后续智慧城市运管中心的数据共享和交换。与智慧城市运管中心的相关数据共享内容包含:

1)农村供水工程数据

水厂、清水池、管网、测控井等农村供水工程的档案数据、现场图片的静态数据,以及农村供水工程基础图层和专题图层。

2)农村供水业务数据

智慧农村供水相关业务分析数据。包括农村供水"四率"(即集中供水率、自来水普及率、水质达标率、供水保证率)、用水量统计数据、水费收缴统计数据等。

4.4.2 纵向集成

纵向集成与已建水利数据中心、水利 GIS 平台以及水利电子政务外网打通链路。项目建设数据资源共享接口,可实现与上一级数据中心的数据共享和对接。项目预留系统接口,将来能够接入统一的农村供水信息化平台。

(1)集成内容

系统应与上级数据中心进行集成。按照要求共享目前已收集到的各类供水工程相关的基础信息、监测信息等。

(2)集成方式

1)结构化数据

按照上级数据平台标准规范在前置库中建立数据表,并将已收集到的数据表按照规范要求进行写入上级平台前置库。通过定时脚本方式定时进行数据传递。

2)空间数据

空间数据按照遥感影像、行政区划边界、河流、水库及大坝等分类,按照 SHP 格式整理后打包汇总,由上级 GIS 平台进行统一发布共享使用。

4.4.3 数据共享

(1)资源目录

农村供水数据中心的数据资源目录如表 4-27 所示。

表 4-27　　数据资源目录

序号	数据类	数据项	数据目	细目	数据属性	数据内容
1	基础数据	基础地理数据	数据矢量地图切片	数据矢量地图切片	空间数据	适合各业务应用精度要求的行政境界、居民地(点)、地名注记、交通
			遥感影像	遥感影像	空间数据	遥感影像地图
			行政区划边界	行政区划边界	基础数据	行政区划边界数据基本信息
					空间数据	行政区划边界数据(市、县、乡镇)
		水利基础数据	河流湖泊	河流	基础数据	河流基础信息
					空间数据	河流的矢量化空间数据
			水利工程数据	水库及大坝	基础数据	水库及大坝基础数据
					空间数据	水库及大坝空间数据
				水厂	基础数据	水厂基础数据
					空间数据	水厂空间位置
				水厂高位水池/调节池	基础数据	高位水池/调节池基础数据
					空间数据	高位水池/调节池空间位置
				水厂供水管网	基础数据	供水管网基础数据
					空间数据	供水管网空间位置
				农村清水池	基础数据	清水池基础数据
					空间数据	清水池空间位置
			区划管理单元	水源地	基础数据	饮用水源地基础数据
					空间数据	饮用水源地空间数据
		水利行业单位	水利行业单位	供水管理机构	基础数据	供水管理机构基础信息
					空间数据	供水管理机构空间数据
		管理制度、标准规范	管理制度	管理制度	基础数据	供水管理相关制度
			标准规范	标准规范	基础数据	供水管理标准规范

续表

序号	数据类	数据项	数据目	细目	数据属性	数据内容
2	监测数据	供水工程监测数据	水厂	水厂自动化监测	基础数据	流量、水质等监测设备基础信息
					监测数据	流量、水质等监测设备工况
				视频监控	基础数据	视频监控点基础数据
					监测数据	实时视频监控数据
			供水管网	流量监测点	基础数据	供水管网流量监测点基础数据
					监测数据	供水管网流量监测点监控数据
				压力监测点	基础数据	供水管网压力监测点基础数据
					监测数据	供水管网压力监测点监控数据
			清水池监测数据	水位数据	监测数据	清水池水位在线监测数据
			供水管网监测数据	流量数据	基础数据	供水管网重要节点的流量、压力在线监测数据
					监测数据	
				压力数据	基础数据	
					监测数据	
			用水量数据	用水量数据	监测数据	物联网智能水表的用水量在线监测数据
3	业务数据	供水业务管理数据	供水自动化监控数据	预警报警数据	业务数据	—
				远程控制数据	业务数据	—
				流量监测整编数据	业务数据	—
				压力监测整编数据	业务数据	—
				水质监测整编数据	业务数据	—
			工程运维管理数据	巡检任务信息	业务数据	—
				维修任务信息	业务数据	—
				养护任务信息	业务数据	—
			工程监测诊断数据	需水预测数据	业务数据	—
				管网实时诊断数据	业务数据	—
				管网爆管处置数据	业务数据	—
				管网漏损分析数据	业务数据	—
				用水户信息	业务数据	—
			水费计收管理数据	用水量数据	业务数据	—
				水费缴费信息	业务数据	—
				水费欠费信息	业务数据	—
				用水异常信息	业务数据	—
				水价信息	业务数据	—

续表

序号	数据类	数据项	数据目	细目	数据属性	数据内容
3	业务数据	供水业务管理数据		待办事项	业务数据	—
				公告信息	业务数据	—
				关键 KPI	业务数据	—
				供水自动化监控信息	业务数据	—
				工程运维管理信息	业务数据	—
				水费计收管理信息	业务数据	—

(2)共享方式

系统会将自有的数据通过提供接口分享和消息推送的形式向市、县水利局其他信息化系统开放，实现数据共享。数据共享方式包含：

1)基础数据接口

水厂、清水池、管网、测控井、分水井等农村供水工程的档案数据以及现场图片的静态数据可提供相应的访问接口，供其他系统使用。

2)消息推送实时数据

对于农村供水工程设施采集的实时数据、告警数据等动态数据，通过消息中间件的方式进行数据实时推送。

3)地理信息接口

对于农村供水工程中的管网图层服务、水利工程专题图层，提供地理信息接口，供其他系统使用。

4)文件类接口

提供文件访问接口，可根据文件关键字检索文件。

5)统计分析报表接口

对于由农村供水工程设施的实时数据、历史数据统计分析加工形成的数据，如累计供水量、供水保障率、水质达标率、水费收缴率、工程运行分析等数据提供相应的统计分析报表接口，供其他系统使用。

(3)共享服务

项目建设完成后，项目数据可向水利数据中心、政务云等数据资源池进行数据共享，如表 4-28 所示。

表 4-28　　数据共享服务

信息资源分类	信息资源名称	信息资源摘要	信息资源格式	信息项信息		共享属性			开放属性		更新周期
				信息项名称	数据类型	共享类型	共享条件	共享方式	是否向社会开放	开放条件	
基础数据	农村供水工程	水厂、泵站、管道工程、水池、入户水表及监测设备基础信息	结构化数据	工程和设备基本信息	字符串型	无条件共享	无	数据接口	否	无	实时
监测数据	监测数据	水厂自动化监测数、泵站监测数据、水池监测数据、供水管道监测数据	结构化数据	设备监测数据	字符串型	无条件共享	无	数据库	否	无	实时
业务数据	农村供水业务数据	农村供水“四率”、用水量数据、水费收缴数据等农村供水业务数据	结构化数据	农村供水业务数据和关键指标	浮点型或字符串型	无条件共享	无	数据接口	否	无	实时
	水费管理数据	用户信息、水费缴费信息	结构化数据	水费管理信息	字符串型	无条件共享	无	微信公众号	是	无	实时

相关数据共享服务包含：

1)农村供水业务数据服务

利用电子政务外网，通过权限划分，开发相关农村供水业务数据服务，便于与市水利局、县政务云平台的数据交换与共享。包括农村供水“四率”、用水量数据、水费收缴数据等农村供水业务数据。

2)公众数据服务

基于互联网，实现本项目中的水费收缴、水量查询等数据与水利行业单位、社会公众数据共享。

4.5　本章小结

农村供水数据中心章节内容包括数据收集与整编、数据处理与建库、数据更新与维护、数据集成与共享4部分。

①数据收集与整编，基于时效性、准确性、全面性等原则，制定了问卷调查、查阅资料、实地考察和实验设计等数据收集方法。拟将收集整理的数据分为基础数据、监测数据、业务管理数据和文件系统数据。设计整编原则和方法，计划将收集来的数据进行分级过滤，将不同类型来源数据采集备份到统一的数据库中，然后将原始数据进行整理，对缺失的数据进行补录后进行整编处理，形成成果数据。

②数据处理与建库，收集到的数据需要进行分类处理，对于不同的数据类型采用不同的处理方法。按照完整性、唯一性、一致性等数据质检原则，对数据进行核查。核查后不满足要求的数据需要重新提取原始数据进行比对，增补缺损信息。对于已完成数据按照基础数据库、监测数据库、业务数据库、管理数据库建库。

③数据更新与维护，农村供水数据中心数据更新各阶段工作均应遵循相关管理规程和技术标准，按照收集整理—提交—审核—更新步骤。数据维护主要分为数据标准维护、数据库监控以及日常维护3个方面。

④数据集成与共享，分为横向集成、纵向集成、数据共享三部分。横向集成主要指与各水厂信息系统和其他信息系统集成，纵向集成是与已建上级数据中心通过标准规范表形式进行集成。数据共享是以接口、消息推送、文件等多种方式进行数据共享。

第5章 农村供水能力中心

5.1 物联网平台

随着水利信息化建设的快速推进，智能前端感知被越来越了解和重视。以信息登记、转发、查询为主的一般性软件系统不能很好地解决用户的实际需求，以"透彻的前端感知＋先进的技术体系＋智能的专业模型"为核心的智能服务体系才能真正为用户管理决策提供数据和分析支持。水利场景中物联网设备存在建设阶段不同、所属项目不同、监测目标不同、实施单位不同，同一个管理区域、同一个工程的前端采集多种多样，难以统一接入、管理，运维成本高、采集保证率低等问题，为解决以上问题，设计了基于分布式混合存储架构的多协议水利智能物联网平台(图5-1)，与现有物联网平台相比，该平台能够全面覆盖主流网络通信协议和常见的水利报文协议，实现对水利行业已建和新建物联网设备的统一接入和管理，支持基于规则的在线预警及多种水利设备协同响应，具有易接入、易扩展、高可靠、高安全的优势，支撑智慧水利建设快速实施，一站式解决水利行业感知设备持续性监控运维难题。

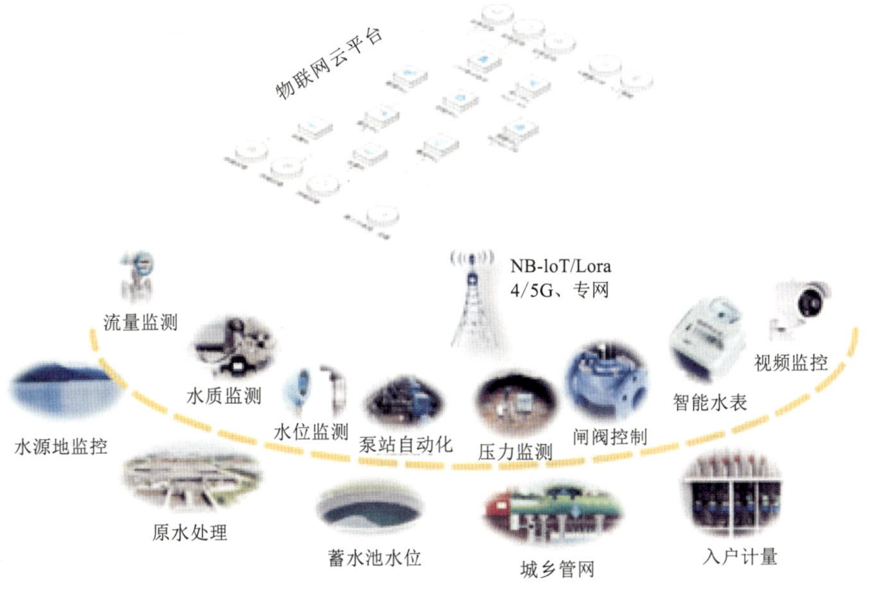

图5-1 水利智能物联网平台

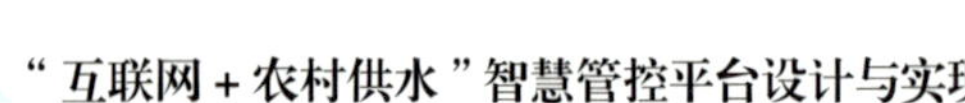

物联网平台可以对前端感知设备进行状态监视、数据上行和下行控制，支持通用协议接入方式及报文解析能力，可灵活接入不同厂家不同协议的设备，同时具备灵活的规则引擎、设备管理、设备告警、消息通知、数据转发等功能，可基于 SQL 进行复杂的数据处理逻辑。

在协议解析上，支持各类物联网主流网络协议，其中包括 TCP、MQTT、UDP、CoAP、HTTP 等多种协议，支持用户协议自定义，通过上传解析脚本来完成协议的解析，同时内置了标准水文规约、水资源规约等水利标准协议，使用标准协议的设备可以快速配置集成发布（图 5-2）。

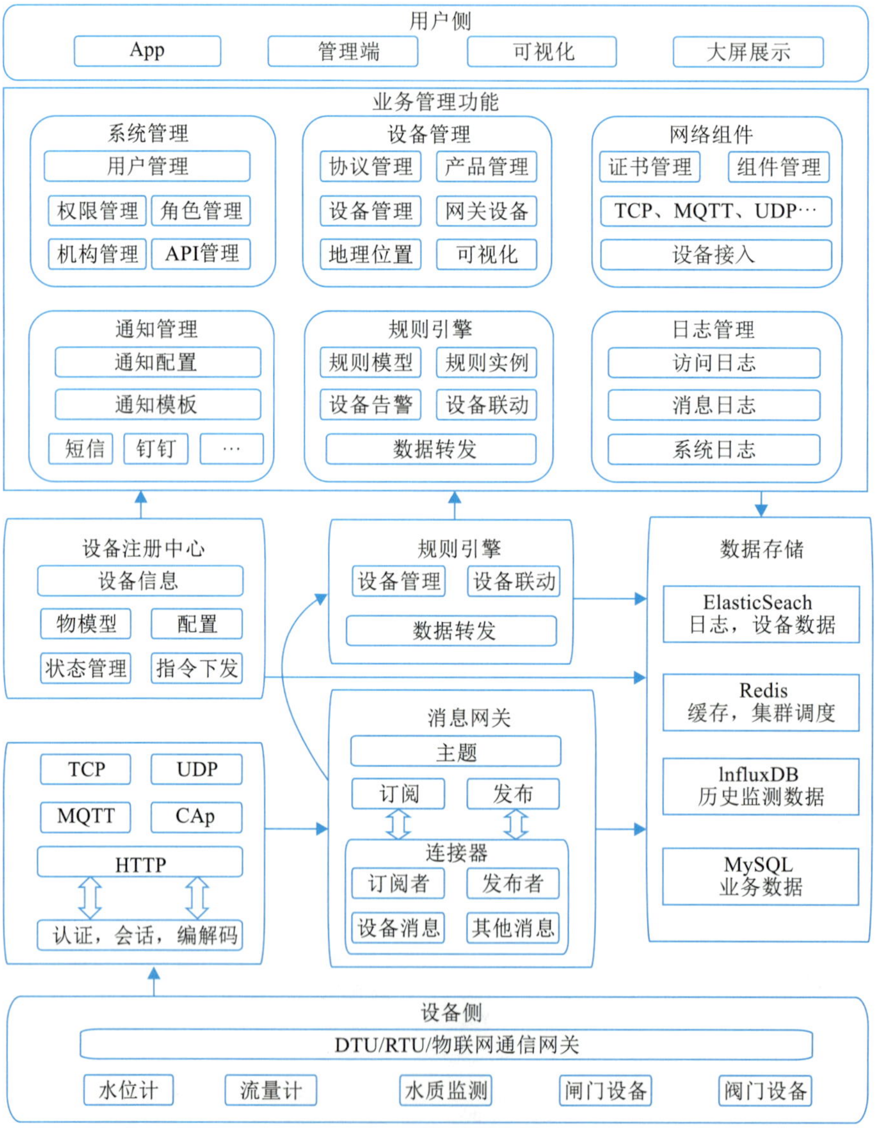

图 5-2　物联网平台架构图

在架构设计上，物联网平台与数据传输层以及服务层直接对接，对下直接连接前端设备，提供上行监控数据获取与下行控制指令传输能力，通过数据交换平台与数据中心层直接对监控数据进行管理，在数据处理上支持规则引擎配置，可以将各类原始异常数据进行各种规则处理后，形成标准业务数据，供数据平台使用；对上提供一系列物联网基础接口服务，支撑上层智能应用、产品及门户的扩展能力，平台将报文解析等底层技术复杂部分进行封装，对上层仅提供业务配置功能，达到业务数据配置化，让运维人员可以快速接入多种设备，无须了解复杂的底层技术。提供开放的 API 接口，通过简单的调用能快速生成应用，包括设备增删改查、数据流创建、数据上传、命令下发等，帮助用户便捷地构建上层应用，提供 HTTP 推送服务，可以将设备的数据以 HTTP 请求的方式主动推送至应用系统。

5.1.1 设备接入

设备接入管理可提供前端感知设备信息接入的一系列基础能力，包括隔离设备接入的相关底层实现、通过通用型接口直接访问不同厂商、协议的各类设备。

目前市场上存在多种前端感知设备，均具有不同的通信协议或报文体系。报文通信协议主要可划分为通用型传输协议及专有协议两大类型。其中通用型传输协议主要包括 HTTP、MQTT、OPC、CoAP 等主流通信协议。水利行业前端感知的报文规约主要包括国家水文规约、国家水资源规约、环保规约等。协议解析在底层提供相关协议解析能力，通过指定相关协议类型，返回解析后的结构化信息内容，分别提供通用传输协议解析及专有协议能力解析两类主要接口。

水利感知设备在进行设备接入时，需对接入的设备进行协议、通道、工作模式、指令及心跳等系列配置(图 5-3)。在进行协议配置时，应根据接入的具体设备进行协议选择，便于正确对设备信息进行协议解析及报文结构化转换；通道关联提供设备与通道的关联设定；工作模式管理支持自报、查询/应答等方式，可以对设备的工作模式进行设置和调节；设备指令设置对设备的控制指令进行定义及关联，以便于完成后续的终端控制、心跳应答等。设备心跳配置包括链路心跳配置及状态心跳指令关联，链路心跳是为了维持长连接，状态心跳为设备注册成功后按固定周期上报设备的运行信息，例如，连接方式、设备时间、上报周期、采集周期、存储周期、信号强度、存储数据、未报数据、设备能量等。同时，服务器根据用户预设的指令，可以通过对状态心跳的应答来调整部分设备运行参数，并可以对设备进行清空存储数据、重启等基本操作。

平台支持设备与云端通过物联网网关进行稳定可靠地双向通信，支持各类不同设备、网关轻松接入。支持蜂窝(2G/3G/4G/5G)、Wi-Fi 等不同网络设备接入，支持多种协议的设备端 SDK，既满足长连接的实时性需求，也满足短连接的低功耗需求。

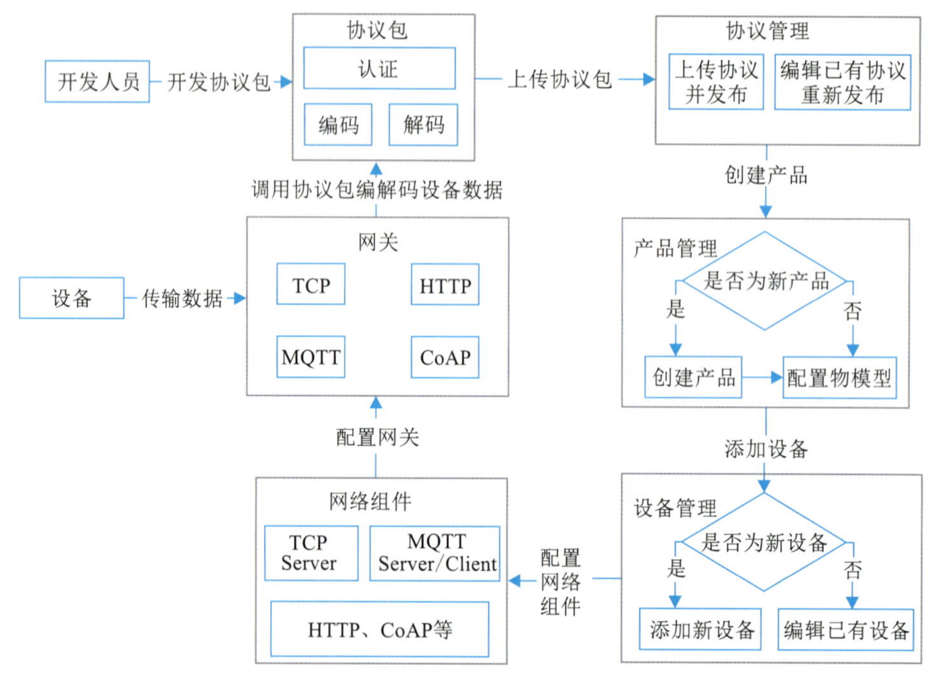

图 5-3　设备接入流程图

5.1.1.1　证书管理

通过创建配置连接证书，设备连接物联网平台时首先进行证书校验，无法通过校验的设备不允许与平台连接，保证网关和数据的安全性，平台支持配置 PFX\JKS\PEM 类型的证书，如图 5-4 所示。

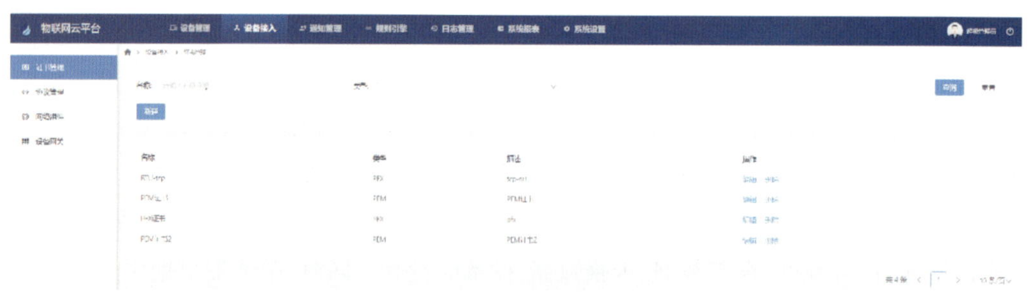

图 5-4　证书管理

5.1.1.2　协议管理

协议管理提供一系列配置内容，供用户进行选配，便于完成协议解析及信息接入。协议管理需要实现的内容包括协议字典、通道配置、协议配置、解析项配置等功能及接口。协议字典对报文解析后的内容提供协议字典管理及选项，包括字典名称、字典代码等，以便于对解析后的报文进行结构化处理；针对 RTU 等设备接入，提供通道相关配置，包括通道变化、通道名称、通道组设置等基础信息设定，以及完成通道与通道组、设备与通道等相关关联配置；协议配置提供配置协议名称、帧代号、报文类型、方向、协议版本、功能码、解析项、编译项、协议体系等协议相关内容；解析项配置提供解析项能力设置，包括名称、长度、处理方法等相关配置。

平台已内置了水文监测数据通信规约、水资源监测数据传输规约、地表水自动监测系统通信协议、污染物在线监控（监测）系统数据传输标准、道路运输车辆卫星定位系统终端通信协议等水利标准协议。

（1）水文监测数据通信规约

水文监测数据通信规约规定了水文监测系统中智能传感器与遥测终端的接口及数据通信协议、测站与中心站之间的数据通信协议。适用于江河、湖泊、水库、近海、水电站、灌区及输水工程等各类水文监测系统和水资源监测（控）系统，亦适用于其他水利监测系统。

水文协议遥测站分类：湖泊、闸坝、泵站、潮汐、墒情、地下水、水质、取水口、排水口。

水文监测数据通信规约链路传输模式符合下列规定（图5-5、图5-6）：

1）M1，遥测站为通信发起端

遥测站发出报文后，中心站无须响应。可用于发送单帧自报报文，包括测试报、均匀时段水文信息报、遥测站定时报、加报报、小时报、人工置数报；其上行帧报文结束符为ETX，没有下行帧。

2）M2，遥测站为通信发起端

遥测站发出报文后，中心站接收报文正确，应响应发送“确认”报文；中心站接收报文无效，则不响应。遥测站收不到响应报文应启动重发机制，最多重发2次。可用于发送自报报文，包括测试报、均匀时段水文信息报、遥测站定时报、加报报、小时报、人工置数报；其上行帧报文结束符为ETB/ETX；下行帧为“确认”帧，报文结束符为EOT/ESC。

3）M3，通常遥测站为通信发起端

遥测站连续发出多包报文后，中心站正确接收全部数据包，仅应回答1次确认报文；若有错误数据包，中心站应发送包括错误数据包序列号（1包序列号，每包单独重发）的响应包，遥测站重发相应序列号包数据，最多重发2次。用于发送多帧自报报文，包括图片信息报、均匀时段水文信息报、人工置数报等。其上行帧报文结束符为ETB/ETX（收到NAK的重发包用ETX）；下行帧为“确认/否认”帧，报文结束符为EOT/NAK/ESC。中心站采用该模式查询遥测站数据时，在遥测站收到查询请求后，遥测站则以类似发起端的传输方式向中心站发送数据。

4）M4，中心站为通信发起端

中心站发出查询请求报文后，遥测站接收请求报文正确，应发送响应帧；如遥测站接收请求报文无效，则不响应。用于查询遥测站数据，设置（修改）遥测站运行状态参数、控制遥测站运行。下行帧为“查询/确认”帧，报文结束符为 ENQ/ACK/EOT；上行帧为响应帧，报文结束符为 ETB/ETX。

(2)水资源监测数据传输规约

水资源监测数据传输规约规定了数据报文传输规约、数据传输报文及结构、通信方式和误码率、传感器与终端通信的接口和规约、数据传输的考核。适用于各级各类水资源、水文自动监测系统中遥测站与中心站之间的数据传输、遥测终端与传感器之间的数据采集。适用于水资源、水文自动监测系统的设计、建设和管理。

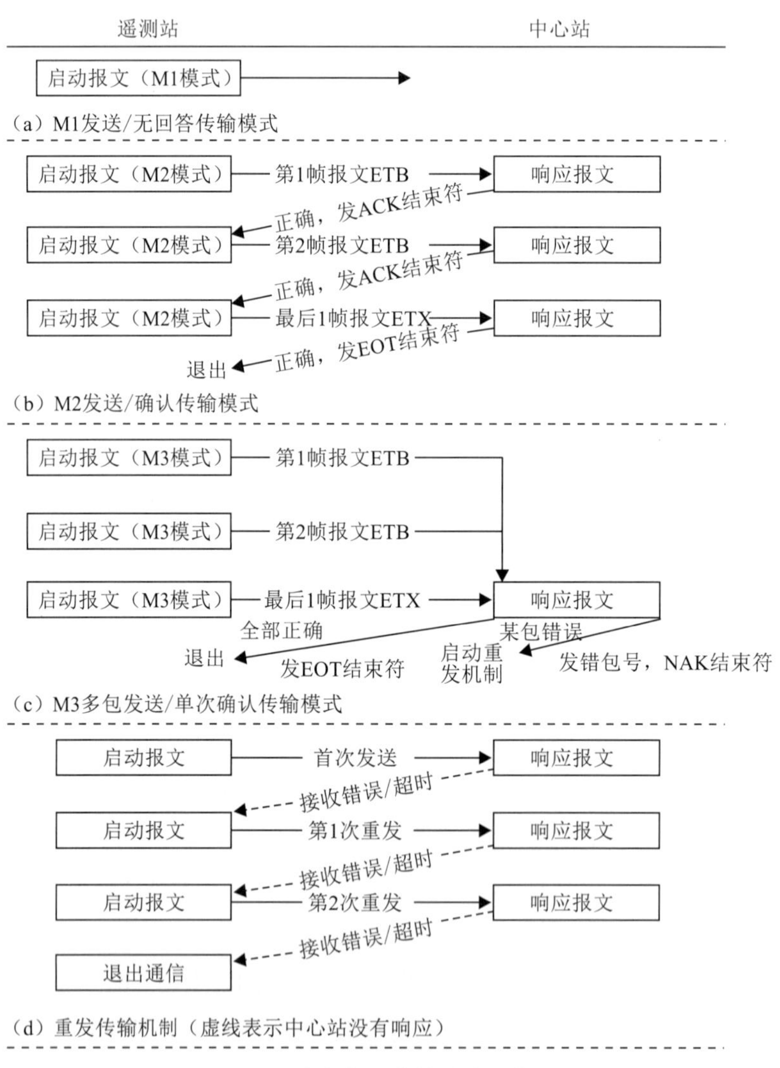

图 5-5 自报报文传输链路示意图

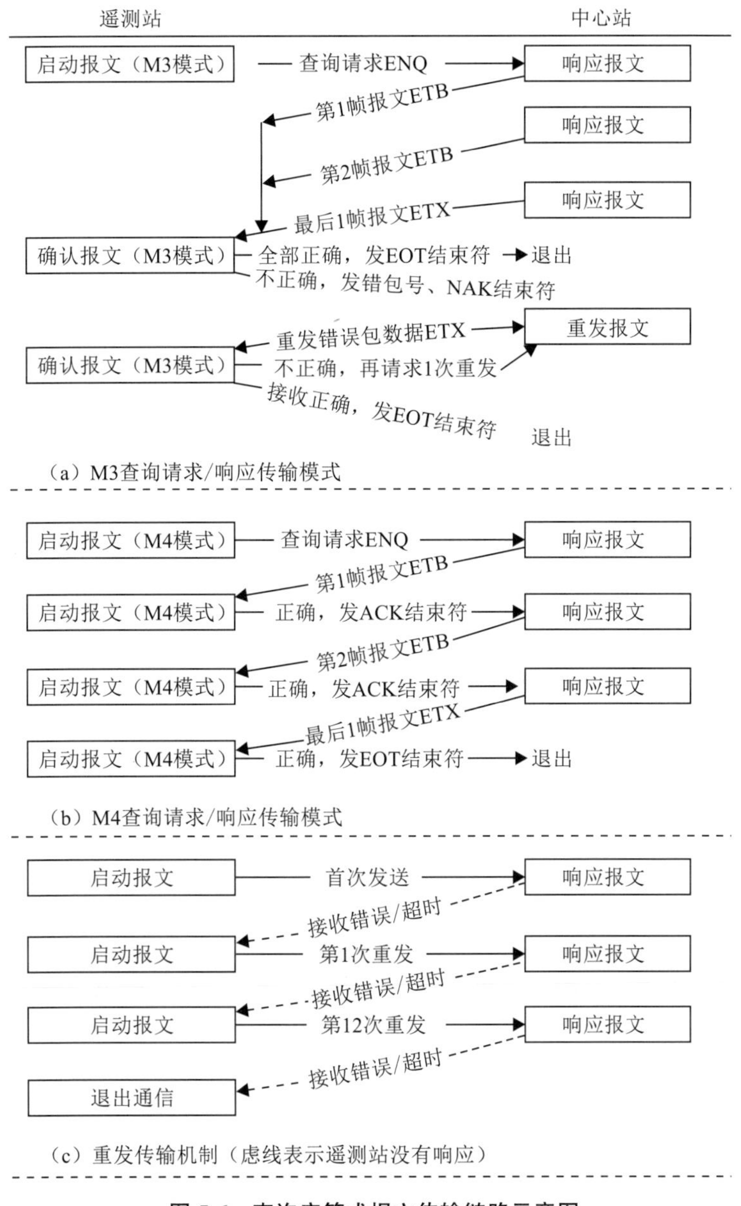

图 5-6 查询应答式报文传输链路示意图

1)链路传输类别

①S1 发送/无回答:启动站发送传输,从动站不回答(图 5-7)。

②S2 发送/确认:启动站发送报文,从动站回答确认或否认报文。

③S3 查询/响应:启动站发出查询命令,从动站作确认、否认或数据响应。

2)链路传输场景及方式

①支持半双工通道应采用非平衡传输规则。在前一次通信服务结束后,才能开始新一次发送帧传输。

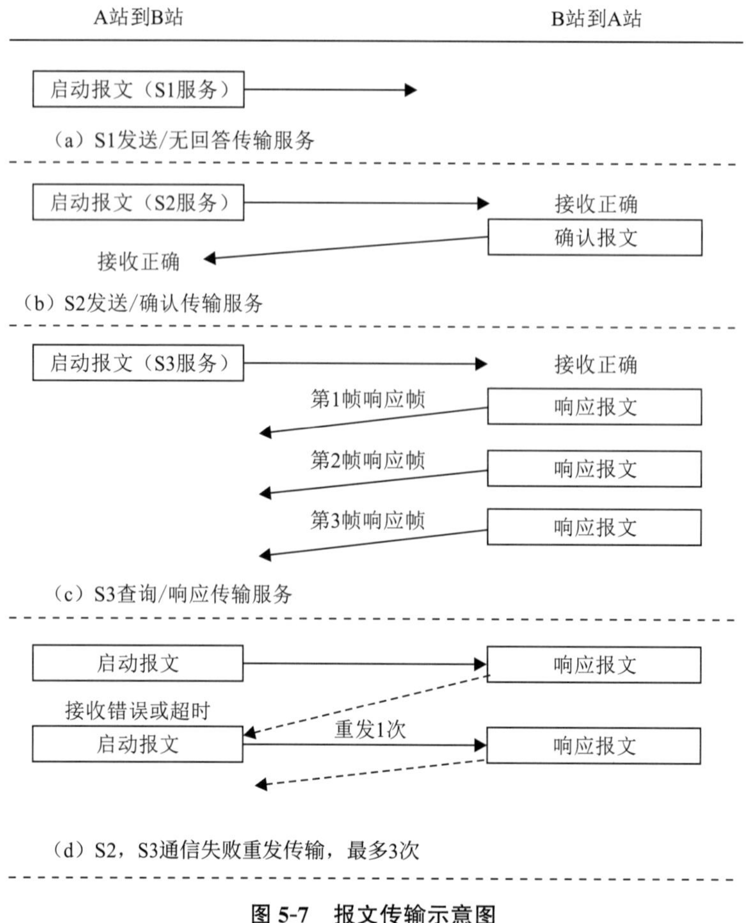

图 5-7　报文传输示意图

②全双工通道可采用平衡传输规则。允许建立一个或多个通信服务。同时建立多个通信服务时，由启动站进行数据流控制。

③发送/无回答：指启动站发出报文后，由于信道或设备等原因，没有得到相应的回答。非平衡传输过程在前一次通信服务的传输过程结束后，并且考虑信道网络延时、中间环节延时、终端响应时间等因素，才可开始新一次发送传输。

④发送/确认：指启动站发出报文后，从动站正确收到报文，并能执行报文的命令，发送确认报文或否认报文。

⑤查询/响应：指启动站发出报文后，从动站正确收到查询数据报文，如所查询的数据有效，则发送响应帧；如所查询的数据无效，则发送否认帧。FCB 值可防止报文丢失和报文重复传送，最大重发次数设定为 3 次。

3)遥测站工作方式

①查询/应答工作方式：遥测终端站或中继站响应中心站查询指令发送相应数据的工作体制。中心站发出指令主要用于查询参数数据、查询状态、检查参数、设置参数、控制设备，

终端应按照指令，应答所查询的数据或状态，设置和检查参数，执行控制设备并返回执行结果。中心站查询的方式有定时查询、顺序查询和随机查询。

②自报工作方式：被测参数值发生一定变化或定时等事件触发，遥测终端或中继站主动发送数据的工作体制。自报一般包括定时间隔自报、发生需要上报的告警自报、规定的特定条件自报、被控参数变化自报等。这些自报的发生一般属于随机和规定时间的主动上报。

③兼容工作方式：同时包括查询/应答和自报两种工作方式。在查询/应答工作方式时，随机查询的优先级高于定时查询和顺序查询。在自报工作方式时，优先级高低依次为告警自报、参数变化自报、特定条件自报、定时间隔自报。在兼容工作方式下，自报工作方式的优先级高于查询/应答工作方式。

(3)地表水自动监测系统通信协议

地表水自动监测系统通信协议适用于地表水水质自动监测站数据采集端与上位机之间的数据传输。明确了地表水水质自动监测站与数据监测运维管理平台之间的数据传输通信方式及通信过程，制定了远程平台和现场端交互通信的技术实现方式，适用于固定式、简易式、小型、水站固定平台和浮船式等地表水自动监测站现场，满足对应的数据监测运维管理平台数据交互及远程控制的通信要求。地表水自动监测系统通信协议引用了《污染物在线监控(监测)系统数据传输标准》(HJ 212—2017)。

现场有一套或多套监控仪器，监控仪器仪表具有数字输出接口，连接独立的数据采集传输仪，上位机通过传输网络与现场机进行通信。

应答模式：完整的命令由请求方发起、响应方应答组成，具体步骤如下：

①请求方发送请求命令给响应方。

②响应方接到请求后，向请求方发送请求应答(握手完成)。

③请求方收到请求应答后，等待响应方回应执行结果；如果请求方未收到请求应答，按请求回应超时处理。

④响应方执行请求操作。

⑤响应方发送执行结果给请求方。

⑥请求方收到执行结果，命令完成；如果请求方没有接收到执行结果，按执行超时处理。

除了内置的标准水利协议(图 5-8)，协议管理支持自定义消息解析规则，用于将设备发送给平台的报文解析为平台统一的报文，以及处理平台下发给设备的指令，协议为物模型数据解析脚本，主要由认证器、消息编解码器、消息发送拦截器以及配置元数据组成。协议定义了设备与平台间数据处理规则。设备上报数据时，平台将接收数据先运行解析脚本，将自定义数据转换成标准物模型数据，再进行后续业务处理。平台下发命令给设备时，也会先通过数据解析脚本将物模型数据转换为设备侧自定义数据，再下发给设备。

图 5-8　协议管理

自定义协议方式开发流程：

1)创建协议块

通过读取预设配置文件，确定协议作用的连接方式和是否支持证书，包括 TCP\UDP\CoAP\WEBSOCKET\HTTP\MQTT 等方式。

2)配置元数据

配置元数据用于告诉平台，在使用此协议时，需要添加一些自定义配置到设备配置中。在其他地方可以获取这些配置。

3)配置认证器

认证器(Authenticator)用于在收到设备请求(如 MQTT)，对客户端进行认证时使用，不同的网络协议(Transport)使用不同的认证器。

4)配置消息解码器

设备网关从网络组件中接收到报文后，会调用对应协议包的消息编解码器进行处理，解析设备消息，转换为平台统一结构数据。

5)配置消息编码器

通过配置消息编码器，平台的消息编码可转换为设备可识别的数据结构。将平台指令下发、读取配置、更新固件信息等经过编码器处理转换后下发到设备端。

6)配置消息拦截器

使用拦截器可以拦截消息发送和返回的动作，通过修改参数等操作实现自定义逻辑，如当设备离线时，将消息缓存到设备配置中，等设备上线时再重发。

5.1.1.3 网关服务

网关服务负责平台侧统一的设备接入，使用网络组件（图 5-9）处理对应的请求以及报文，使用配置的协议解析为平台统一的设备消息（Device Message），然后推送到事件总线。其中，网络组件的创建需要配置设备的连接，包含接入 IP、端口、证书及其他连接信息，用于管理各种网络服务（MQTT、TCP 等），网络组件只负责接收，发送报文，不负责任何处理逻辑。

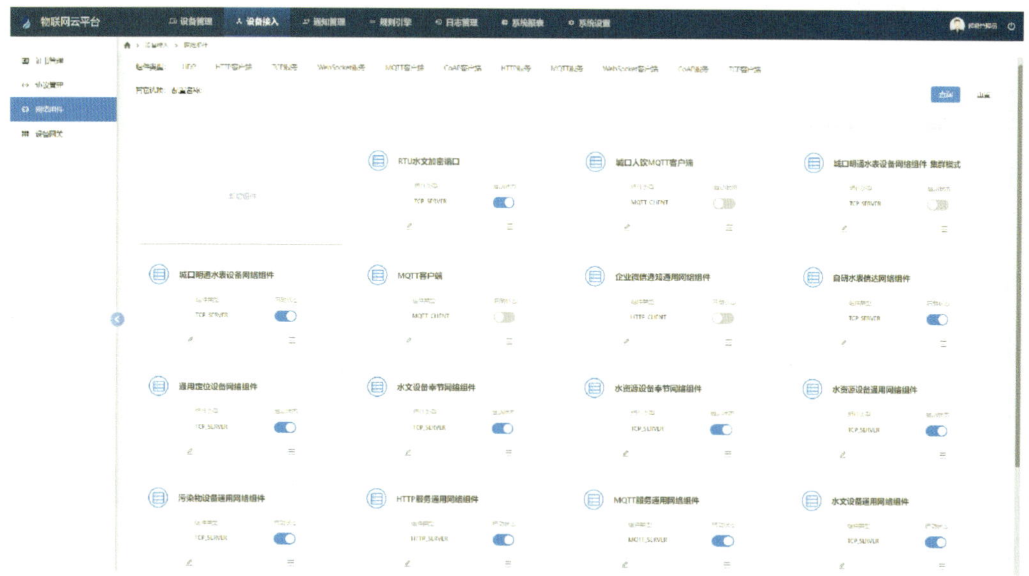

图 5-9 网络组件

设备网关会创建一条消息线，实现网关创建、停止，设备上下线、消息处理、报警推送等，提供各个环节的订阅，创建分支处理（图 5-10）。

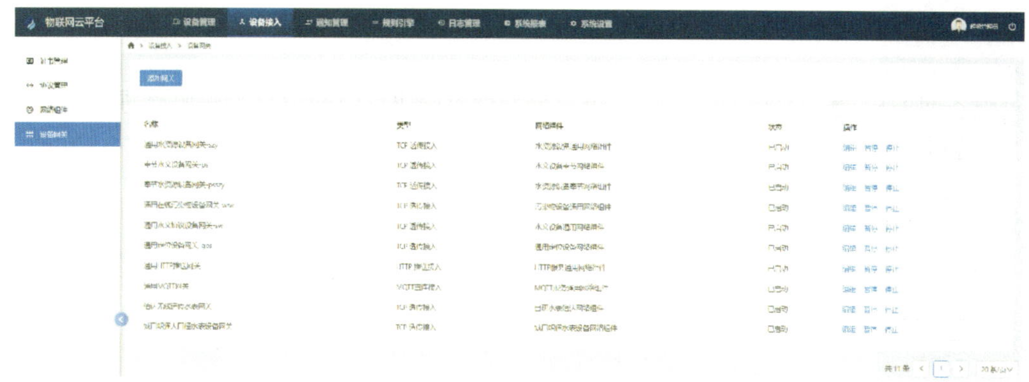

图 5-10 设备网关

设备网关处理流程：

①绑定网络组件，创建网络监听。

②绑定协议包，识别设备消息。

③创建客户端 session，流转消息。

网关设备与物联网平台进行连接，传感器连接到网关设备。平台可对网关以及网关下的所有设备进行管理。

5.1.2 设备管理

设备管理提供前端设备的一系列管理功能，便于产品或项目实现对设备的信息接入、状态查询、远程控制、固件升级等。

5.1.2.1 产品管理

设备接入需要先经过产品定义的准备，多个具备相似属性和功能的设备根据产品维度集中管理。产品定义了物模型，描述了该实体是什么、能做什么、可以对外提供哪些信息（图 5-11、图 5-12）。

物模型主要由属性（properties）、功能（function）和事件（event）组成。

（1）属性

用于定义设备属性，运行状态等，如设备 SN、设备电压、设备信号、设备监测数据等。平台可主动下发消息获取设备属性，设备也通过事件上报属性。

（2）功能

用于定义设备的各种功能，平台可主动调用触发。

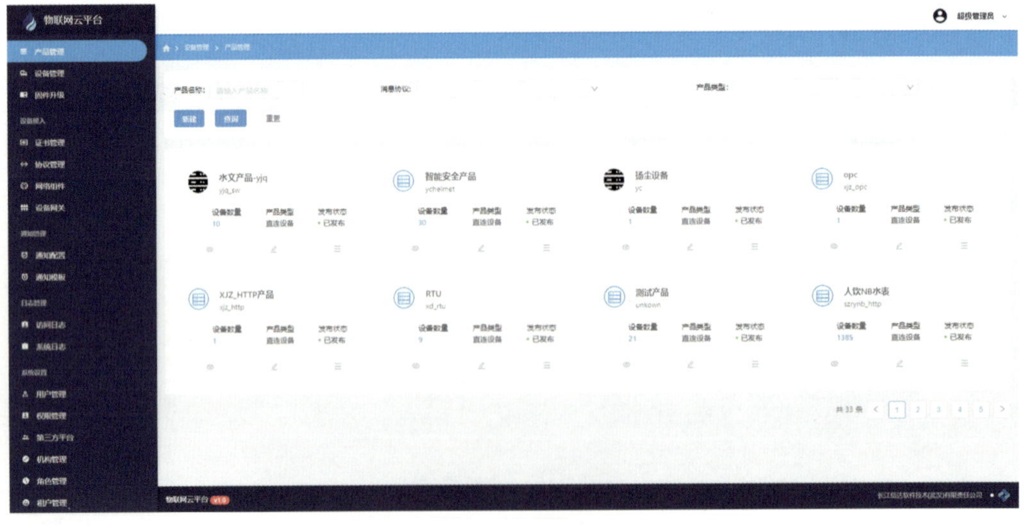

图 5-11　产品列表

图 5-12　产品信息

（3）事件

用于定义设备事件，如设备报警、设备异常等。

5.1.2.2　物模型管理

物模型将物理空间中的实体设备数字化，在云端构建该实体的数据模型，即将物理空间的实体在云端进行格式化表示。

物模型属于应用协议之上的语法语义层。在物联网平台中，物模型完成对终端产品形态，产品功能的结构化定义，包括终端设备业务数据的格式和传输规则。

物模型在业务逻辑属于物联网平台的设备管理模块。用于实现不同设备能够以统一的物模型标准对接应用平台，不同应用之间能够以统一物模型标准进行数据互通。

物模型功能说明：基础功能分为属性、服务、事件 3 类（表 5-1），此外，物模型扩展了标签属性来定义设备类型。

表 5-1　物理模型功能类型和说明

功能类型	说明
属性	用于描述设备的动态特征，包括运行时的状态，应用可发起对属性的读取和设置请求
服务	用于描述终端设备可被外部调用的能力，可设置输入参数和输出参数。服务可实现复杂的业务逻辑，例如，执行某项特定的任务；支持同步或异步返回结果
事件	设备运行时可以被触发的上行消息，如设备运行的记录信息，设备异常时发出的告警、故障信息等；可包含多个输出参数

物模型数据类型支持：

①数字类型：int 整型、long 长整型、float 单精度浮点型、double 双精度浮点型。

②boolean 布尔类型。

③String 字符类型。

④Enum 枚举类型。

⑤Date 时间类型。

⑥Password 密码类型。

⑦File 文件类型。

⑧array 数组（集合）类型。

⑨object 对象（结构体）类型。

⑩geoPoint Geo 地理位置类型。

（1）水文监测数据通信规约物模型

1）物模型标签

水文协议针对不同类型设备上报的数据元素不同，物模型将设备类型作为一个设备通用标签来识别（表 5-2、图 5-13）。

表 5-2　　水文监测数据通信规约遥测站分类码

序号	遥测站类别	遥测站分类码 HEX 编码	遥测站分类码 ASCⅡ字符	信息
1	降水	50H	P	①降水；②蒸发；③气象
2	河道	48H	H	①降水；②蒸发；③河道水情；④气象；⑤水质
3	水库（湖泊）	4BH	K	①降水；②蒸发；③水库水情；④气象；⑤水质
4	闸坝	5AH	Z	①降水；②蒸发；③闸坝水情；④气象；⑤水质
5	泵站	44H	D	①降水；②蒸发；③泵站水情；④气象；⑤水质
6	潮汐	54H	T	①降水；②蒸发；③潮汐水情；④气象
7	墒情	4DH	M	①降水；②蒸发；③墒情
8	地下水	47H	G	①埋深；②水质；③开采量
9	水质	51H	Q	①水质；②流量；③水位
10	取水口	49H	I	①水位；②水质；③水量；④水压等
11	排水口	4FH	O	①水位；②水质；③水量；④水压等
12	其他	自定义		

图 5-13 物模型标签定义

2)物模型功能

水文监测数据通信规约功能码(表 5-3)通过物模型的功能定义(图 5-14)来对应实现。

表 5-3 水文监测数据通信规约功能码

序号	功能码	应用功能定义	说明
1	00H～2EH	保留	扩展功能码
2	2FH	链路维持报	遥测站定时向中心站发送链路维持信息
3	30H	测试报	报送实时数据
4	31H	均匀时段水文信息报	报送等时间间隔数据
5	32H	遥测站定时报	报送由时间触发的实时数据
6	33H	遥测站加报报	报送由时间或事件触发的加报实时数据
7	34H	遥测站小时报	报送以小时为基本单位的历史数据和实时数据
8	35H	遥测站人工置数报	报送人工置数
9	36H	遥测站图片报或中心站查询遥测站图片采集信息	查询/报送 JPG 图片信息
10	37H	中心站查询遥测站实时数据	
11	38H	中心站查询遥测站时段数据	以小时为基本单位查询历史数据
12	39H	中心站查询遥测站人工置数	
13	3AH	中心站查询遥测站指定要素数据	
14	3B～3FH	保留	扩展功能码
15	40H	中心站修改遥测站基本配置表	遥测站基本配置
16	41H	中心站读取遥测站基本配置表/遥测站自报基本配置表	
17	42H	中心站修改遥测站运行参数配置表	遥测站运行参数配置

续表

序号	功能码	应用功能定义	说明
18	43H	中心站读取遥测站运行参数配置表/遥测站自报运行参数配置表	
19	44H	查询水泵电机实时工作数据	
20	45H	查询遥测终端软件版本	
21	46H	查询遥测站状态和报警信息	
22	47H	初始化固态存储数据	与标识符配合使用以提高安全性
23	48H	恢复终端出厂设置	与标识符配合使用以提高安全性
24	49H	修改密码	
25	4AH	设置遥测站时钟	
26	4BH	设置遥测终端 IC 卡状态	
27	4CH	控制水泵开关命令/水泵状态信息自报	
28	4DH	控制阀门开关命令/阀门状态信息自报	
29	4EH	控制闸门开关命令/闸门状态信息自报	
30	4FH	水量定值控制命令	
31	50H	中心站查询遥测站事件记录	
32	51H	中心站查询遥测站时钟	
33	52H～DFH	保留	扩展功能码
34	E0H～FFH	用户自定义扩展区	

图 5-14　物模型功能定义

3)物模型属性

水文监测数据通信规约编码要素、物模型属性定义如表 5-4、图 5-16 所示。

表 5-4　　水文监测数据通信规约编码要素

序号	标识符引导符	标识符ASCⅡ码	编码要素	量和单位	数据定义
1	27H	Q	瞬时流量、抽水流量	m^3/s	N(9,3)
2	28H	Q1	取(排)水口流量 1	m^3/s	N(9,3)
3	29H	Q2	取(排)水口流量 2	m^3/s	N(9,3)
4	2AH	Q3	取(排)水口流量 3	m^3/s	N(9,3)
5	2BH	Q4	取(排)水口流量 4	m^3/s	N(9,3)
6	2CH	Q5	取(排)水口流量 5	m^3/s	N(9,3)
7	2DH	Q6	取(排)水口流量 6	m^3/s	N(9,3)
8	2EH	Q7	取(排)水口流量 7	m^3/s	N(9,3)
9	2FH	Q8	取(排)水口流量 8	m^3/s	N(9,3)
10	30H	QA	总出库流量、过闸总流量	m^3/s	N(9,3)
11	31H	QZ	输水设备流量、过闸(组)流量	m^3/s	N(9,3)
12	32H	SW	输沙量	wt	N(11,3)
13	33H	UC	风向		N(2)
14	34H	UE	风力(级)		N(2)
15	35H	US	风速	m/s	N(4,1)
16	36H	VA	断面平均流速	m/s	N(5,3)
17	37H	VJ	当前瞬时流速	m/s	N(5,3)
18	38H	VT	电源电压	V	N(4,2)
19	39H	Z	瞬时河道水位、潮位	m	N(7,3)
20	3AH	ZB	库(闸、站)下水位	m	N(7,3)
21	3BH	ZU	库(闸、站)上水位	m	N(7,3)
22	3CH	Z1	取(排)水口水位 1	m	N(7,3)

注:N(D,d)表示十进制浮点数。其中 D 表示除小数点以外的数据位数;d 表示小数点后的数据位数,d 为 0 时省略。

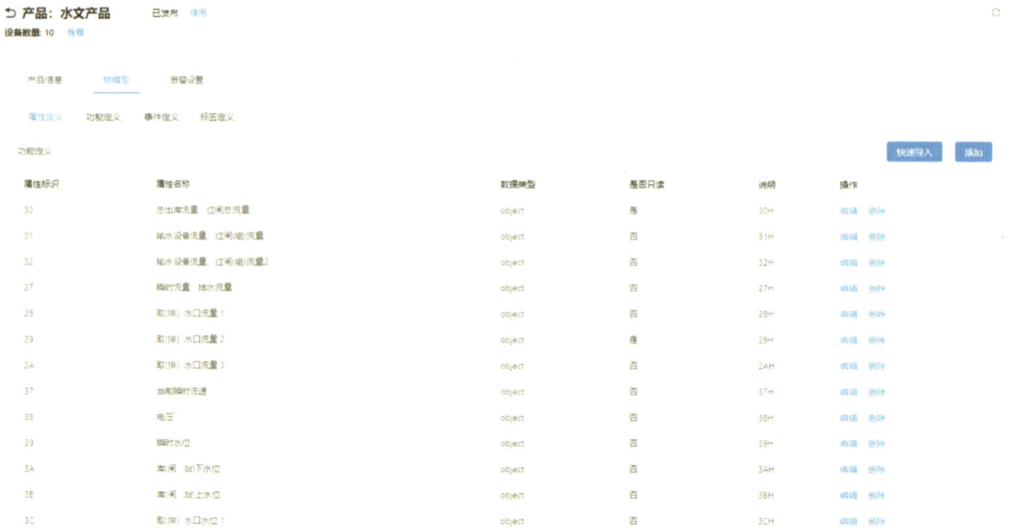

图 5-15　物模型属性定义

4）物模型事件

水文监测数据通信规约设备事件定义、物模型事件定义如表 5-5、图 5-16 所示。

表 5-5　水文监测数据通信规约设备事件定义

序号	事件代码 ERC	事件项目	字节数 BIN(次数)
1	ERC1	历史数据初始化记录	2
2	ERC2	参数变更记录	2
3	ERC3	状态量变位记录	2
4	ERC4	传感器及仪表故障记录	2
5	ERC5	密码修改记录	2
6	ERC6	终端故障记录	2
7	ERC7	交流失电记录	2
8	ERC8	蓄电池电压低告警记录	2
9	ERC9	终端箱非法打开记录	2
10	ERC10	水泵故障记录	2
11	ERC11	剩余水量超限告警记录	2
12	ERC12	水位超限告警记录	2
13	ERC13	水压超限告警记录	2
14	ERC14	水质参数超限告警记录	2
15	ERC15	数据出错记录	2
16	ERC16	发报文记录	2
17	ERC17	收报文记录	2

图 5-16　物模型事件定义

(2)水资源监测数据传输规约物模型

1)物模型功能

水资源监测数据传输规约功能码见表 5-6,物模型功能定义见图 5-17。

2)物模型属性

物模型属性定义如图 5-18 所示。

①雨量:在雨量变化一个规定的数量时;规定的定时时间,人工置数时。

②水位:在水位变化一个规定的数量时;规定的定时时间,人工置数时。

③流量(水量):在流量(水量)变化一个规定的数量时;规定的定时时间,人工置数时。

④流速:在流速变化一个规定的数量时;规定的定时时间,人工置数时。

⑤闸位:在闸位变化一个规定的数量时;在闸门启动时和停止时;规定的定时时间,人工置数时。

表 5-6　水资源监测数据传输规约功能码

应用功能码	应用功能定义	发出端	响应端
00H～01H	备用		
02H	链路检测	中心站	遥测终端,中继站
03H～0FH	备用		
10H	设置遥测终端、中继站地址	中心站	遥测终端,中继站
11H	设置遥测终端、中继站时钟	中心站	遥测终端,中继站
12H	设置遥测终端工作模式	中心站	遥测终端
15H	设置遥测终端本次充值量	中心站	遥测终端
16H	设置遥测终端剩余水量报警值	中心站	遥测终端

图 5-17　物模型功能定义

图 5-18　物模型属性定义

⑥功率：在功率变化一个规定的数量时；在水泵启动时和停止时；规定的定时时间，人工置数时。

⑦风速：在风速（风向）变化一个规定的数量时；规定的定时时间，人工置数时。

⑧水温：规定的定时时间，人工置数时。

⑨水质自报条件：在水质变化一个规定的数量时；规定的定时时间，人工置数时。

⑩土壤含水率自报条件：规定的定时时间，人工置数时。

⑪蒸发量自报条件：规定的定时时间，人工置数时。

⑫水压自报条件：在水压变化一个规定的数量时；规定的定时时间，人工置数时。

当 C 为 14H 时，自报数据为统计雨量格式，该格式在雨量数据前增加一个类型字节，雨量值亦为三字节，单位 mm，其他部分同前。确认帧亦同前。

3)物模型事件

水资源监测数据传输规约设备事件定义、物模型事件定义如表 5-7、图 5-19 所示。

表 5-7 水资源监测数据传输规约设备事件定义

事件代码 ERC	事件项目	字节数 BIN(次数)
ERC1	数据初始化记录	2
ERC2	参数变更记录	2
ERC3	状态量变位记录	2
ERC4	仪表故障记录	2
ERC5	密码错误记录	2
ERC6	终端故障记录	2
ERC7	交流失电记录	2
ERC8	蓄电池电压低告警记录	2
ERC9	终端箱非法打开记录	2
ERC10	水泵故障记录	2
ERC11	剩余水量越限告警记录	2
ERC12	水位超限告警记录	2
ERC13	水压超限告警记录	2
ERC14	水质参数超限告警记录	2
ERC15	数据出错记录	2
ERC16	发报文记录	2
ERC17	收报文记录	2
ERC18	发报文出错记录	2

图 5-19 物模型事件定义

(3)地表水自动监测通信协议物模型

1)物模型功能

地表水自动监测通信协议命令编码,物模型功能定义如表 5-8、图 5-20 所示。

表 5-8　　地表水自动监测通信协议命令编码

命令名称	命令编码		命令类型	描述
	上位机向现场端	现场端向上位机		
参数命令				
设置超时时间及重发次数	1000		请求命令	用于上位机设置现场机的超时时间及重发次数
提取现场机时间	1011		请求命令	用于提取现场机的系统时间
上传现场机时间		1011		用于上传现场机时间
设置现场机时间	1012		请求命令	用于设置现场机的系统时间
提取实时数据间隔	1061		请求命令	提取实时数据间隔
上传实时数据间隔		1061		上传实时数据间隔
设置实时数据间隔	1062		请求命令	指定实时数据间隔
设置数采仪密码	1072		请求命令	用于设置数采仪基站软件的密码
预留参数命令				预留命令范围 1074～1999
取监测指标实时数据	2011		请求命令	用于启动数采仪上传实时数据
上传监测指标实时数据		2011	上传命令	用于数采仪上传监测指标实时数据
提取测量数据	2061		请求命令	用于上位机提取数采仪的地表水小时历史数据
提取核查数据	2062		请求命令	用于上位机提取数采仪质控核查数据
提取加标回收数据	2063		请求命令	用于上位机提取数采仪质控加标回收测试数据
上传加标回收数据		2063	上传命令	用于上传数采仪质控加标回收测试数据
提取平行样测试数据	2064		请求命令	用于上位机提取数采仪质控平行样测试数据
提取零点核查数据	2065		请求命令	用于上位机提取数采仪质控零点核查数据
提取跨度核查数据	2066		请求命令	用于上位机提取数采仪质控跨度核查数据
上传跨度核查数据		2066	上传命令	用于上传数采仪质控跨度核查数据
上传数采仪开机时间		2081	上传命令	用于数采仪自动上报数采仪开机时间
控制命令				
手动远程留样	3015		请求命令	用于上位机启动即时留样
上传仪表信息(日志)		3020	上传命令	
提取仪表信息(日志)	3020		请求命令	

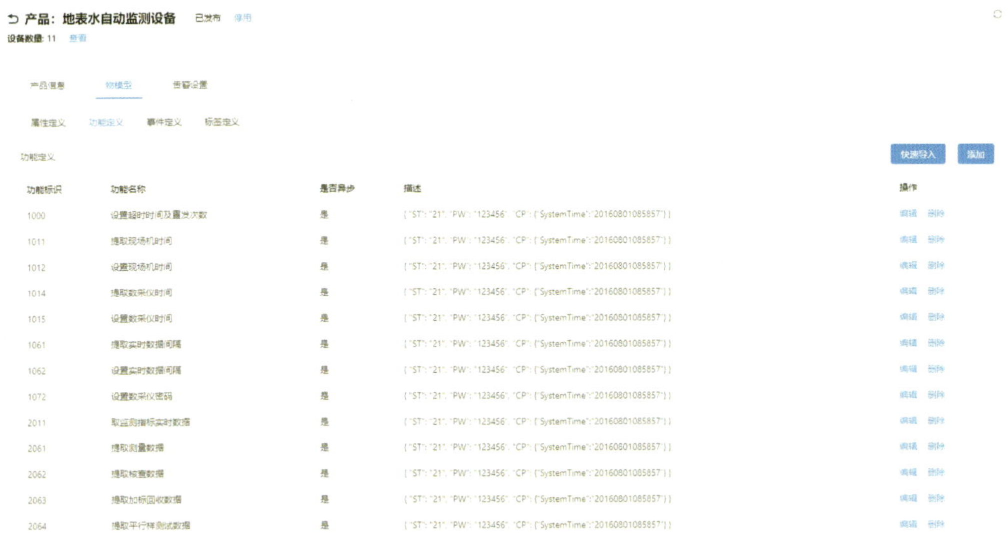

产品：地表水自动监测设备 已发布 停用

设备数量：11 查看

产品信息 物模型 告警设置

属性定义 功能定义 事件定义 标签定义

功能定义

快速导入 添加

功能标识	功能名称	是否异步	描述	操作
1000	设置超时时间及重发次数	是	{"ST":"21","PW":"123456","CP":{"SystemTime":"20160801085857"}}	编辑 删除
1011	提取现场机时间	是	{"ST":"21","PW":"123456","CP":{"SystemTime":"20160801085857"}}	编辑 删除
1012	设置现场机时间	是	{"ST":"21","PW":"123456","CP":{"SystemTime":"20160801085857"}}	编辑 删除
1014	提取数采仪时间	是	{"ST":"21","PW":"123456","CP":{"SystemTime":"20160801085857"}}	编辑 删除
1015	设置数采仪时间	是	{"ST":"21","PW":"123456","CP":{"SystemTime":"20160801085857"}}	编辑 删除
1061	提取实时数据间隔	是	{"ST":"21","PW":"123456","CP":{"SystemTime":"20160801085857"}}	编辑 删除
1062	设置实时数据间隔	是	{"ST":"21","PW":"123456","CP":{"SystemTime":"20160801085857"}}	编辑 删除
1072	设置数采仪密码	是	{"ST":"21","PW":"123456","CP":{"SystemTime":"20160801085857"}}	编辑 删除
2011	取监测指标实时数据	是	{"ST":"21","PW":"123456","CP":{"SystemTime":"20160801085857"}}	编辑 删除
2061	提取测量数据	是	{"ST":"21","PW":"123456","CP":{"SystemTime":"20160801085857"}}	编辑 删除
2062	提取核查数据	是	{"ST":"21","PW":"123456","CP":{"SystemTime":"20160801085857"}}	编辑 删除
2063	提取加标回收数据	是	{"ST":"21","PW":"123456","CP":{"SystemTime":"20160801085857"}}	编辑 删除
2064	提取平行样测试数据	是	{"ST":"21","PW":"123456","CP":{"SystemTime":"20160801085857"}}	编辑 删除

图 5-20 物模型功能定义

2)物模型属性

地表水自动监测通信协议监测指标，物模型属性定义如表 5-9、图 5-21 所示。

表 5-9 地表水自动监测通信协议监测指标

序号	编码	中文名称	计量单位(浓度)	缺省数据类型
1	w01010	水温	℃	N2.2
2	w01001	pH 值	无量纲	N2.3
3	w01009	溶解氧	mg/L	N2.4
4	w01008	浑浊度	NTU	N4.1
5	w01014	电导率	μS/cm	N5.2
6	w01019	高锰酸盐指数	mg/L	N2.3
7	w01018	化学需氧量(COD)	mg/L	N5.1
8	w01017	5 日生化需氧量(BOD_5)	mg/L	N3.1
9	w21003	氨氮(NH_3-N)	mg/L	N2.3
10	w21011	总磷(以 P 计)	mg/L	N2.5
11	w21001	总氮(湖、库以 N 计)	mg/L	N2.2
12	w20122	铜	mg/L	N2.4
13	w20123	锌	mg/L	N2.4
14	w21017	氟化物(以 F^- 计)	mg/L	N2.2
15	w20128	硒	mg/L	N1.4

产品：地表水自动监测设备　已发布　停用

设备数量：11　查看

产品信息　物模型　告警设置

属性定义　功能定义　事件定义　标签定义

功能定义

属性标识	属性名称	数据类型	是否只读
w01001	pH 值	float	否
w01003	浑浊度	float	否
w01009	溶解氧	float	否
w01010	水温	float	否
w01014	电导率	float	否
w01019	高锰酸盐指数	float	否
w21001	总氮	float	否
w21003	氨氮	float	否
w21011	总磷	float	否
e01001	温度（室温）	float	是
e01002	湿度	float	是
collectTm	最新上报时间	date	是
log	日志	object	是

图 5-21　物模型属性定义

3)物模型事件

地表水自动监测通信协议事件定义如表 5-10 所示。

表 5-10　地表水自动监测通信协议事件定义

事件标识	标识定义	说明
N	正常	测量数据正常有效
T	超上限	监测浓度超仪器测量上限
L	超下限	监测浓度超仪器下限或小于检出限
P	电源故障	系统电源故障，可由是否为 UPS 来供电进行判断
D	仪器故障	仪器故障
B	仪器离线	仪器离线(数据通信正常)
Z	取水点无水样	取水点没有水样或采水泵未正常上水

5.1.2.3　设备监测

设备监控包含设备在线信息、属性上报情况，设备事件发生情况等信息的实时监测以及历史数据、设备日志的查询。通过实时监测功能，用户可以集中式地查看当前设备采集数据、设备运行状态，并可在当前页面进行控制调节，直接对现场设备实现远程控制指令下发。设备日志记录了设备上下线、属性事件上报、功能调用的日志，如图 5-22 至图 5-25 所示。

图 5-22 物模型事件定义

图 5-23 设备运行监测

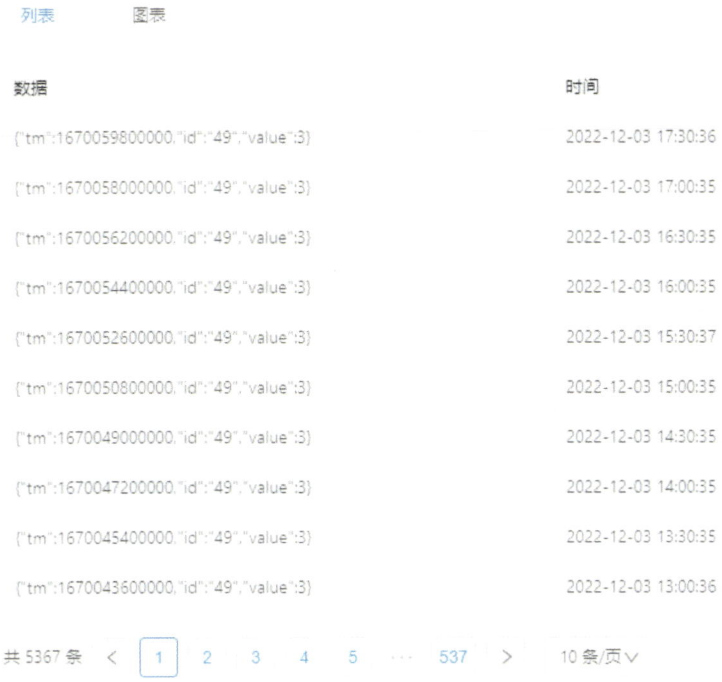

列表 图表

数据	时间
{"tm":1670059800000,"id":"49","value":3}	2022-12-03 17:30:36
{"tm":1670058000000,"id":"49","value":3}	2022-12-03 17:00:35
{"tm":1670056200000,"id":"49","value":3}	2022-12-03 16:30:35
{"tm":1670054400000,"id":"49","value":3}	2022-12-03 16:00:35
{"tm":1670052600000,"id":"49","value":3}	2022-12-03 15:30:37
{"tm":1670050800000,"id":"49","value":3}	2022-12-03 15:00:35
{"tm":1670049000000,"id":"49","value":3}	2022-12-03 14:30:35
{"tm":1670047200000,"id":"49","value":3}	2022-12-03 14:00:35
{"tm":1670045400000,"id":"49","value":3}	2022-12-03 13:30:35
{"tm":1670043600000,"id":"49","value":3}	2022-12-03 13:00:36

共 5367 条 < 1 2 3 4 5 … 537 > 10 条/页

图 5-24 设备历史数据

图 5-25　设备日志

5.1.2.4　设备控制

设备控制是对设备的远程下行控制(图 5-26),指定设备、通道以及控制命令,用户通过系统对非工业控制场景下的设备进行控制。针对已对接联网、可实现控制的设备终端,物联网平台会实时采集设备运行状态,并将运行状态数据按统一标准格式上传存储、处理、显示,需要相关数据做分析判断时可直接调用。当根据调用数据分析产生对终端设备的控制或反馈需求时,物联网平台会将控制信息按统一标准格式下发,完成解析处理后,对终端设备发出控制指令。

图 5-26　设备控制

5.1.2.5 设备配置

设备配置包括告警设置、设备基础配置、可视化配置、设备影子等(图 5-27 至图 5-30)。

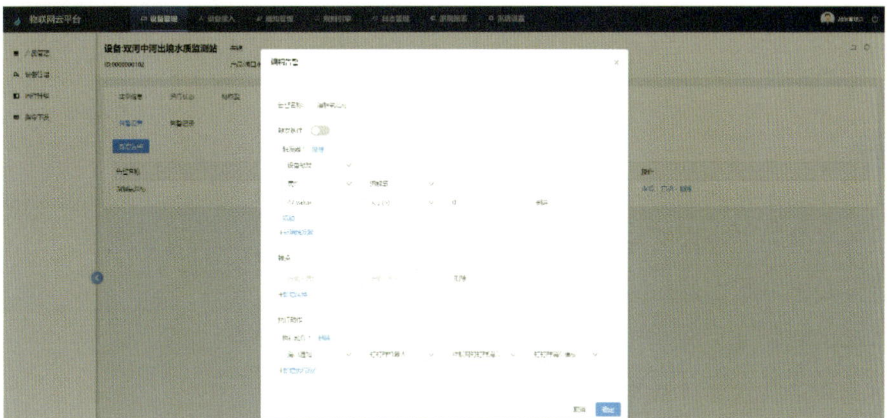

图 5-27 告警设置

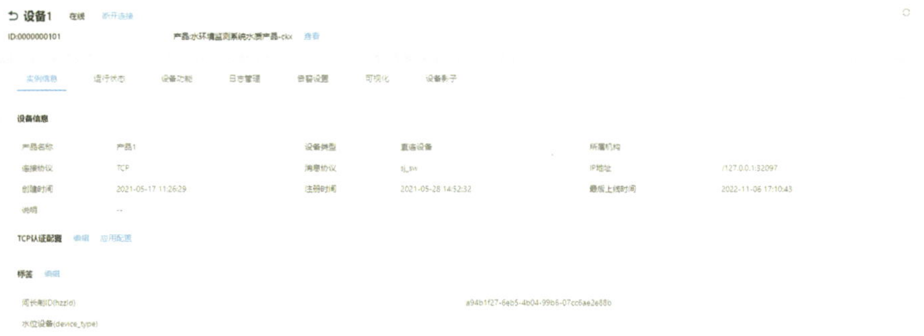

图 5-28 设备基础配置

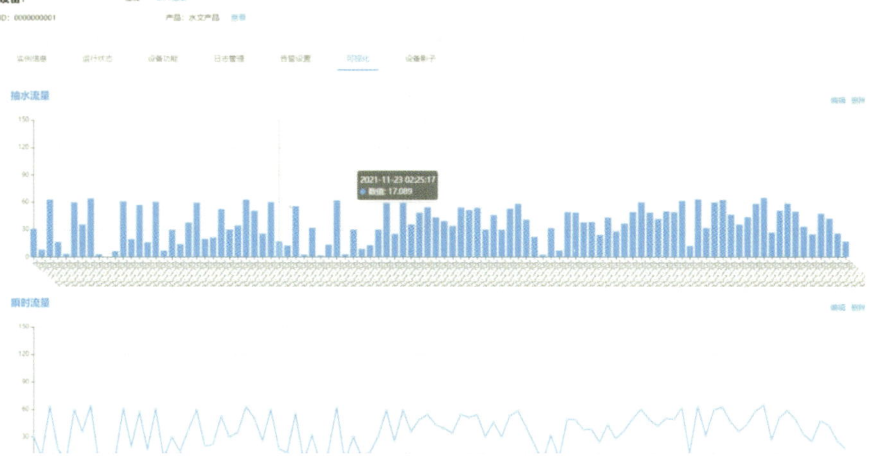

图 5-29 可视化配置

图 5-30　设备影子

①设备基础配置包含设备基础信息、关联产品、机构信息及设备认证配置。

②告警设置可监控设备运行进行告警通知及反控处理。

③可视化配置可实现可视化自定义，进行监控设备上报数据。

④设备影子可实现自定义配置，扩展设备能力的作用。

5.1.2.6　设备升级

平台提供设备固件的统一升级管理功能(图 5-31)。通过平台的设备固件管理创建升级任务，发布升级。其中升级模式有两种选择，分别是平台推送和设备拉取。平台推送是由平台将设备升级任务主动推送给设备，设备接收任务进而获取适配的升级固件，完成升级；设备拉取是被动等待设备向平台询问升级信息，拉取升级任务以及下载适配的升级固件，进而完成固件升级，无论哪种方式，设备都会将升级进度和最终的固件信息同步给平台。

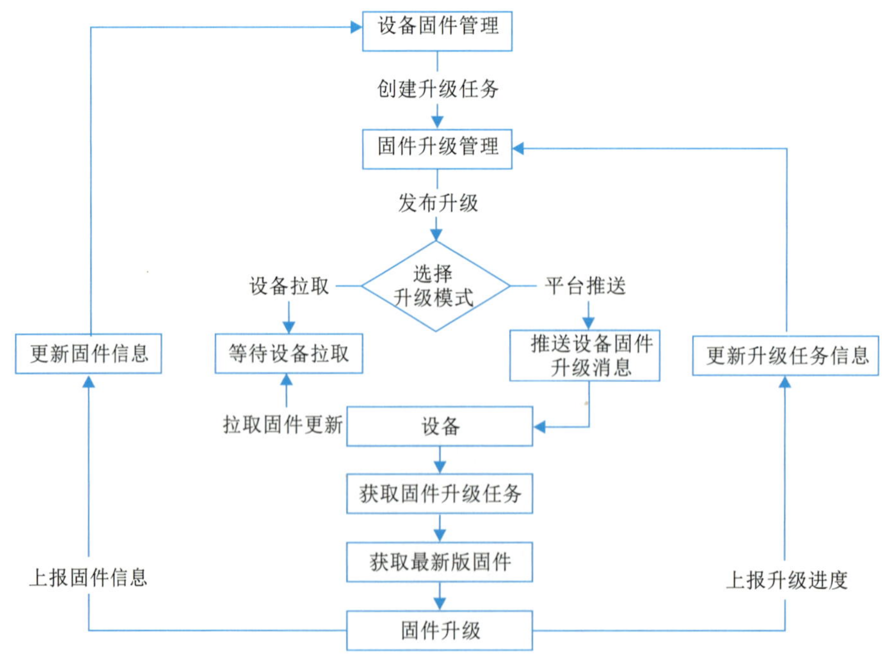

图 5-31　设备固件升级流程

5.1.3 设备联动

平台规则引擎具备灵活的规则配置，接入平台的设备可配置各类联动规则，规则命中后，平台下发设备控制命令，多设备共同控制响应，消除了前端感知设备间的壁垒，赋予不同设备联动能力(图 5-32)。

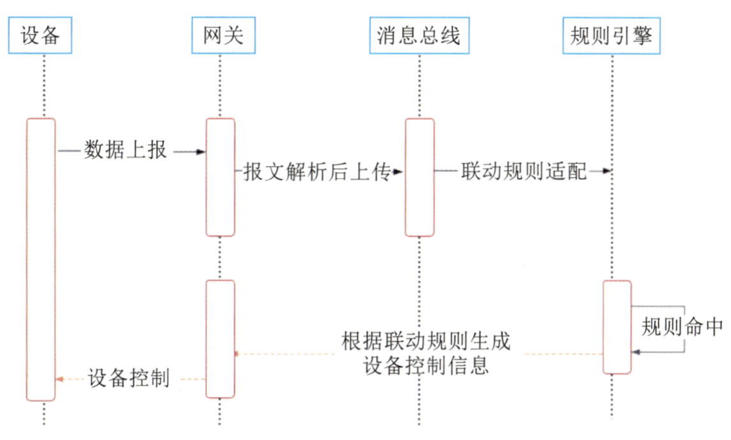

图 5-32 设备联动时序图

在农村供水自动化的场景中，可配置水泵控制设备、高位水池液位计、低位水池液位计的联动控制规则，当水泵的高位水池水位低于设定的阈值时，水泵会启动上水作业。在水泵启动前，响应规则首先检查低位水池的水位，在满足安全运行条件后才允许水泵启动。

5.1.4 数据管理

5.1.4.1 数据存储

物联网平台的数据存储主要包含物联网基础数据、设备数据、监测数据、日志数据以及历史数据。平台采用混合存储架构，根据不同场景采用不同的存储介质，物联网基础数据为结构化数据，采用关系型数据库 MySQL 进行存储；平台中的设备状态信息等数据调用频次较高，采用 Redis 进行管理；监测数据需要严谨的时间序列化和快捷的统计分析能力，采用时序数据库 lnfluxDB 进行存储；海量日志数据对于存储及查询性能需求较大，采用 Elasticsearch 进行存储，优势在于横向扩展性，分布式实时文件存储以及集群的高可用。这种混合存储架构的设计实现了海量多源异构数据高性能的存储、取用和转发，极大地提升了数据处理效率。

(1)结构化数据存储

物联网基础数据为结构化数据，采用关系型数据库 MySQL 进行存储。

MySQL 关系型数据库存储内容：

①系统表：支撑系统基础权限及使用，包含用户、角色、权限、菜单、组织机构、租户、数据字典等数据。

②结构表：包含物联网产品、设备、网络组件及网关等物联网结构化数据。

③临时数据表：包含设备最新上报状态、最新监测信息及下发命令等数据。

④配置信息表：包含设备预警配置、通知消息及模板配置。

结构化数据存储优点：

①存储结构化：对于产品、设备基础信息，需要事先定义基础结构，结构化数据通常需要固化结构，不轻易变动，有高速存储应用需求、数据备份需求、数据共享需求以及数据容灾需求，对这一类数据进行结构化存储。

②存储规范化：为了充分利用存储空间，尽可能地避免数据冗余，按照数据最小关系表的形式存储，数据清晰，一目了然。

③查询方便：结构化查询语言对数据进行管理。

④事务性：为了保证数据的商业业务逻辑以及数据安全性，支持事务处理。

⑤数据一致性：关系型数据库追求的是数据实时性和数据的一致性。

(2)时序数据存储

监测数据需要严谨的时间序列化和快捷的统计分析能力，采用时序数据库 lnfluxDB 进行存储，InfluxDB 专注于海量时序数据的高性能读、高性能写、高效存储与实时分析等。

时序数据库 lnfluxDB 存储内容：

①监测数据：根据产品分类，横向或纵向存储设备监测数据。

②设备日志：根据产品分类存储设备上报、上线、事件触发日志。

③触发事件：根据产品存储自定义事件触发详情。

④整编数据：存储设备自定义转存整编数据。

时序数据库 lnfluxDB 存储优点：

①数据保存策略：部分历史数据不需要一直保存，我们可以设置数据保存时限，超过时间自动删除，或者设置数据永不超时，设置副本数量等。

②无模式数据库：可以很容易地扩展添加字段，不影响历史数据。

③海量高效存储：InfluxDB 提供可拆分 TSMFile 存储引擎。

④高性能读取：InfluxDB 提供类 SQL 查询，它优先考虑的是新增和读取数据而不是更新和删除数据的性能，而且它阻止了某些更新和删除行为，使得创建和读取数据更加高效。

(3)日志数据存储

日志数据对于存储及查询性能需求较大，采用 Elasticsearch 进行存储。

与一般数据库相比，Elasticsearch 具有以下优势：

1)横向可扩展性

只需要增加一台服务器,增加相应配置,启动 ES 进程即可并入集群。

2)分布性

同一个索引分成多个分片,分片机制提供更好的分布性,索引分拆成多个分片,每个分片可以有零或多个副本。集群中的每个数据节点都可以承载一个或多个分片,并且协调和处理各种操作;负载再平衡和路由在大多数情况下自动完成;分布式实时文件存储,可将每一个字段存入索引,使其可以被检索到。

3)高可用

提供复制(replica)机制,一个分片可以设置多个复制,使得某台服务器在宕机的情况下,集群仍旧可以照常运行,并会把由于服务器宕机丢失的复制恢复到其他可用节点上。

Elasticsearch 分析流程如图 5-33 所示。

当数据被发送到 Elasticsearch 后,在加入倒排索引之前,Elasticsearch 会对该文档的进行一系列的处理步骤:

①字符过滤:使用字符过滤器转变字符。

②文本切分为分词:将文本(档)分为单个或多个分词。

③分词过滤:使用分词过滤器转变每个分词。

④分词索引:最终将分词存储在 Lucene 倒排索引中。

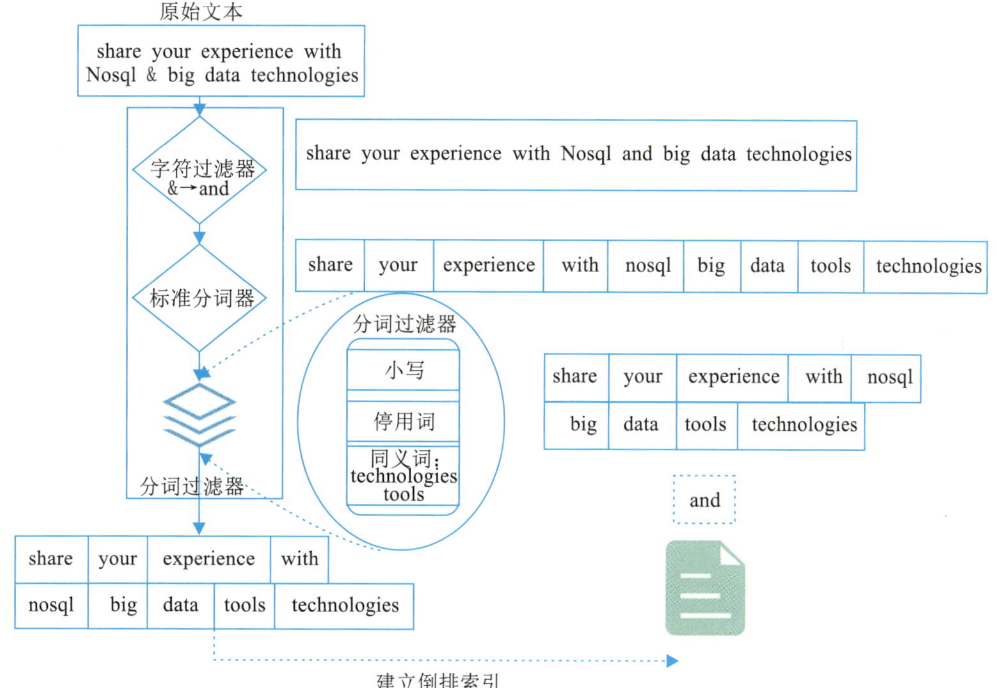

图 5-33 Elasticsearch 分析流程

5.1.4.2 数据处理

(1)数据计算

针对已存储的监控数据，实现简单计算模型配置能力，利用数据变量表完成数据的组织、管理和处理，构成数据层，基于公式、逻辑配置机制，实现通用完善的数据处理。数据计算需进行的研发内容包括：

1)计算公式配置

实现简单公式编辑能力，对简单计算进行公式设定，并能够依据计算公式提供计算接口，输出正确计算结果。

2)数据变量关联及提取

设定公式需关联至数据存储表及字段，完成公式与字段的关联，并针对关联字段，完成字段值的提取，实现整个计算逻辑。

平台提供数据公式计算配置、数据转发到 MQ、时序数据库等功能。通过设备影子功能，可配置数据计算公式，通过事件总线，订阅上报数据进行公式计算，通过配置数据整编转存位置，将计算后的数据转存到 MQ、关系数据库及时序数据库中。

(2)数据分析

针对已存储的监控数据，实现基本逻辑判断及统计规则设定，并基于设定规则，完成数据关联、数据提取及基础数据分析。数据关联及提取的逻辑实现与数据计算部分实现原理一致，在此基础上，实现逻辑判断规则与简单统计规则的设定与模型实现，并提供结果输出接口，实现通用化的数据分析能力与接口。

(3)数据分发

在物联网平台数据解析、组织及存储的基础上，实现相关数据分发接口，以便于其他子平台或模块的前端数据直接调用。

5.1.4.3 数据权限

平台可将任意数据(产品、设备等业务数据)分配给任意维度(租户、机构、用户等)，实现灵活的数据共享权限控制，权限控制包含：

(1)租户配置

通过定义租户成员、租户权限、租户资产，达到不同场景的权限设置，不同部门只能管理自己部门的数据；同一个租户下，不同成员对同一个资产有不同的操作权限和不同租户数据访问权限控制，如图 5-34 所示。

(2)组织机构配置

定义不同的机构,可根据部门、地区、职能等不同维度构建机构,不同机构访问权限不同,如图 5-35 所示。

图 5-34 租户配置

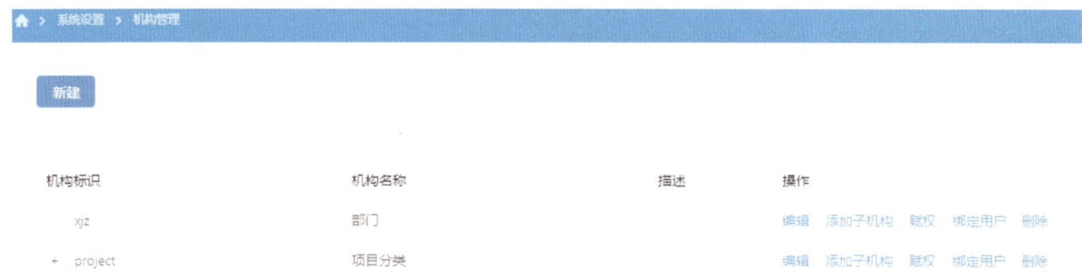

图 5-35 机构管理

(3)用户权限配置

不同用户赋予不同的页面及数据访问权限,如图 5-36 所示。

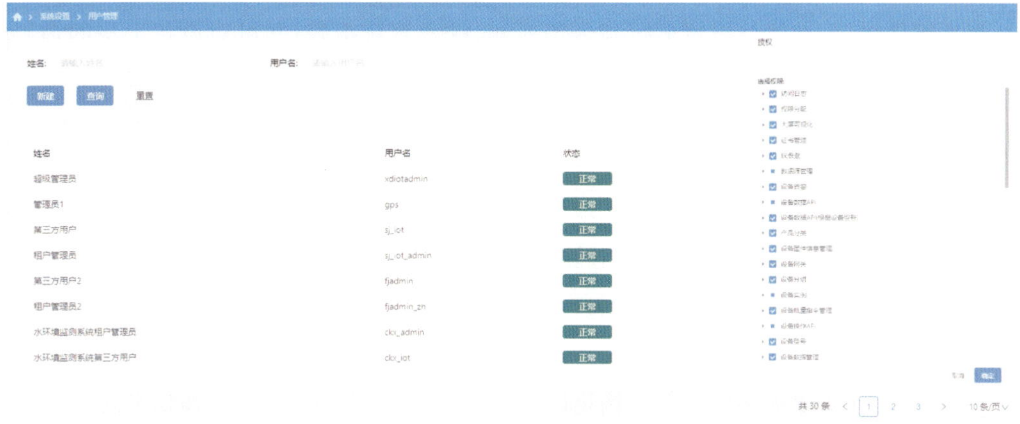

图 5-36 用户权限配置

(4)用户角色配置

定义几类角色绑定各自所属的用户，并且可按角色分配不同的功能权限，如图 5-37 所示。

图 5-37　用户角色配置

5.1.4.4　预警告警

预警告警功能主要针对预警规则设定的报警情况，物联网平台用户可以根据各类设备特点和监测对象情况以及海量历史监测数据，设置高限报警、低限报警以及超时报警规则，主要包含高限和低限阈值、超历史极值以及电压、电流、功率、温度、压力、流量、水位、水质等参数。当监测数据超过设定参数后，平台可自动触发报警并通过警情推送模块进行消息推送，并提供数据查询分析等服务。

预警告警管理主要包含实时警情及历史警情两个主要内容。

(1)实时警情

根据硬件协议、初始值设置运行高低警戒线，触发直接报警，并可对设备上报的最新警情进行查看，需对电压、电流、功率、温度、压力、流量、水位、水质等参数进行设置。

(2)历史警情

可针对用户设置时间范围，查询相应时段的警情信息。平台支持在物理模型中加入对预警和告警的响应，且支持不同设备间的联动响应。

预警告警对接短信平台接口、邮件接口及 Web Socket 长连接接口信息推送，并与告警管理相关接口对接，完成警情信息的实时推送。其中，短信平台接口涉及不同平台接口定义不一致的情况，仅提供通用性短信结构化信息构成接口，不直接对接具体短信平台。

可配置设备告警(图 5-38)，监控设备上下线、设备事件、数据上报情况，进行告警管理。根据情况进行设备功能调用及报警推送，使用场景包含根据水位情况开关阀门，设备离线推送通知等众多场景。

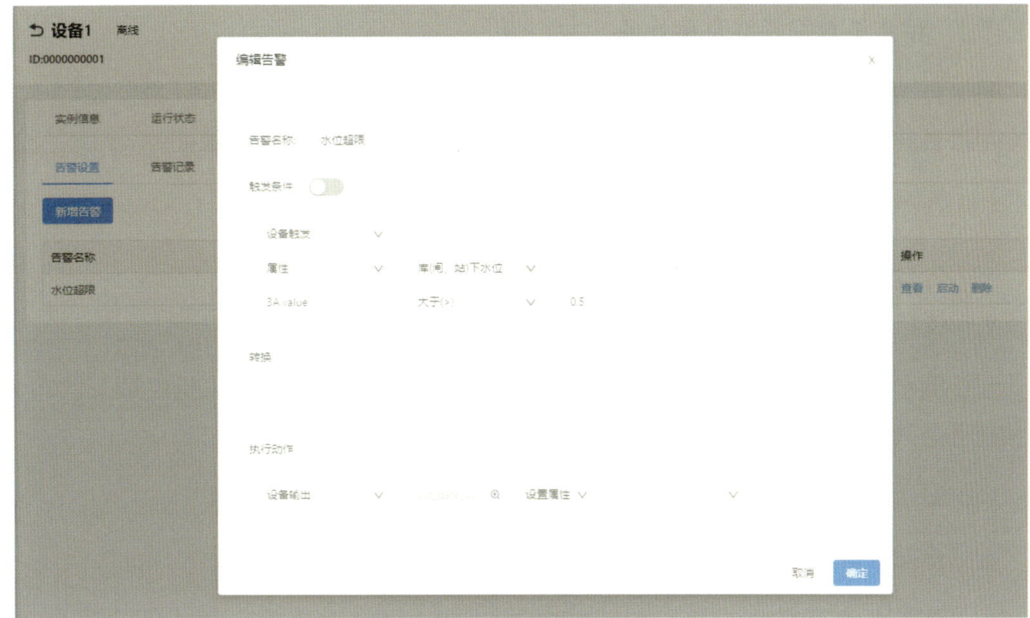

图 5-38 设备告警

5.2 分析诊断模型

5.2.1 需水量预测模型

当前对于农村供水需水量的预测一般采用“居民用水量标准法”或“增长法”。由于上述方法预测的宏观性,决定了其对于农村水厂的规划有一定参考作用,但无法用来指导水厂生产。由于农村供水主要用于生活,用途较为单一。相比于城市用水,农村供水存在更加明显的季节和日际周期,利用时间序列相关的学习算法能够刻画规律、预测用水。基于布设的流量计量设备,建立农村用水历史数据库,作为用水量时间序列分析和趋势预测的数据基础。应用水量预测模型,分析农村用水时间序列数据的周期性、趋势性、随机性等特性,并预测不同区域范围(用户、DMA 分区、行政区划)、不同时间尺度(小时、日、周、月、季度)的用水量。

季节性差分自回归滑动平均模型(Seasonal Autoregressive Integrated Moving Average,简称 SARIMA 模型),是当前常用的时间序列预测分析方法之一。其中自回归模型(AR)描述当前值与历史值之间的关系,用变量自身的历史时间数据对自身进行预测;移动平均模型(MA)关注的是自回归模型中的误差项的累加,能有效地消除预测中的随机波动。SARIMA 模型率定计算快速,具备自学习能力,非常适合在线实时预测分析。而农村供水工程用水量是长时段的时间序列,且理论上不受过多外部因素的影响,理应满足 SARIMA 模型对平稳性的要求。

5.2.1.1 用水量数据获取及预处理

供水自动化测控体系利用无线物联网技术，实现从源头到龙头全过程计量监控，为农村供水用水量的获取提供前端感知基础，为后续规律发现和预测提供数据保证。

(1)水源地监控

包括余氯、浊度、pH值、水温、电导率等指标。

(2)水厂监控

包括取水流量、管道压力、管道流量、阀门开度、水池水位、水质监测、机组运行状态、视频监控等。其中水质包括余氯、浊度、pH值、水温、电导率等指标。

(3)泵站监控

包括泵站机组运行状态、管道压力、累计流量、阀门开关、设备状态、信号强度等指标。

(4)调蓄水池监控

包括水池水位、供水阀门开关状态、设备状态、信号强度等指标。

(5)管网监控

包括管道压力、累计流量、设备状态、信号强度等指标。

(6)入户监控

包括水表当前读数、水表阀门状态、水表状态、信号强度等指标。

该模型实验所用片区的流量数据采集频率为15min一次，原始采集指标为累积流量。鉴于该片区大口径流量计量设备是以m^3为单位，将原始采集数据处理为以小时为单位的水量数据，从而降低计量误差带来的影响。

5.2.1.2 用水量数据的平稳性检验

在统计分析中，我们用按时间顺序排列的一组变量来表示一个随机事件的时间序列。对于一个选择ARMA方法进行建模的时间序列，首先必须满足平稳性。在现实生活中，时间序列很难满足严平稳时间序列要求，一般所讲的平稳时间序列在默认情况下都是指宽平稳时间序列，即

均值为常数：

$$EX_t=\mu \quad t\in \boldsymbol{T} \tag{5-1}$$

方差为常数：

$$DX_t=\gamma(t,t)=\gamma(0) \quad t\in \boldsymbol{T} \tag{5-2}$$

自协方差函数和自相关系数与时间无关：

$$\gamma(t,s)=\gamma(k,k+s-t) \quad t,s,k \in \boldsymbol{T} \tag{5-3}$$

对时间序列的平稳性检验包括构造检验统计量法和图检法两种，本书采用增广迪基—福勒检验单位根的方式来完成定量检验，同时输出时序图和自相关图进行直观判断。

我们对经过预处理的供水量数据直接进行平稳性检查(图 5-39)，可见其自相关图没有收敛到距离 0 较近的范围。

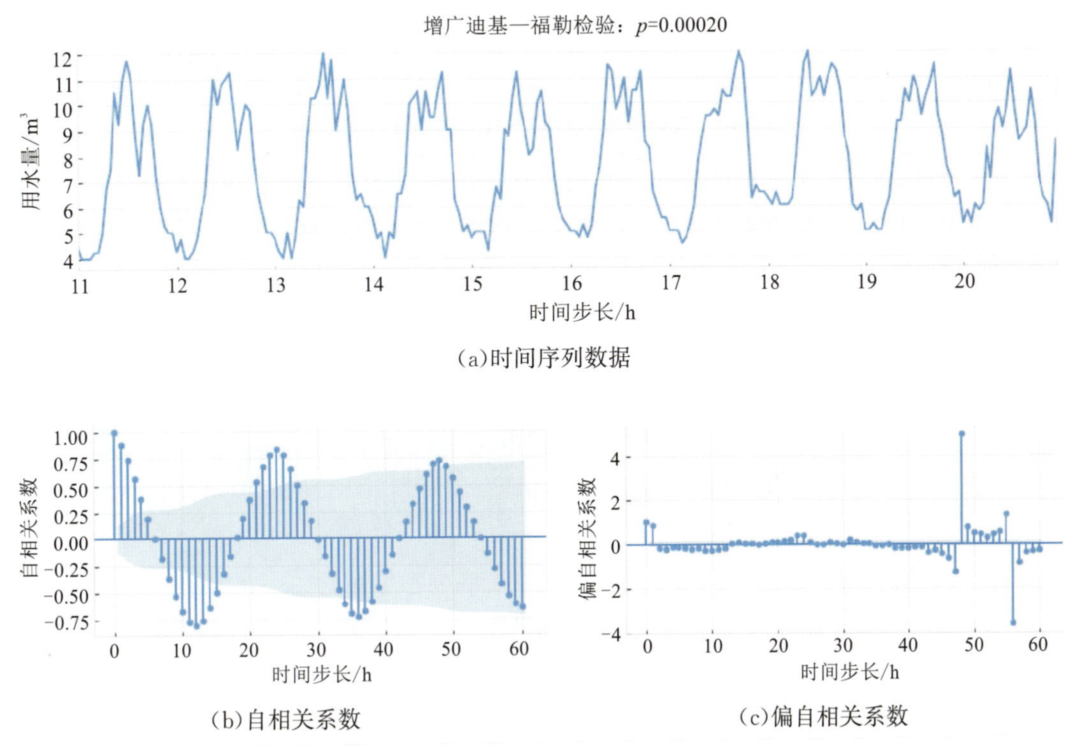

(a)时间序列数据

(b)自相关系数

(c)偏自相关系数

图 5-39 预处理后时间序列的平稳性检验结果

经过分析，我们认为该时间序列存在明显的季节性变化，即每天 24h 有较为明显的变化规律，应对其进行周期为 24h 的去季节性处理。对处理后的数据再进行平稳性检验(图 5-40)，结果显示自相关系数仍存在一定的规律性。

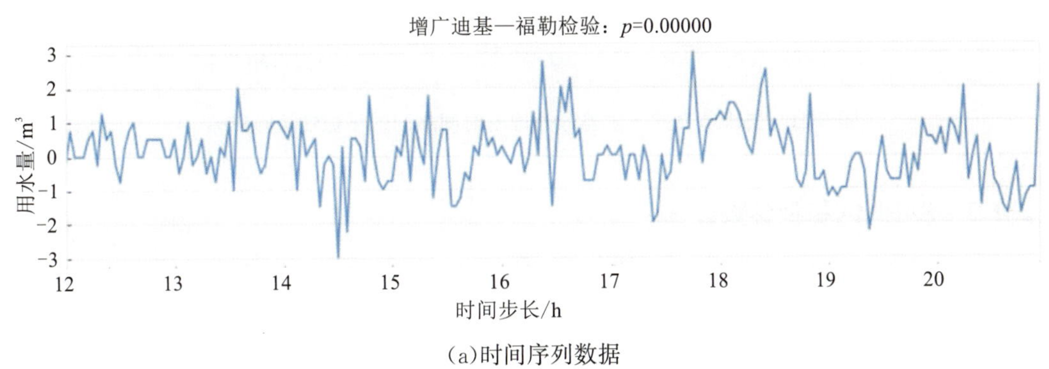

(a)时间序列数据

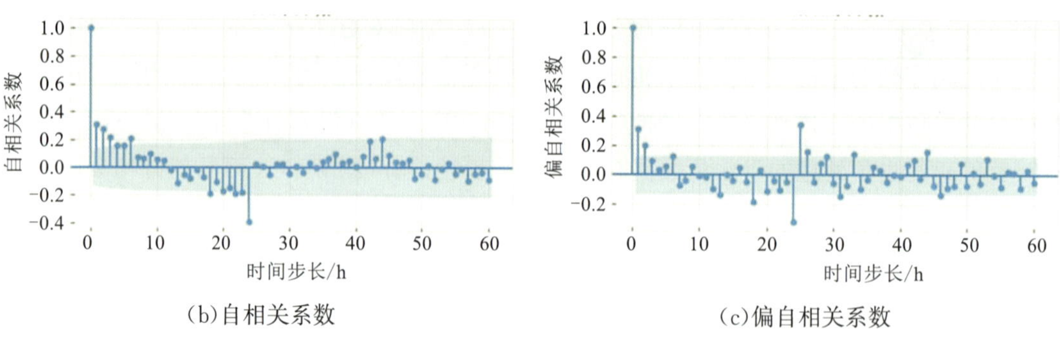

(b)自相关系数　　(c)偏自相关系数

图 5-40　去季节性后时间序列的平稳性检验结果

因此，我们在去季节处理的基础上增加了差分处理，再对其进行平稳性检验(图 5-41)，结果表明，时间序列的自相关系数和偏自相关系数均收敛在较低的水平，且不存在较强的规律性。

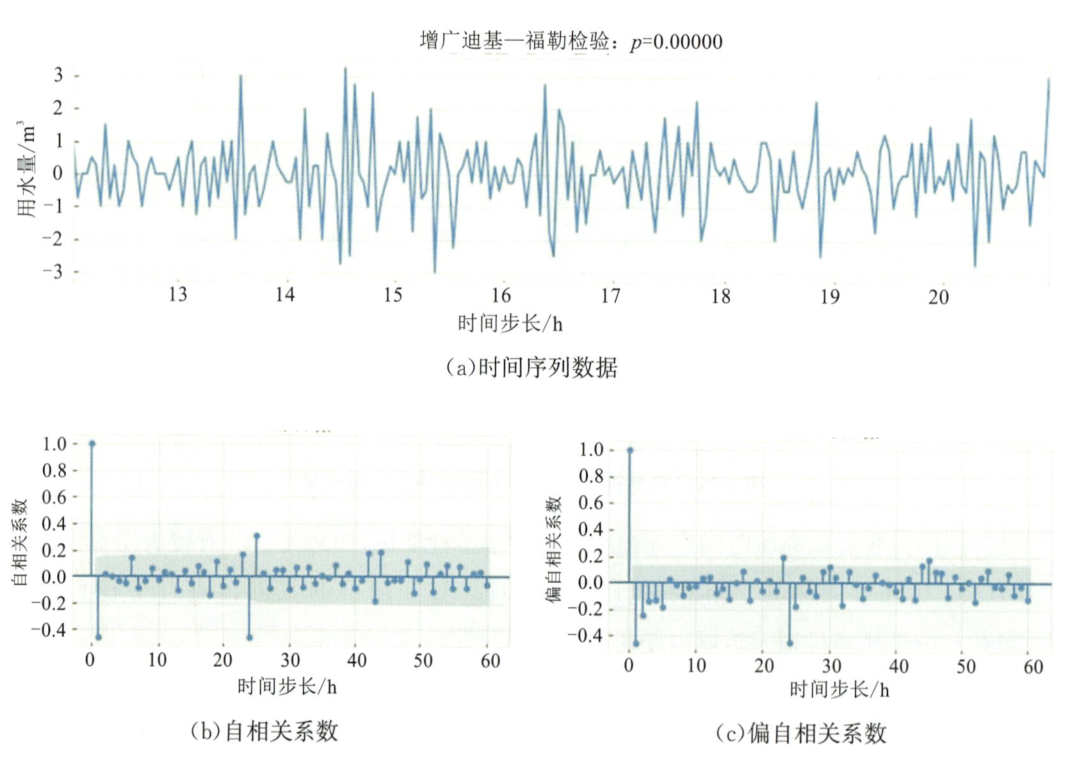

(a)时间序列数据

(b)自相关系数　　(c)偏自相关系数

图 5-41　去季节性并一阶差分处理后时间序列的平稳性检验结果

5.2.1.3　SARIMA 模型参数计算

在验证了时间序列经过季节和差分处理能够满足平稳性要求后，我们进入 SARIMA 建模阶段。SARIMA$(p,d,q)(P,D,Q,s)$的结构参数有 7 个：

①p 表示自回归模型的阶，指当前值与前 p 个值有关。

②d 为差分计算的阶，指时间序列经过 d 阶差分达到稳定状态。

③q 为滑动平均模型的阶，指当前值与前 q 个误差有关。

④P 表示季节性自回归的阶。

⑤D 为季节性差分计算的阶。

⑥Q 为季节性滑动平均的阶。

⑦s 为单季节周期长度。

根据稳定性分析结果，确定 SARIMA 模型应选取的参数如表 5-11 所示。

经计算，模型 SARIMAX(5,1,1)(1,1,1,24)的 AIC 为 511.551，其预测结果的平均绝对误差为 7.37%，处于较低水平，模型预测能力较好(图 5-42)。

表 5-11　SARIMA 模型参数观察取值

参数	值	取值原因
p	5	pacf 第 5 步滞后仍较为明显
d	1	进行了 1 阶差分处理
q	1	acf 第 1 步后即有了明显收敛
P	1	1s(24)在 pacf 上有明显滞后
D	1	1 次季节性差分
Q	1	在 acf 上第一个 1s(24)表现较为突出
s	24	季节周期是 24h

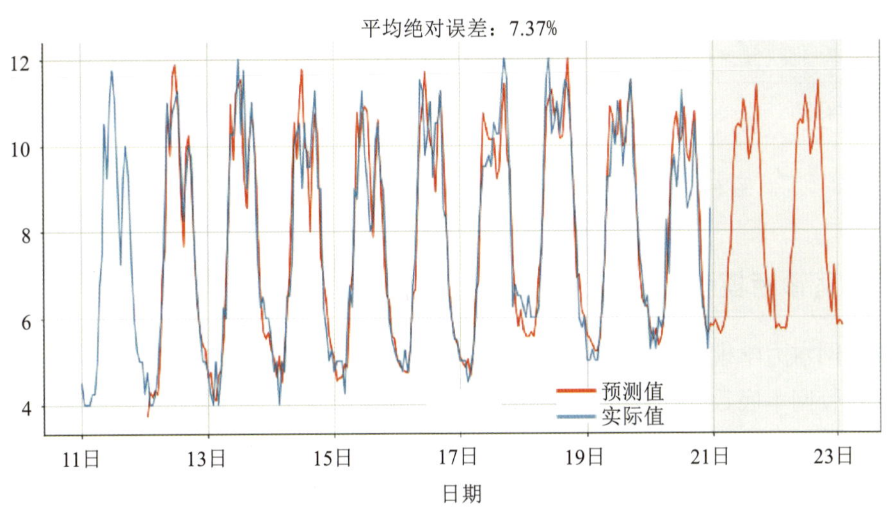

图 5-42　2020 年 3 月 SARIMAX(5,1,1)(1,1,1,24)预测结果

观测法给出了一个粗略的估计，通过程序在给定的参数范围内进行优选，优选的目标是模型的 AIC 最小。SARIMAX 模型参数优选范围如表 5-12 所示。

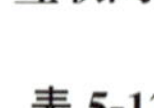

表 5-12 SARIMA 模型参数优选范围

参数	取值范围
p	2～6
d	1
q	2～6
P	0～2
D	1
Q	0～2
s	24

根据 AIC 最小原则进行调参，最后得出的最优参数为 SARIMAX(4,1,1)(1,1,1,24)，AIC 为 511.474，其预测结果的平均绝对误差为 7.32%，与目测观察的参数预测效果相比略有提升，如图 5-43 所示。

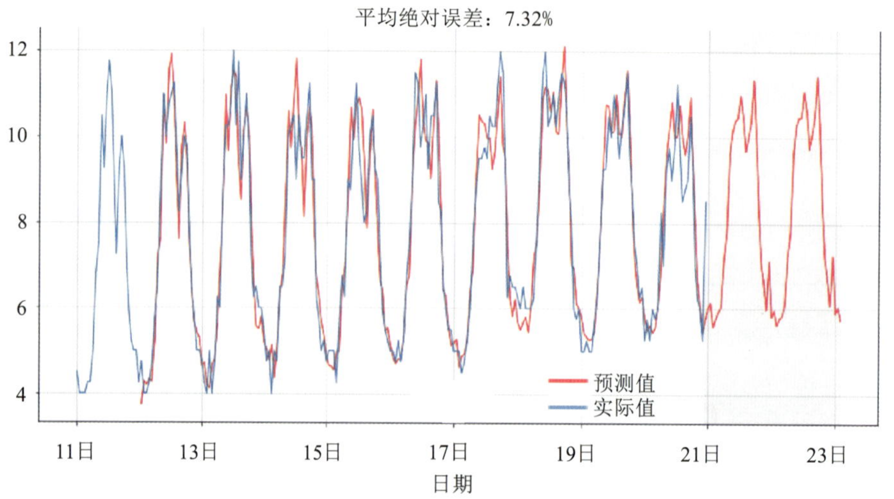

图 5-43 2020 年 3 月 SARIMAX(4,1,1)(1,1,1,24)预测结果

5.2.2 爆管诊断模型

传统管网水力学模型和管网瞬态变化等方法广泛应用在城市供水的研究和实践中。但上述方法对管网本底数据和监测数据频次精度的要求都较为严苛。鉴于农村供水管网本底不清，监测的频次和精度有限的现状，研究成果基于统计和机器学习的时间序列算法实现对农村供水管网爆管的诊断和预警，包括分时 3σ 法、Holt-Winters、随机森林等。

5.2.2.1 分时 3σ 法

基于农村供水在一日内 24h 显著不同的用水量峰谷分布，利用高频次的实时用水监测数据，提出农村供水运行诊断的分时 3σ 法，即在不同时段计算出三倍标准差预警的阈值，大幅提升了异常诊断的精准度。

三倍标准差法是一种常用的异常值剔除方法，异常值被定义为一组测定值中与平均值的偏差超过三倍标准差的值，在数据处理的时候，三个标准差以外的数据都可以被看作是错误的数据从而被排除。

设对某一操作单元观测 n 次，所得时间为 $x_1, x_2, x_3, \cdots x_n$，则平均值为

$$\bar{x}=\frac{x_1+x_2+x_3+\cdots+x_n}{n}=\frac{\sum_{i=1}^{n} x_i}{n} \tag{5-4}$$

标准差为

$$\sigma=\sqrt{\frac{(x_1-\bar{x})^2+(x_2-\bar{x})^2+\cdots+(x_n-\bar{x})^2}{n-1}}=\sqrt{\frac{\sum_{i=1}^{n}(x_i-\bar{x})^2}{n-1}} \tag{5-5}$$

正常值的范围为 $[\bar{x}-3\sigma, \bar{x}+3\sigma]$，超过范围者为异常值。

对于供水管网运行诊断，需要考虑每天不同时刻的用水波动，以过去一段时间范围内每天相同上报时间的历史监测数据作为基础，基础数据中需要去除 0、负数以及超过基于管道属性计算出的极值数据，利用三倍标准差法计算每天各上报时刻的流量和压力上下限阈值，生成各时刻的流量压力预警范围，通过将某时刻上报的流量压力监测值与该时刻对应的阈值进行对比，即可识别超出范围的实时监测值并及时预警，通知相关运维人员进行排查。

以管网某流量监测点每天整点上报，一天上报 24 次为例，展示运行诊断预警过程（图 5-44）：

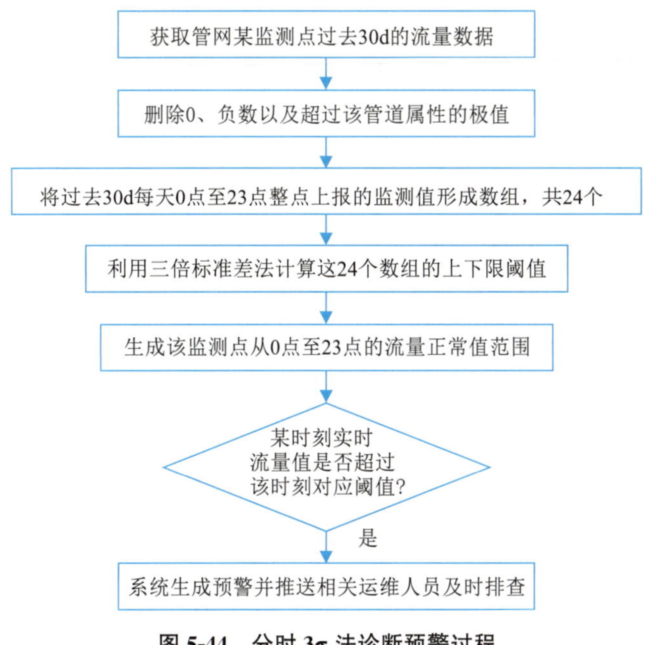

图 5-44 分时 3σ 法诊断预警过程

5.2.2.2 Holt-Winters 法

将单个流量计历史监测值进行对比分析，判定该流量计下游区域是否出现较大漏损。模型首先收集整理各流量计/水表的历史数据，并对异常值进行剔除和整编；然后对用水时间序列进行降维处理，设定用水对比时间尺度（天、周、旬），避免随机用水事件影响分析结果；根据用水时间序列提取用水量曲线，通过分析用水量曲线的变化幅度计算和判定漏损。

(1)数据平滑处理

管网运行监测数据整编的对象主要包括管网累计流量、管道压力、蓄水池水位等。由于广大农村地区信号不稳，造成物联网监测设备的数据易出现缺失。管网运行监测数据是典型的时间序列数据，利用较小阶数的滑动平均法能够较好地对缺失数据进行插补。

滑动平均法通过顺序逐期增减新旧数据求算移动平均值，获得时间序列数据的变化趋势，并据此进行预测，补足监测过程中缺失的数据。

$$x_t' = \frac{(x_{t-1} + x_{t-2} + x_{t-3} + \cdots + x_{t-n})}{n} \tag{5-6}$$

式中：x_t'——对下一期的预测值；

n——移动平均的窗口大小；

x_{t-1}——前期实际值；

x_{t-n}——前 n 期的实际值。

在插补整编数据的基础上，同样利用滑动平均法，结合滑动窗口内残差的绝对值损失中位数及标准差，确定正常值的上限，以此实现噪声去除。

$$L_{up} = x_t' + (MAE + a\sigma) \tag{5-7}$$

式中：L_{up}——正常值的上限；

x_t'——对当前时刻的预测值；

MAE——滑动窗口内残差的绝对值损失中位数；

a——标准差权重；

σ——滑动窗口内残差的标准差。

对比发现，较小的滑动窗口对于噪声更加敏感。因此，所选窗口在 4～8 h 为宜。在噪声去除的过程中，连续两次超过上限的值不能进行平滑操作。

(2)正常用水量区间

在整编和插补后的监测数据基础上，利用中短期数据，采用三重指数法（具体算法为 Holt-Winters 方法）预测用水量，公式如下：

$$l_t = \alpha(y_t - s_{t-1}) + (1-\alpha)(l_{t-1} + b_{t-1}) \tag{5-8}$$

$$b_t = \beta(l_t - l_{t-1}) + (1-\beta)b_{t-1} \tag{5-9}$$

$$s_t = \gamma(y_t - l_t) + (1-\gamma)s_{t-T} \tag{5-10}$$

$$y_t^{'} = l_{t-m} + mb_{t-m} + s_{t-T+m+1+(m-1)\%T} \tag{5-11}$$

式中：l_t——截距；

b_t——周期内变化趋势；

s_t——周期性分量；

T——周期长度；

m——t 距离周期开始节点的长度；

α——截距；

β——趋势；

γ——周期性分量在时间序列上累计的权重。α、β、γ 计算推荐采用经典的截断牛顿共轭梯度法。

在得到算法计算后的用水量曲线后，利用 Brutlag 方法建立用水量置信区间。

$$L_{up}^{'} = l_{t-1} + b_{t-1} + s_{t-T} + md_{t-T} \tag{5-12}$$

$$d_t = \gamma|y_t - y_t^{'}| + (1-\gamma)d_{t-T} \tag{5-13}$$

（3）漏损判定

对于实际监测值连续 2 次突破用水量置信区间上限的节点，判定为管网运行异常（图 5-45）。

5.2.2.3 基于管道属性的随机森林模型

建立基于管道属性的随机森林模型，综合考虑爆管影响因素，包括管网材质、管长、管径、管道压力、管龄、管道敷设时间、土壤腐蚀性等管道属性，结合管道爆管历史记录数据特征，得到某时刻管道的爆管风险。通过爆管风险预测模型，可以有效识别供水管网中的高风险管道，为管网的更新和维护提供决策支持。

管网运行环境复杂，可能引发爆管的因素众多，不同的供水区域、不同的管理水平，相同的影响因素可能引发爆管所发挥的作用权重不尽相同。管道风险估计是在管道风险因素识别的基础上对以管段为对象的风险进行定量分析和描述，为管道风险管理决策奠定基础。本模型中供水管道风险估计的内容包括：

（1）个体决策树

根据引发爆管可能性高低，将每类爆管风险影响因素中各子项引发爆管可能性的大小定性地分为若干等级。例如，接口性质是引发爆管的影响因素，该类因素子项包括“柔性接口”“半柔性接口”“刚性接口”，将发生爆管可能性采用“低”“中”“高”的表达方式，而不是准确的可能性。但在定性评估时为定性数据指定数值。例如，设“高”的值为 1，“中”的值为 0.6，“低”的值为 0.2，说明可能性的相对等级。每类因素中各子项爆管的可能性均采用上述规则指定数值，如表 5-13 至表 5-17 所示。

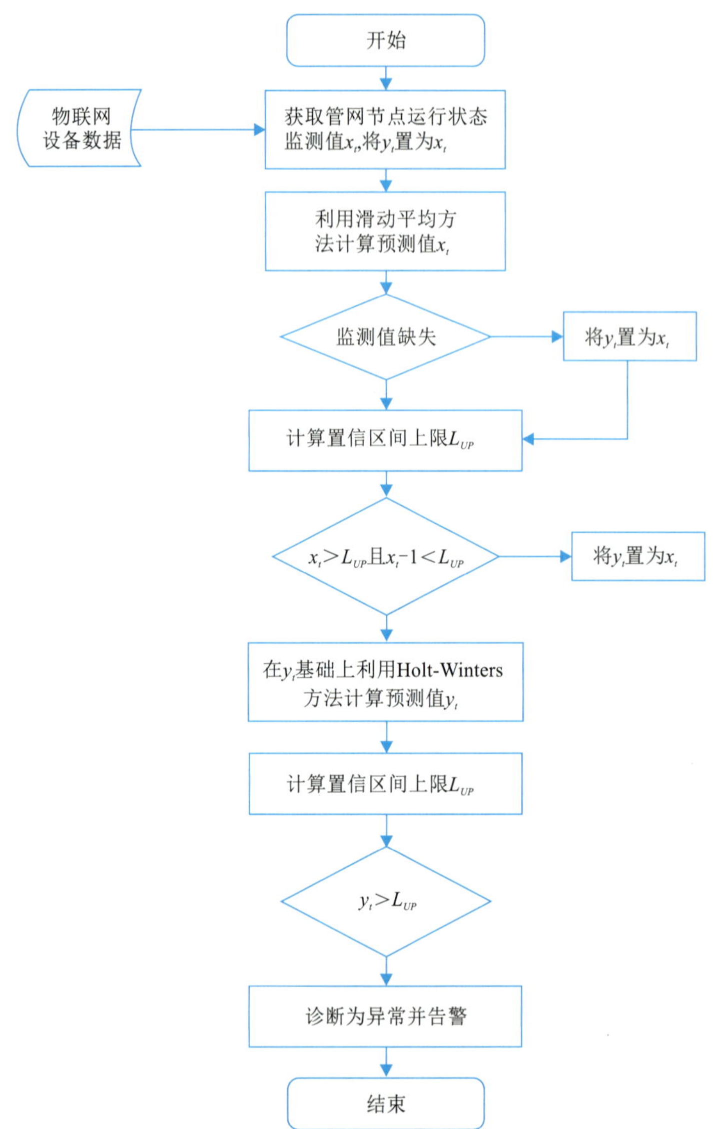

图 5-45 漏损判定流程

表 5-13 管材类因素

材质	灰口铸铁管	预应力水泥管	钢管	PE 管	球墨铸铁管	其他
可能性程度值	1.0	0.9	0.6	0.4	0.2	0.0

表 5-14 管龄类因素

管龄/年	≥30	30～20	20～10	10～5	<5
可能性程度值	1.0	0.8	0.6	0.4	0.2

注:范围取值包含下限不包含上限。

表 5-15　管径类因素

管径/mm	≥500	500～200	200～100	100～20	<20
可能性程度值	0.2	0.4	0.6	0.8	1.0

注:范围取值包含下限不包含上限。

表 5-16　历史爆管次数因素

历史爆管次数	>10	10～7	6～4	3～1	0
可能性程度值	1.0	0.8	0.6	0.4	0.2

注:范围取值包含上下限。

表 5-17　路面类型因素

路面类型	街道	快车道	人行道	小区	绿化带
可能性程度值	1.0	0.8	0.6	0.4	0.2

(2)集成策略

本模型将供水管网爆管风险因素按重要性顺序确定为管材、管龄、管径、爆管历史、路面类型共计 5 类因素。5 类因素按层次分析法确定权重大小,结果如表 5-18 所示。

表 5-18　风险因素权重表

因子类型	管材	管龄	管径	爆管历史	路面类型
权重/%	37	24	15	14	10

通过确定管道各因素值,结合相应权重,可以得出各管道的风险度值,具体公式如下:

$$H=0.37X_1+0.24X_2+0.15X_3+0.14X_4+0.1X_5 \tag{5-14}$$

式中:X_1、X_2、X_3、X_4、X_5——各个影响因素元经过标准化处理后的管材、管龄、管径、爆管历史、路面类型可能性程度值。

5.2.3 水损分析模型

5.2.3.1 夜间最小流量法

借助流量监测记录器,连续自动测量并记录某一管段在某一时区内的流量值,在数据处理方法上有两种,一是将夜间测得的最小流量值与日平均用水量比较,如果最小流量值与日平均时用水量的比值超过某一百分点,即认为可能出现漏损;二是按照经验选定数据(夜间用水低峰期取 0.6L/(cap·h)～2L/(cap·h),日间高峰用水期为 40L/(cap·h),据此绘制标准图表,将实际用水量与其比较,即可得出是否存在漏水。

夜间最小流量(Minimum Night Flow,MNF)分析法是对某个独立计量区域(District Metering Area,DMA)的夜间流量进行分析,进而评估该区域的实际漏损情况的一种分析方法。具体指在闭阀流量管理的某管网独立区域内，根据该区域夜间某时间区间出现的流量最小值即用水量最小与最接近理想渗漏量的情况对比来检测是否存在漏损的一种方法。通过在独立计量区入口安装流量计、压力传感器来记录流量和压力，并将数据采集到主站存储，以报表、曲线图等形式统计夜间最小流量时间段内瞬时流量超过夜间最小流量基准值的小区，再查看这些小区的日用水量和月用水量等历史用水量曲线，分析确定流量超额的原因，最终锁定可能发生漏损的小区，进而开展实地查漏等行动。同时，也可以通过 MNF 的异常变化快速发现管网新增漏点，从而实现漏点的快速定位和快速修复。

(1)夜间最小流量基准值

通常情况下，DMA 内典型的夜间最小流量由用户夜间合法用水、背景漏失和可能存在的漏损水量 3 个部分构成，其中背景漏失的漏失水量非常小甚至无法探测，可以忽略不计，因此可根据夜间最小流量和居民夜间合法用水量的差值，判断 DMA 内是否存在漏点。

虽然夜间最小流量并不代表真实的物理漏失，但在用户用水习惯没有大规模改变的情况下，用夜间最小流量的降幅来近似表示物理漏失的降幅是一种比较合理的计算方法。

首先选择较广的时间区间 1:00 至 5:00，对 DMA 内所有用户的夜间用水进行连续多日测量，之后统计每户每日夜间最小流量出现的时刻，做出夜间最小流量时刻的频率分布，最终确定研究区域的夜间最小流量的发生时间区间。此举可以降低统计误差，精确研究时间区间，提高研究结果的可信度和准确度。

取当前用户的历史夜间最小流量的最小值与当前值进行比较，取两者之间的低值作为用户最终的夜间最小流量，此方法的应用必须以 DMA 内无明显规模漏水量的存在为前提，否则就是默认现状漏损水平在可接受的范围之内。根据生活常规，深夜时分绝大部分的用户都在休息，此时的用户用水量最少，因此流量计读数只包括管网漏损、背景漏失和少量用户用水 3 部分用水量。正常情况下，这 3 部分用水量相对稳定，因此流量计读数是在较小的范围内波动的、相对恒定的数值，此时数据若出现较大的连续波动，则可能有漏损的存在，需要实地勘察查找原因。此法可以帮助快速发现新增漏点，但是无法确定现状的夜间最小流量值中是否包括未被发现的暗漏水量。

(2)夜间最小流量应用

1)夜间真实漏损水量

基于以上方法得到 1:00 至 5:00 的夜间最小流量的基准值后，将同时间区间的 DMA 入口流量值减去夜间最小流量，即可得到夜间真实漏损水量。

2)日真实漏损水量

同一时刻同一管网的压力与漏损量成正比，如下所示：

$$Q_1/Q_2=(P_1/P_2)^n \tag{5-15}$$

式中：P_1——时刻 1 的管网平均压力；

P_2——时刻 2 的管网平均压力；

Q_1——时刻 1，在管网平均压力为 P_1 时的漏损水量，m^3/h；

Q_2——时刻 2，在管网平均压力为 P_2 时的漏损水量，m^3/h；

n——压力指数，通常取 1.18。

根据压力与漏损量比例关系，可采用下式计算 DMA 小区的日真实漏损水量。

$$Q=[(P_1+P_2+\cdots+P_t+\cdots+P_{24})/P]^{1.18}Q_n \tag{5-16}$$

式中：Q——DMA 小区的日真实漏损水量，m^3/h；

Q_n——夜间真实漏损水量，m^3/h；

P——小时平均压力；

P_t——1 天 24h 的压力变化值；

t——时间，h。

5.2.3.2 流量平衡法

流量平衡法基于管网的 DMA 分区、分区内各节点拓扑结构和流量监测数据进行管网水损分析计算，支持干管、分干管至入户末端整体区间的分级分区水损分析计算。

模型首先按选定时间范围计算 DMA 分区各节点该时段的流量，然后根据管网供水拓扑结构确定上、下游的节点，将各节点流量值输入水损分析模型，分级计算各 DMA 分区的水损。基于管网水损计算结果和管网漏损阈值，判定该供水分区的管网是否有较大漏损。

(1)DMA 区的建立

在独立计量区建立的初期，可先进行目标区域的筛选，筛选的首要原则就是居民小区管网结构清晰，而研究成果显示，大部分居民区仅具有 1～2 路水源进水。因此，通过在居民区的供水水源管道上安装考核表，并以此来计量净流入独立计量区的水量就变得较为简单了。

在独立计量区建立后，传统的做法是必须先对原小区暂停供水来进行零压测试，以此确认独立计量区的封闭性。但由于本次独立计量区所监控的居民小区仅有 1～2 路水源管道，在同时切断所有管道、安装考核表时，也同步验证了管道内的“零压力”，所以在装表完成后，无须再次进行内部管道的零压试验。

(2)漏损指标与计算

1)DMA 平均漏失率

由于已经测得 DMA 进口流量，以及辖区内用户用水数据，利用流量平衡法即可得到 DMA 该时段的漏失水量，通过考虑每日不同时段压力变化对漏失水量的影响，可求得 DMA 年度总漏失水量和漏失率。

$$R_{RL}=Q_{RL}/Q_S \tag{5-17}$$

式中：R_{RL}——DMA 平均漏失率，%；

Q_{RL}——DMA 总漏失水量，m^3；

Q_S——DMA 总输入水量，m^3。

$$Q_{RL}=24C\sum_{i=1}^{m}\sum_{j=1}^{n}q_{ij}k_{ij} \tag{5-18}$$

式中：q_{ij}——第 i 个 DMA 第 j 日的漏损量，m^3/h，数据记录时间间隔取 15min；

k_{ij}——第 i 个 DMA 第 j 日的影响系数，根据设备上线情况确定；

m——DMA 总数量；

n——该年度的天数；

C——计量调整系数，由安装了自动化设备与未安装设备的用水情况确定。

2)DMA 平均表观漏损率

在求得 DMA 总漏失水量的基础上，根据每月定期输入的 DMA 内免费用水量数据和来自营销管理服务系统的计费用水量数据，即可求得 DMA 年度表观漏损率，计算公式如下。

$$R_{AL}=(Q_S-Q_b-Q_u-Q_{RL})/Q_S \tag{5-19}$$

式中：R_{AL}——DMA 平均表观漏损率，%；

Q_S——DMA 总输入水量，m^3；

Q_b——DMA 总计费用水量，m^3；

Q_u——DMA 总免费用水量，m^3；

Q_{RL}——DMA 总漏失水量，m^3。

5.3 本章小结

农村供水能力中心主要包括物联网平台和分析诊断模型两大部分。

①物联网平台专为水利场景设计，支持统一物模型管理，统一设备连接管理，运用 OPC 协议与各类工控设备 PLC 连接，同时内置了标准水文规约、水资源规约、地表水自动监测系统通信协议、道路运输车辆卫星定位系统终端通信协议，使用标准协议的设备可以快速配置集成发布，使用特定协议的设备也可定制对应的报文解析协议，多协议适配，灵活接入不同厂家不同协议的设备进行统一管理，能大幅缩短前端感知设备集成对接时间，适应水利信息化前端感知设备种类多、协议多、厂家多的复杂场景，能够为智慧水利业务应用研发提供良好的感知数据支撑。

②农村供水分析诊断模型是提升农村供水保障率、提高运行维护效率的关键能力，在国内外研究均属空白。“互联网+农村供水”建设基于广泛布设的前端感知控制设备，能够产生海量的实测数据，形成单个监测点、具体管段、供水分区直至整个供水区域的长时间序列数据。鉴于此，我们在农村供水管网运行的预测、诊断、分析方面，都进行了大量研究和探索，形成了一整套基于长序列监测数据的科学算法。

第6章 农村供水应用

6.1 业务应用

6.1.1 在线监控

对于还未实现自动化监控的供水工程，通过自动化监测手段实现农村供水工程进水管、加药、沉淀、过滤、消毒、清水池、出水管、高位水池/调节池、管网、测控井、入户水表的全过程动态监测，实现供水工程运行状态和数据的实时掌握。

供水工程自动化监控系统采集并监测水源地、水厂、蓄水池、泵站、管网、入户水表和视频监控的有关信息，实现水厂、蓄水池、测控井等设备的自动化监控，整合监测数据并集中展示，实现统一的数据采集、状态监控、故障报警。满足快速了解运行状态和处理预警预报事件以及降低水量损失、设备损失、维修成本的需求，实现整个供水系统的灵活高效和智能。供水工程自动化监控系统具备监测设备配置、监测数据管理、工程组态管理、报警预警管理、远程控制、视频监控等能力。供水自动化监测功能指标如表 6-1 所示。

表 6-1　　供水自动化监测功能指标

序号	模块	功能需求
1	监测设备配置	将水质监测站点、水位监测站点、流量监测站点、压力监测站点、视频监控站点等录入系统，对其属性进行配置化管理
2	监测数据管理	采集供水自动化监控系统运行过程中的水质、水位、流量、压力数据，建立数据处理逻辑剔除运行正常时的单个或极少量异常值，进行数据整编。应将整编好的历史数据、实时数据进行处理，统计分析成报表、趋势图，提供查询功能和其他系统调用
3	工程组态管理	实现工程组态图的维护管理，设计和开发水厂、测控井、蓄水池、泵站、入户水表不同类型组态图页面，提供监测数据查看和控制入口
4	报警预警管理	将设备运行状态、监测数据报警预警信息进行管理，包括报警值管理、报警规则管理、报警机制设置和报警、预警消息推送等

续表

序号	模块	功能需求
5	远程控制	供水自动化运行过程中,根据预警报警信息,参考阀门、泵站、电机运行状态进行远程联动控制操作;或是在供水过程需要修改运行模式输入控制指令达到远程控制的目的
6	视频监控	接入新建监控设备,实现查询播放功能;并实现远程控制摄像头功能;以及记录闯入报警,实现查询、检索、统计功能

6.1.1.1 监测设备配置

监控设备配置模块是整个自动化监控系统的基础模块,为整个监控系统配置所监控的水利对象与监测设备。

在供水自动化监控系统中对水质监测点、流量监测点、压力监测点、水位监测点、智能水表监测点等监测设备进行管理,维护其设备基本信息、所关联的供水工程、设备编码、安装位置、管理责任人等,如图 6-1 所示。

图 6-1　压力监测点配置

6.1.1.2 监测数据管理

通过外部接口或数据访问的方式,接入已建水厂自动化系统采集设备监测监控信息,包括水质、流量、压力等实时监测监控信息。对整编好的历史数据、实时数据进行处理,统计分析成趋势图,实现查询功能。

(1)实时监测数据

对设备上报的最新数据进行查看。通过名称、关键字、时间、监测数据类型等筛选监测数据范围,显示用户想要查询的流量、压力、水位、阀门状态、水质等实时数据。

(2)历史数据分析

对设备上报的历史数据进行查询、分析。通过名称、关键字、时间、监测数据类型等筛选历史监测数据范围,显示用户想要查询的流量、压力、水位、阀门状态、水质等数据。针对历史监测数据,根据时间进行趋势曲线展示,主要以查看监测数据变化为主,曲线变化随时间变化实时绘制,具备翻看数据的历史值功能,并支持查看曲线对应的数据列表,并支持将曲线以图片及数据表格的格式导出(图 6-2、图 6-3)。

序号	工程类别	工程名称	监控项目	测站名称	最近收集时间	监测值	正常值
1	规模化水厂	金带水厂	浊度	金带水厂水质监测点	2022-12-18 16:00:00	0.337NTU	0.00-1.00NTU
1)	规模化水厂	金带水厂	PH	金带水厂水质监测点	2022-12-18 16:39:52	7.50	6.50-8.50
2)	规模化水厂	金带水厂	余氯	金带水厂水质监测点	2022-12-18 16:39:52	0.02mg/L	0.02-0.80mg/L
3)	规模化水厂	金带水厂	电导率	金带水厂水质监测点	2022-12-18 16:39:52	223	10.00-1500.00
4)	规模化水厂	金带水厂	水温	金带水厂水质监测点	2022-12-18 16:39:52	11.3℃	0.00-50.00℃
2	规模化水厂	老鸹寨水厂	浊度	老鸹寨水厂水质监测点1	2022-12-18 16:00:00	0.106NTU	0.00-1.00NTU
1)	规模化水厂	老鸹寨水厂	PH	老鸹寨水厂水质监测点1	2022-12-18 16:39:00	7.83	6.50-8.50
2)	规模化水厂	老鸹寨水厂	余氯	老鸹寨水厂水质监测点1	2022-12-18 16:39:00	0.14mg/L	0.02-0.80mg/L
3)	规模化水厂	老鸹寨水厂	电导率	老鸹寨水厂水质监测点1	2022-12-18 16:39:00	495	10.00-1500.00
4)	规模化水厂	老鸹寨水厂	水温	老鸹寨水厂水质监测点1	2022-12-18 16:39:00	10.9℃	0.00-50.00℃
3	规模化水厂	老鸹寨水厂	浊度	老鸹寨水厂水质监测点2	2022-12-18 16:00:00	0.172NTU	0.00-1.00NTU
1)	规模化水厂	老鸹寨水厂	PH	老鸹寨水厂水质监测点2	2022-12-18 16:38:39	7.79	6.50-8.50

图 6-2 水质实时监测

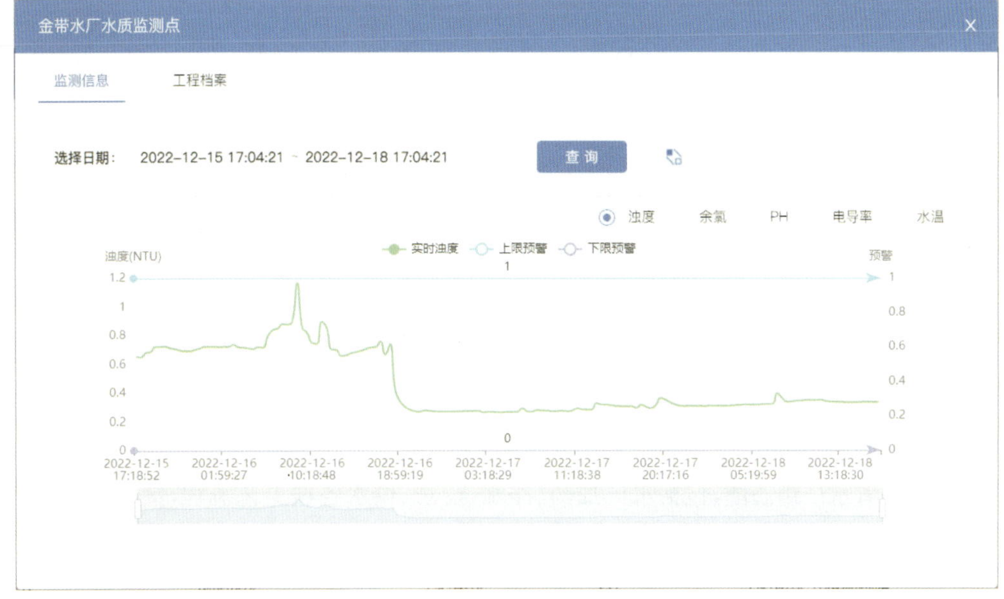

图 6-3 水质监测站点历史数据查询分析

(3)数据推送

对设备上报的监测数据进行推送,数据的推送传输流程为监测点前置机采集数据传输到自动化监控平台数据库,然后通过接口传输数据到数据共享交换平台。

6.1.1.3 工程组态管理

实现工程组态图的维护管理,设计和开发水厂、测控井、蓄水池、泵站、入户水表不同类型组态图页面,提供监测数据查看和控制入口。录入包括工程编号、工程名称、工程相关设备编号、设备名称、设备监测字段、网络地址、信号强度、电池电量等组态信息。提供组态图的新建、修改、删除和按名称、类型的检索查询等。

(1)水厂流程监控

依据水厂实际制水工艺的流程,用组态方式展示流程拓扑逻辑。以流动的线条效果串联各个生产单元,实时接入监测设备的监测信息与自动化控制设备的工况信息,并在组态上实时展示,模拟出水厂制水过程中从取水到出水全过程的动态流程。集中监测各工艺环节数据和工况,实现水厂信息化,便于水厂生产管理人员直观地掌握水厂的实时生产状态(图 6-4)。

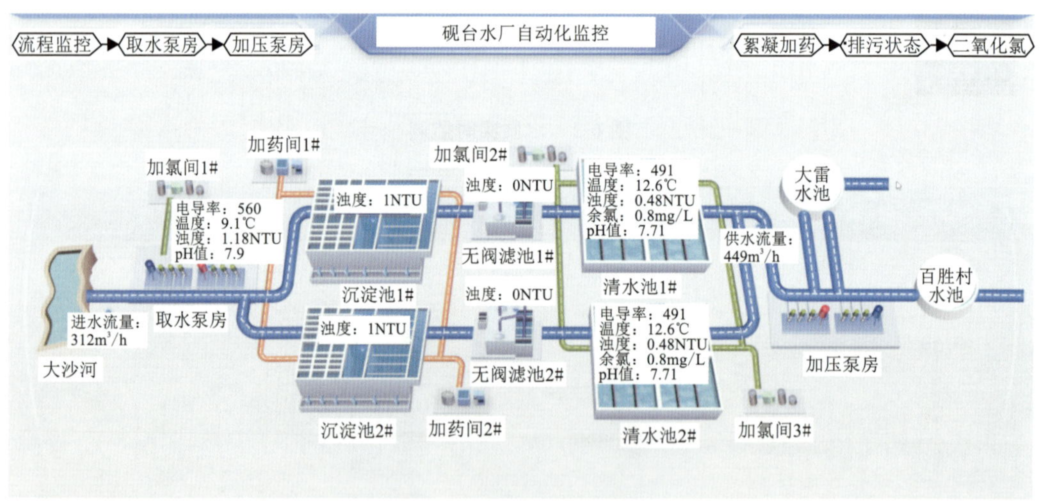

图 6-4　自来水厂流程监控

(2)水厂组态控制

开发和配置水厂组态图,包括水厂加药、净水、反洗、供水各项工艺流程,接入和展示水厂自动化设备状态和运行参数,包括源水流量监测、沉淀池浊度监测、过滤池浊度监测、排泥阀开关状态、PAC 加药设备参数、加氯设备参数、清水池水质与水位监测、供水管道流量监测等(图 6-5)。

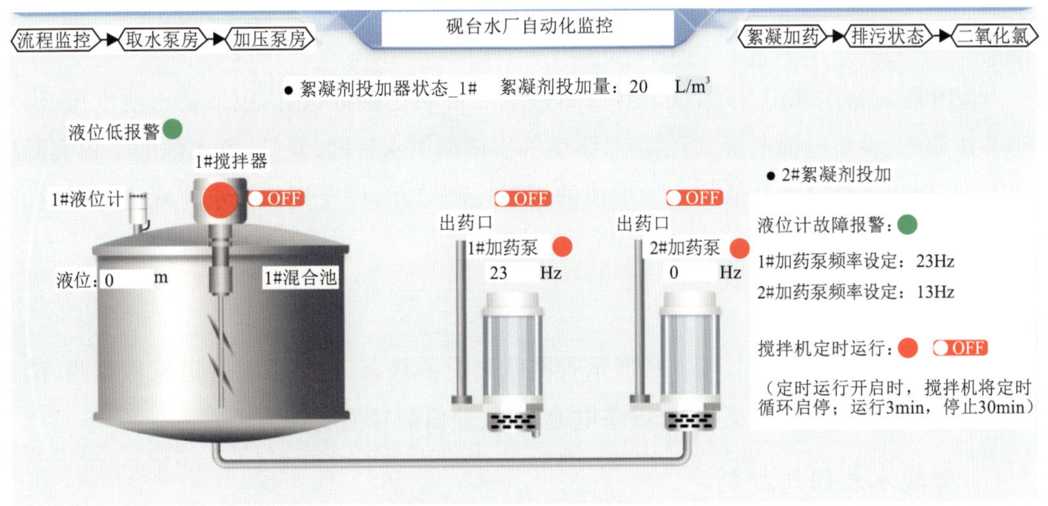

图 6-5　水厂组态控制

在实时采集并展示控制工艺设备(如水质监测设备、流量监测设备、加药设备、水泵机组、机组电气柜等)实时数据的基础上,提供远程控制功能。通过系统权限与短信验证双重权限控制保障远程控制的安全性,实现工控设备的顺序、条件、计时、计数控制、设备开启/停止等控制功能。

(2)泵站组态控制

开发和配置泵站组态图,接入和展示泵站设备状态,包括低位水池水位、泵站机组启停状态、高位水池水位、供水管道流量与压力、设备电池电量、通信信号强度等(图 6-6)。

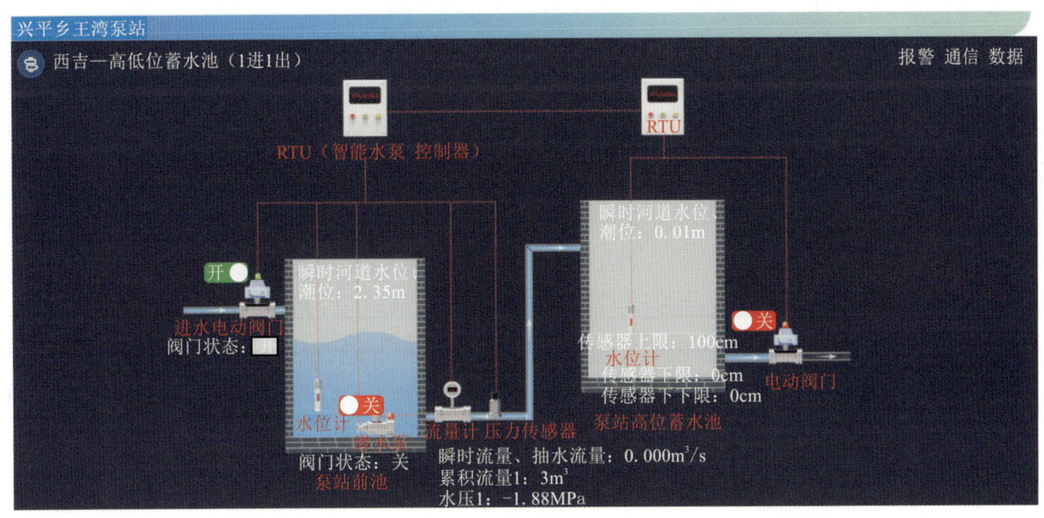

图 6-6　泵站组态控制

(3)蓄水池组态控制

开发和配置蓄水池组态图,接入和展示蓄水池自动化设备状态,包括蓄水池水位、供水管道流量监测、设备电池电量、通信信号强度等。依据供水管网、泵站、蓄水池的工程实际情况,识别并形成由泵站和高低位水池形成的逻辑控制单元,设定高低位水池液位与泵组、阀控之间的联动规则。

(4)管网组态控制

开发和配置管网组态图,接入和展示管网监测设备状态,包括供水管道流量监测、供水管道压力监测、管道阀门开关状态、设备电池电量、通信信号强度等。

(5)智能水表组态控制

开发和配置智能水表组态图,接入和展示智能水表设备状态,包括水表阀门开关状态、水表读数、水表电池电量、通信信号强度等。

6.1.1.4 报警预警管理

对设备运行状态、监测数据报警预警信息进行管理,包括报警值管理、报警规则管理、报警消息推送、报警事件记录等。各种报警、预警事件按时间顺序记录,包括发生时间、内容和项目、恢复时间生成报警事件汇总表,提供面向对象的多种查询方法。修改硬件初始值,建立设备报警预警逻辑,实现供水自动化运行过程中数据监测异常预警报警功能,并推送和记录。

(1)报警值管理

管理人员根据历史经验或设计指标对所有设备运行参数设置高限报警、低限报警等,包括各类运行监测数据报警限值的增加、删除、修改,当运行参数超限时直接报警,需要设置的参数包括压力、流量、水位、水质。支持按照类型、名称等条件查询展示报警高低限值。

(2)报警规则管理

针对不同类型的工程设备,配置和管理报警规则,包括水厂自动化、泵站运行、蓄水池、管网监测、入户水表等不同报警规则的增加、删除、修改和查询,报警规则的配置包括配置报警类型、设置报警消息推送频率、编辑报警信息内容、设定报警信息推送范围。当系统产生报警信息时,根据报警规则进行推送。

(3)报警消息推送

设备运行参数超过报警限值时,根据设置的报警规则推送报警消息提醒工作人员,只有进行报警确认并处理时,才停止报警,并将所进行的操作日志录入。

(4)报警事件记录

对各种报警事件按时间顺序记录,包括发生时间、内容和项目、恢复时间,生成报警事件记录汇总表。并管理报警消息推送后工作人员的操作日志,支持报警记录和操作日志的查询展示。

6.1.1.5 远程控制

远程控制功能模块首先由用户在远程下达控制指令,然后判断通信是否正常,将控制指令传输到现地组态软件,然后传输给现地控制单元,控制入户阀门的开关,并将操作结果反馈给系统用户(图 6-7)。

在供水自动化运行过程中,根据预警报警信息,参考阀门、泵站、电机运行状态进行远程联动控制操作;或者在供水过程中修改运行模式输入控制指令达到远程控制的目的(图 6-8)。

(1)手动指令控制

供水自动化监控系统能根据工作人员输入的指令实现水厂自动化设备、水泵电机设备、电动阀门的启停和启闭,并且可以在缺水期或者富水期某时段内设置自动控制指令控制设备状态。

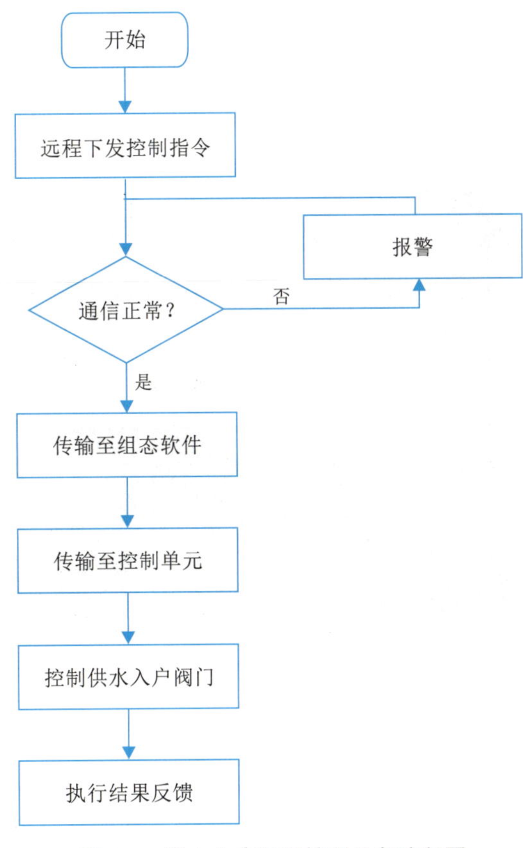

图 6-7 供水入户远程控制业务流程图

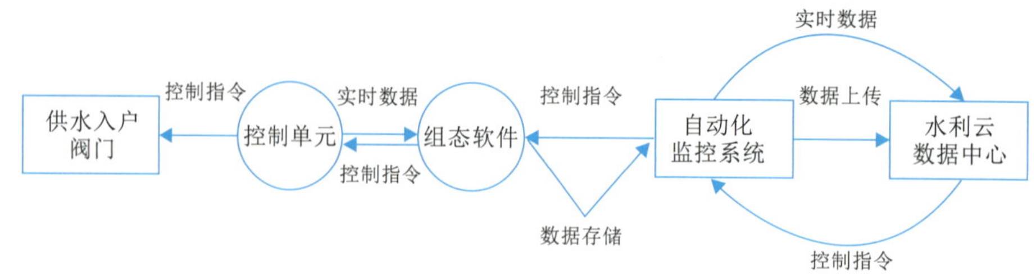

图 6-8　供水入户远程控制数据流程图

（2）联动控制

供水自动化监控能根据预定的运行原则和联合控制逻辑，在水位达到预警值时，联动控制启闭水泵和管道阀门，实现安全运行；或者在设备检修或者爆管等故障时，联动控制降低水损。

6.1.1.6　视频监控

视频监控系统主要实现供水工程生产设备的全天候监视及闯入报警，用于监控管理输水设施及自动化监控设备的保护预警等。视频监控系统主要监测水厂取水口、泵站、自来水厂出入口、清水池、净化间、投氯间、加药间、周界围墙、高位蓄水池等安防重点区域。视频监控作为工艺监视系统的配套系统，建成后能方便中控室值班人员及时发现现场问题，排除故障，保证生产的正常进行，实现生产现场的无人值守（图 6-9）。

图 6-9　视频监控

（1）实时视频监控

实现实时视频监控的查询展示。支持通过视频监测点名称查询展示视频监测数据，可选择单路视频全屏浏览，或者选择 4/9/16 等分屏浏览方式，支持多种分辨率显示，以适应供水工程视频监控管理的各种应用需求。

(2)历史检索回放

按照指定的监控点、时间、报警信息等要素检索历史图像资料进行回放与下载,支持秒级的及时回放、正常播放、无损快速播放、慢速播放、录像倒放、画面暂停、图像抓拍等功能。

(3)摄像头远程控制

对指定浏览画面提供实时播放、抽帧播放、全屏显示、图像抓拍、轮巡监控、图像缩放、中心定位、多预设位设置。支持对监控点摄像机的远程云台控制,实现镜头的左右、上下转动,视野的拉近拉远等;支持鼠标在图像画面上对云台进行控制,可设置多个不同的用户权限级别进行控制,高优先级别用户可优先控制摄像头云台。

(4)闯入报警管理

针对不同视频监测点,管理和配置视频闯入报警规则,包括预设视频拍摄角度、闯入报警识别范围、闯入报警识别灵敏度等。实现闯入报警规则的新增、修改、删除和查询。当触发闯入条件时,系统自动发出报警并记录视频监测信息。支持闯入报警信息和视频记录的查询与回放。

6.1.2 分析诊断

建设工程监测诊断系统(表 6-2),实现根据历史数据预测供水趋势,能够诊断和处理干管、分干管至入户末端整体区间的漏损和爆管,支持分级分区的供水水损分析计算。为运维管理人员掌握需水情况、直观把控管网运行状态提供支撑。

表 6-2　　工程监测诊断功能指标

序号	模块	功能需求
1	需水预测	基于管网预测模型,通过分析历史流量监测数据,对选定的供水范围用水趋势进行分析和预测
2	实时诊断与处置	依据管网诊断模型,通过实时监测并记录某一管段在某一时区内的水量或水压变化,诊断分析管网是否正常运行,如有异常发出报警
3	水损分析	基于水损分析模型,运用管网的流量监测数据和管网拓扑结构进行管网水损分析计算,支持干管、分干管至入户末端整体区间的分级分区水损分析

6.1.2.1 需水预测

在农村供水工程运行过程中,通过观察发现用水量呈现出一定的规律性,可将其作为水厂供水生产安排和管网运行状态检测的基础。在供水工程实际监测数据的基础上,对相邻数据进行数据加权平滑处理,并进一步采用季节性自回归差分滑动平均算法进行建模,对目标区域的用水量进行预测。

基于需水预测模型，选择不同时间尺度以及县级、乡镇级、自然村级不同空间尺度的供水时间和范围，通过分析历史流量监测数据，对选定的供水范围用水趋势进行分析和预测，为管网供水科学调度管理提供数据依据，提高水资源利用效率。

(1)未来需水预测

农村供水工程中的用水数据的确具有周期性的变化规律，在消除周期性并进行一阶差分后序列满足平稳条件。运用SARIMA算法预测的结果与实际数据对比误差较小，且满足在线实时计算的条件，可作为农村供水工程调度和检测的依据。

选择管网预测模型，选择需水预测输入条件，包括不同供水时间尺度(小时、日、周、月、季度)、用户、DMA分区、行政区划等空间尺度，系统从数据库获取历史流量数据，作为模型训练依据。选择或输入模型相关参数，提供预测范围内的用水量预测结果，预测结果以柱状图、热点图等形式展示，点击热点图上任意一点，可进一步查看该点的预报用水量。

(2)预测评估

构建多维度的评估指标体系，实现实时快速预测评估。同时通过对预测结果进行不断评估和反馈，持续提高预报准确度。接入流量计、水表实测用水量后，即可进入预测评估模块，可直接查询对比不同模型及参数组合的需水预测结果和实测用水，生成和查看预报结果评估结论，为用户选择预测模型及参数提供科学依据。支持不同模型预测结果评估结论的新增、删除和查询。

(3)需水分析简报

需水分析简报是对需水信息的综合概述，智能解析未来需水预测成果，以文字、统计图、表格等多种表现形式综合展示用户、DMA分区、各级行政区划等供水范围的未来一小时、一日、一周、一个月、一个季度的需水预测信息，助力管理人员全面了解未来用水情势，为供水调度提供决策支撑。

6.1.2.2 诊断处置

根据供水管网中布设的流量监测和压力监测设备，对供水管网的各个关键节点进行流量和压力的自动监测，通过无线通信将监测值实时回传至数据中心，以此来监控整个供水管网的流量及压力情况。结合供水管网的材质、投入使用年份等工程资料信息，利用管网诊断模型对供水管网进行诊断，分析各管段的爆管风险。当发生爆管事件时，利用爆管分析模型，分析爆管后的应急处置方案。依据管网诊断模型，通过实时监测并记录某一管段在某一时区内的水量或水压变化，诊断分析管网是否正常运行。当管网监测流量或压力超过预警阈值时，判定为管网漏损，发出报警。

(1)管网实时诊断

依据管网诊断模型,通过实时监测并记录某一管段在某一时区内的水量或水压变化,诊断分析管网是否正常运行。当管网监测流量或压力超过预警阈值时,判定为管网漏损,发出报警。

用户可通过图层或者直接列表选择的方式设置管网爆管诊断的对象,进行管网运行爆管诊断。用户选择供水区域管网爆管诊断范围后,需要确定诊断类型。

1)基于管道属性的爆管风险预测诊断

当选择基于管道属性的风险预测时,系统自动从数据库获取管网属性数据,包括管网材质、管长、管径、管道压力、管龄、管道敷设时间、土壤腐蚀性及历史爆管记录,调用相关模型,计算得到不同时间尺度的管道爆管风险,并形成爆管风险预测诊断供用户决策。实现基于管道属性的风险预测方案的检索和维护。

2)基于流量压力的爆管风险预测诊断

当选择基于流量、压力等监测数据的实时爆管风险预测诊断时,系统收集范围内各监测点的实时和历史监测数据作为模型输入,选择相应模型,分析和判定不同层级管道(末梢、支管、干管)的状态,诊断管网是否发生爆管,给出判定结果,方便用户及时采取措施。实现基于监测数据的实时爆管风险预测诊断方案的检索和维护。

3)诊断结果展示

通过 GIS 地图和图表形式动态更新所选范围内供水管网及节点的实时运行状态及诊断结果,根据管网爆管的程度以不同颜色报警展示。系统提供“一键式”服务,用户选择供水范围,点击诊断结果按钮后,范围内管网运行诊断结果即在农村供水一张图上显示,当出现爆管时,系统通过闪烁、高亮等方式标注出相应异常节点和管段,并根据模型计算结果提示爆管点位。

(2)管网爆管处置

利用爆管分析模型,查找爆管点上游或下游最近阀门位置,根据管道流向指示,迅速找到上游中需要关闭的最邻近且最少数量的阀门。关闭这些阀门后,爆裂管段与它的上游不再连通,从而阻止水的流出,防止灾情加重和资源浪费。

1)阀门关闭策略

当爆管发生时,首先选择爆管事件,应用管网爆管处理模型,根据管网的拓扑结构、各节点的流量和压力数据、用户的用水量等信息,计算对于整个供水系统影响和损失最小的爆管的阀门关闭策略,生成阀门关闭方案,并通过 GIS 地图和图表的方式在地图上展示,包括阀门关闭的位置和顺序。

2)关阀结果分析

当爆管发生时,首先选择爆管事件,根据爆管点地理位置和管网的拓扑结构,通过模型计算爆管和关阀影响的区域和用户范围，生成关阀结果分析报告，作为爆管处置的结果保存到数据库，并支持通过 GIS 地图的方式在地图上绘制出相应区域。

6.1.2.3 水损分析

基于水损分析模型，运用管网的流量监测数据和管网拓扑结构进行管网水损分析计算，支持干管、分干管至入户末端整体区间的分级分区水损分析，当管网水损计算结果超过预警阈值时发出预警，并给出供水损失范围。

(1)DMA 分区管理

基于供水管网拓扑结构、综合管网流量与智能水表的流量监测，对整个供水管网进行多级别的分区划分。分区计量管理即对独立供水区域采用区域性计量管理，能有效量化漏损水量的区域分布，有针对性地开展漏损控制和管网系统压力控制管理。对供水管网进行 DMA 分区可在一定周期内发现漏损，以便及时查找并修复漏损点。相比传统的设备法，采用 DMA 管网漏损控制可以更快、更高效地找到漏损位置和原因，降低传统方法漏损检测的工作量和管理成本。

(2)管网漏损分析

用户可通过图层或者直接列表选择的方式设置管网漏损分析的对象，设置漏损分析时间范围，选择漏损分析方法，包括最小夜间流量分析、历史用水对比分析、水量平衡分析。根据用户选择的不同分析方法，调用相关模型，收集范围内各监测点的实时和历史监测数据作为模型输入，分析该时段内各级管网的供水漏损，生成不同模型计算后的漏损分析报告，实现最小夜间流量分析、历史用水对比分析、水量平衡漏损分析报告。支持历史漏损数据的查询和对比。

(3)分析结果展示

通过 GIS 地图和图表形式动态更新所选范围内供水管网及节点的实时水量漏损结果，根据管网漏损的程度以不同颜色报警展示。系统提供"一键式"服务，用户选择供水范围，点击分析结果按钮后，范围内管网水损分析结果即在农村供水一张图上显示。当出现漏损时，系统通过闪烁、高亮等方式标注出相应异常节点和管段，根据模型计算结果提示漏损点位，并绘制供水损失范围。

6.1.3 工程运维

建设农村供水工程运维管理系统，使其具备工程信息管理、运维模板管理、工程巡检、维修管理、养护管理等功能(表 6-3)。

表 6-3　　农村供水工程运维管理功能指标

序号	模块	功能需求
1	工程信息管理	建立各类供水工程电子档案，实现各类工程的基本信息、业务信息、机电设备信息、负责人员信息以及现场照片的管理
2	运维模板管理	实现各类型运维模板的新增、删除、修改，支持按类型、名称等条件的运维模板检索查询
3	工程巡检	工程巡检是基层工作人员按照工程建筑物日常巡检规范进行巡查，如发现问题及时进行问题上报，并且能完成工程检查结果的上报和审批功能，实现片区智慧农村供水工程维护的电子化和信息化管理
4	维修管理	支持对工程进行的维修维护任务进行跟踪记录，并把维修的结果生成报告反馈给审核人员，对维修结果进行审核
5	养护管理	系统支持对工程进行保养护理的任务进行跟踪记录，可针对不同的养护对象制定不同的养护方案，并支持用户根据不同的工程和情况选择不同的方案，辅助运维人员进行养护工作

6.1.3.1　工程信息管理

建立各类供水工程电子档案，包括水厂、清水池、测控井、水表等工程，实现各类工程的基本信息、业务信息、机电设备信息、负责人员信息以及现场照片的管理，便于工程档案的查询和使用。

(1)工程基本信息管理

工程基本信息管理功能用于对水源地、水厂、泵站、蓄水池、入户水表等供水工程进行分类管理，维护其工程属性信息，包括工程编号、工程类型、工程名称、工程位置、工程建设时间、归属地、供水范围等。实现各类水利工程对象的信息维护，为监测站点配置、监测数据展示、供水一张图等功能提供基础的供水工程对象信息支撑(图 6-10)。

图 6-10　水厂信息配置

（2）工程业务信息管理

工程业务信息管理用于对水厂、蓄水池、测控井、泵站、入户水表等各类工程的业务信息进行管理，包括工程的编号、工程运行时间、运行状态、机组数量、机组容量、水池容积、设计高程、上级水源、下级水源、管道材质、管道口径、管道压力等级、建设时间、管理人员等业务信息。

（3）机电设备信息管理

机电设备信息管理用于对水厂、蓄水池、测控井、泵站、入户水表等各类工程配套的机电设备信息进行管理，包括工程编号、设备编号、设备名称、序列号、通道数、网络地址、设备厂家、设备型号等信息。

（4）人员信息管理

人员信息管理功能用于对各类工程的管理人员的信息进行管理，包括总负责人姓名及联系电话、现场负责人姓名及联系电话、运维监管人姓名及联系电话、运维负责人姓名及联系电话等。

6.1.3.2 运维模板管理

制定和管理运维模板，确定各类型智慧农村供水工程运维的标准规范和统一流程，包括水厂、泵站、蓄水池、供水管道、水表等工程的巡检、维修、养护等运维事项。实现各类型运维模板的新增、删除、修改，支持按类型、名称等条件的运维模板检索查询。

6.1.3.3 工程巡检

（1）运维模板管理

制定和管理运维模板，确定各类型智慧农村供水工程运维的标准规范和统一流程，包括水厂、泵站、蓄水池、供水管道、水表等工程的巡检、维修、养护等运维事项（图 6-11）。

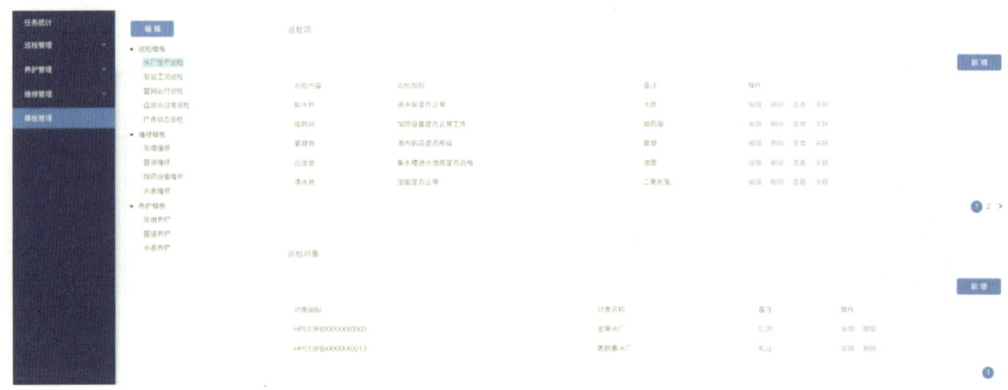

图 6-11　运维模板管理

1)巡检模板管理

制定和管理巡检模板,确定各类型智慧农村供水工程巡检的标准规范和统一流程,包括水厂、泵站、蓄水池、供水管道、水表等工程的巡检频率、巡检事项、巡检步骤、巡检内容等。

2)维修模板管理

根据不同工程对象制定和管理不同的维修方案,包括水厂、泵站、蓄水池、供水管道、水表等工程的维修内容、维修范围、责任人等。

3)养护模板管理

根据不同工程对象制定和管理不同的养护方案,包括工程养护内容、范围、养护材料、责任人等。

(2)巡检管理

工作人员按照供水工程日常巡检规范进行巡查,如发现问题及时进行上报,上报数据格式可支持文字、图片。根据农村供水工程各类建筑物、管网和自动化设备的巡检情况与检查结果,建立工程维护信息表,包括巡检时间、巡检负责人、巡检建筑或设备名称、检查结果、发现问题等内容,并且能完成工程检查结果的上报和审批功能,实现智慧农村供水工程维护的电子化和信息化管理。

系统可支持巡检人员按照系统派发的巡检计划和要求进行巡检,当巡检人员打开移动端程序时,移动端程序自动记录其行动轨迹和时间坐标等,并上传后台;当巡检员进入站区巡检区域后,可按照预定制模板中的系统提示逐步完成相应的巡检步骤,通过拍照、语音记录、打字记录巡检过程。巡检完成时,系统自动生成巡检报表并记录到系统中。巡检人员也可利用 Web 端进行巡检过程录入。

1)巡检排班

制定和管理巡检排班计划,按照月份确定每天的巡检地点、巡检对象、巡检人员、巡检时间计划。

2)巡检任务管理

可根据日常巡检排班计划自动生成巡检任务,也支持管理人员手动添加临时巡检任务。根据巡检对象挑选巡检模板、确定巡检时间、生成巡检任务(图 6-12)。

3)巡检过程管理

①巡检任务派发:制定巡检任务后,管理人员将任务派发至各巡检人员,通过移动端接收巡检任务。

②任务执行跟踪:以进度条的形式反馈巡检任务的执行进度情况,并通过巡检人的移动设备反馈巡检位置和路径。

③巡检反馈与审核:巡检人通过移动端反馈巡检信息,包括图片、语音、文字等。管理人员可通过 PC 端和移动端查看巡检反馈的信息,并对巡检反馈信息进行审核。系统保存审核通过后的巡检记录,支持巡检全过程记录的查询和展示。

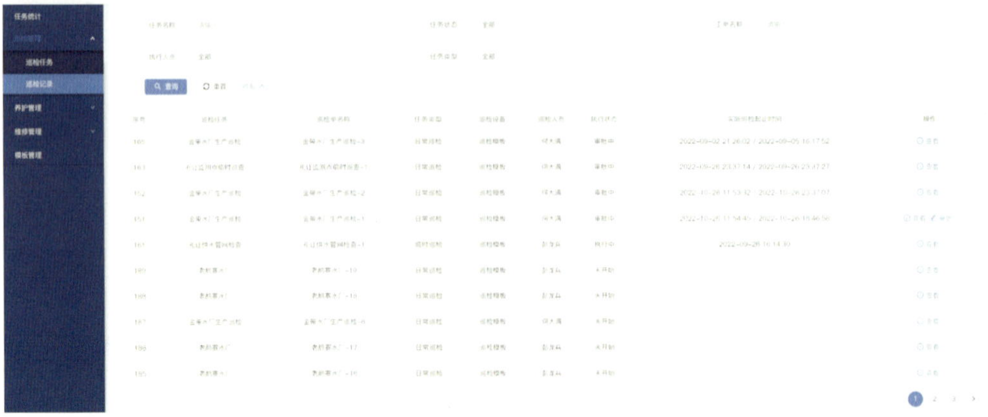

图 6-12 巡检任务管理

6.1.3.4 维修管理

系统支持对工程进行维修维护的任务进行跟踪记录,可针对不同的维修对象制定不同的维修方案,并支持用户根据不同的工程和情况选择不同的方案,辅助维修人员进行维修维护工作。支持对维修过程通过文字和照片等方式进行记录,并把维修的结果生成报告反馈给审核人员,对维修结果进行审核。

(1)故障记录管理

根据不同来源的故障报警,生成和管理故障记录单,包括系统自动报警、巡检发现异常、电话上报、微信上报等记录单。

(2)维修任务管理

根据工程故障记录单,制定和管理维修任务,选择维修方案,确定维修内容、范围、维修时间等。

(3)维修过程管理

1)维修任务派发

制定维修任务后,管理人员将任务派发至各维修人员,通过移动端接收维修任务。

2)维修任务执行

维修人员接收到上级派发的维修任务,启动该任务进入执行阶段。执行过程中以进度条的形式反馈维修任务的执行进度情况,并通过维修人的移动设备反馈维修位置和维修情况。

3)维修反馈与审核

维修人通过移动端反馈维修过程记录信息,包括维修前后现场图片、文字等。管理人员可通过 PC 端和移动端查看维修任务结果反馈的信息。并对维修反馈结果进行审核。系统保存审核通过之后的维修记录,支持维修全过程记录的查询和展示。

6.1.3.5 养护管理

系统支持对工程进行保养护理的任务进行跟踪记录，可对不同的养护对象制定不同的养护方案，并支持用户根据不同的工程和情况选择不同的方案，辅助运维人员进行养护工作，支持对养护的过程通过文字和照片等方式进行记录，并把养护记录生成报告反馈给审核人员，对养护过程进行审核。

(1)养护任务管理

根据不同工程的养护周期制定和管理养护任务，选择养护方案，确定养护内容、范围、养护时间、养护材料、执行人等。

(2)养护过程管理

1)养护任务派发

制定养护任务后，管理人员将任务派发至各养护人员，通过移动端接收养护任务。

2)养护任务执行

以进度条的形式反馈养护任务的执行进度情况，并通过养护人的移动设备反馈养护位置和养护情况。

3)养护反馈与审核

养护人通过移动端反馈养护过程记录信息，包括养护前后现场图片、文字等。管理人员可通过 PC 端和移动端查看养护任务结果反馈的信息，对养护反馈结果进行审核。系统保存审核通过后的养护记录，支持养护全过程记录的查询和展示。

6.1.3.6 统计分析

实现巡检、维修、养护等各类型运维任务执行情况与运维结果的统计和分析，支持时间范围、任务类型等不同统计条件，包括任务执行情况统计、正常/异常情况统计、设备故障情况统计、故障类型统计、来源情况统计、运维负荷表统计等(图 6-13)。

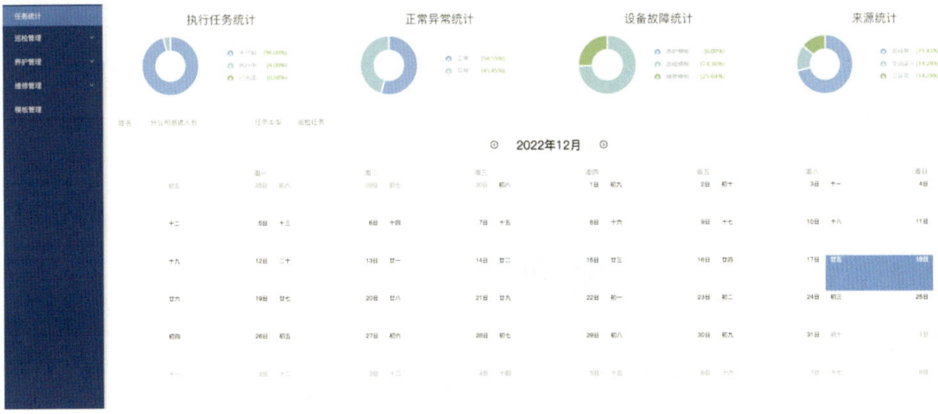

图 6-13 工程运维统计分析

6.1.4 水费计收

水费计收管理系统实现全区域用户信息、用水量、缴费情况管理，提供信息查询服务，并能支持微信公众号、营业厅充值等多种缴费方式，能够统计分析用水量、用水异常情况、水费收缴情况等信息，方便业务人员把握水费计收具体形势，提高信息化管理水平(表 6-4)。

表 6-4　水费计收管理功能指标

序号	模块	功能需求
1	用户管理	管理用水户的基本信息、用水信息、缴费信息和新用户报装管理
2	水价管理	管理农村供水工程供水水价的定价标准和阶梯水价模型
3	抄表管理	针对人工抄表时不通过移动端进行信息录入，而通过纸质手册记录用水信息的情况，系统实现信息的在线管理功能
4	收费管理	收费管理负责对用水户的缴费情况进行逐笔记录。实现用水户的网上支付业务，提供微信公众号、营业厅充值等多种缴费方式，根据水费计算结果对用水户收取相应用水费，管理水费收缴信息
5	智能水表管理	配置自动欠费用户催缴规则，对欠费用户发送催收短信。设置水表控制规则，对欠费达到一定程度的用户实现关表停水。分析水表读数信息，发现用水异常后，分析原因发出提醒
6	统计分析	实现对用户用水情况、缴费情况和异常用水波动等信息的分析和统计

6.1.4.1 用户管理

(1)用户基本信息管理

管理用水户的基本信息，注册登记新用水户，包括用户编号、用户分类、住址、用水人数等。修改用水户的注册信息，包括用户编号、用户分类、住址、联系方式等信息。实现用户基本信息的删除，删除用水户注册信息记录。实现用户基本信息的查询和展示，支持通过用户编号、姓名、住址等条件进行模糊搜索。统计各类用户信息，包括选定区域和时间范围内新报装用户数，用水人数统计等(图 6-14)。

(2)新用户报装管理

管理新用户报装工单，包括用户编号、用户分类、所属区域、住址、联系方式、安装负责人、安装状态等，实现新用户报装工单的新增、删除、修改，支持根据编号、姓名、电话等进行报装工单检索查询。将报装工单派发至各安装负责人员，通过移动端接收安装任务。查询新用户安装进度情况，支持按编号、姓名、电话等条件查询。

图 6-14 用户管理

(3)个人用水管理

实现用户用水信息的管理和查询,包括用水类型、缴费记录、用水账单、用水分析等功能点。实现用户缴费情况的查询和管理,根据用户编号、时间范围等条件查询和分析用户缴费记录,包括现状查询和历史记录查询等功能点。根据用户编号、姓名等条件查询用户缴费状态信息,包括本期应缴水费、实缴水费、账户余额和欠费状态等。根据时间范围条件查询用户历史缴费记录,统计和分析其水费欠缴历史。生成用户年度用水账单,统计和展示内容包括每月用户的水表上期读数、水表本期读数、本期用水、对应阶梯水价、本期水费、本期缴费,支持用水账单的导出。支持根据用户编号等条件查询和分析用户用水量,提供日用水详情、累计用水、平均用水统计及各月用水量同比分析。

6.1.4.2 水价管理

供水水价计收标准按照物价局相关规定,实现对水费进行定价管理。供水价格按照“补偿成本、合理收益、节约用水、公平负担”的原则合理确定。

实现供水水价的制定和管理,提供水价相关政策和法规依据的管理和维护,为管理人员和社会公众提供水费定价标准的管理和查询功能(图 6-15)。

分公司：全部　居民类型：全部　用水类型：全部　查询　重置

新增　导出

名称	分公司	居民类型	用水类型	是否开启阶梯水价	基础单价（元/m^3）	是否开启基本方	基本方（m^3）	备注	操作
礼让城镇用水2.90	礼让供水服务部	城镇居民	城镇用水	否	2.9	否	0		详情
礼让农村用水2.9	礼让供水服务部	农村居民	农村用水	否	2.9	否	0		详情
河川农村用水	礼让供水服务部	农村居民	河川农村用水	否	3.9	否	0		详情
城镇用水2.55	仁贤供水服务部	城镇居民	城镇用水	否	2.55	否	0		详情
农村用水2.55	仁贤供水服务部	农村居民	农村用水	否	2.55	否	0		详情
虎城城镇用水3.20	虎城供水服务部	城镇居民	虎城城镇用水	否	3.2	否	0		详情
虎城农村用水3.20	虎城供水服务部	农村居民	虎城农村用水	否	3.2	否	0		详情
礼让城镇用水2.90	虎城供水服务部	城镇居民	礼让城镇用水	否	2.9	否	0		详情
礼让农村用水2.9	虎城供水服务部	农村居民	礼让农村用水	否	2.9	否	0		详情
城镇用水2.55	云龙供水服务部	城镇居民	城镇用水	否	2.55	否	0		详情

图 6-15　水价管理

（1）供水水价管理

制定和管理农村供水水价，包括不同用水类型的不同阶梯用水量和水价。录入水价信息，包括用水类型、阶梯用水量、计费水价等，实现各类水价信息的维护。

（2）定价政策法规管理

管理和维护水价相关政策和法规依据，为管理人员和社会公众提供水费定价标准的管理和查询功能。录入水价定价相关政策和法规依据信息，包括物价局相关规定、规章制度等，实现定价政策法规维护。

6.1.4.3　抄表管理

（1）用水计量

用水计量功能主要针对在线监测的智能水表和抄表人员在移动端抄表获取的数据，包括用水数据采集、用水量管理、水费计算、用水记录保存等功能。

（2）抄表管理

抄表管理主要针对人工抄表时不通过移动端进行信息录入，而通过纸质手册记录用水信息的情况，系统实现信息的在线管理功能，包括抄表手册、人工抄表、水费核算、数据校核、抄表信息统计（图 6-16）。

6.1.4.4　水费管理

供水企业通过平台的水费管理模块完成供水服务范围内所有用水户的水费计量、水费收缴工作，并向缴费的用水户开具收费票据。同时，存储了所有用水户的历史用水、历史账单、历史缴费记录，为水费收缴形势分析提供数据支撑。

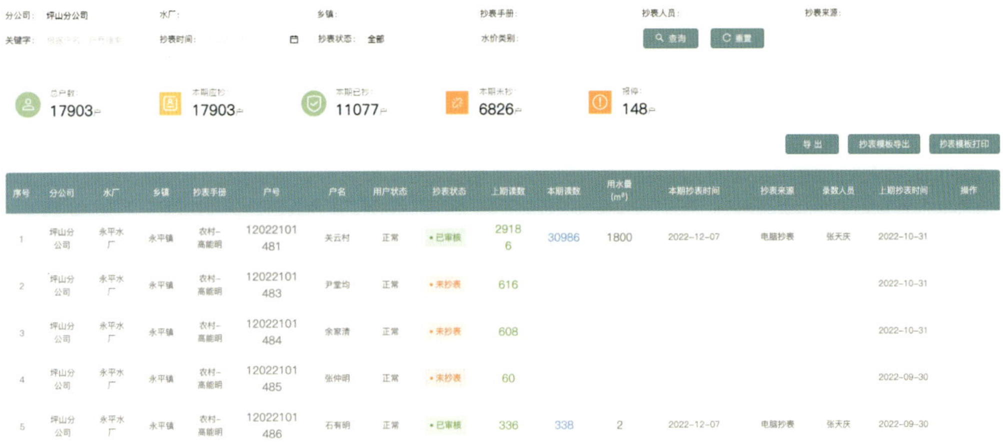

分公司：坪山分公司 水厂： 乡镇： 抄表手册： 抄表人员： 抄表来源：
关键字： 抄表时间： 抄表状态：全部 水价类别： 查询 重置

总户数：17903户 本期应抄：17903户 本期已抄：11077户 本期未抄：6826户 报停：148户

导出 抄表模板导出 抄表模板打印

序号	分公司	水厂	乡镇	抄表手册	户号	户名	用户状态	抄表状态	上期读数	本期读数	用水量(m³)	本期抄表时间	抄表来源	录数人员	上期抄表时间	操作
1	坪山分公司	永平水厂	永平镇	农村-高能明	12022101481	关云村	正常	已审核	29186	30986	1800	2022-12-07	电脑抄表	张天庆	2022-10-31	
2	坪山分公司	永平水厂	永平镇	农村-高能明	12022101483	尹堂均	正常	未抄表	616						2022-10-31	
3	坪山分公司	永平水厂	永平镇	农村-高能明	12022101484	余家清	正常	未抄表	608						2022-10-31	
4	坪山分公司	永平水厂	永平镇	农村-高能明	12022101485	张仲明	正常	未抄表	60						2022-09-30	
5	坪山分公司	永平水厂	永平镇	农村-高能明	12022101486	石有明	正常	已审核	336	338	2	2022-12-07	电脑抄表	张天庆	2022-09-30	

图 6-16 抄表管理

(1)水费计量

在进行收费操作前必须有计费信息，计算依赖于用水计量。管理员通过智能水表进行远程用水数据采集，或者通过人工抄表的手段获取机械水表读数，从而获取各用水户的具体用水记录，实现用水远程计量。对采集到的用户用水数据进行分析和计量，得到用户本期用水量信息。水费计算根据用水户用水记录和水价实现用水收费计算，并自动折算水费。系统保存所有用水和计费信息的完整历史记录，保证计费过程的可跟踪性。

(2)水费收缴

收费管理负责对用水户的缴费情况进行逐笔记录。实现用水户的网上支付业务，提供微信公众号、营业厅充值等多种缴费方式，根据水费计算结果对用水户收取相应用水费、管理水费收缴信息和发送缴费成功提示(图 6-17)。

(3)开票管理

系统提供用户缴纳水费开具发票记录的管理，记录发票代码、发票校验码、发票类型、开具人、水表号、用户姓名、开票金额等信息。

6.1.4.5 智能水表管理

配置自动欠费用户催缴规则，对欠费用户发送催缴短信。设置水表控制规则，对欠费达到一定限度的用户实现关表停水。分析水表读数信息，发现用水异常后，分析原因并发出提醒(图 6-18)。

图 6-17　水费管理

图 6-18　智能水表管理

(1)自动催缴配置

配置欠费用户自动催缴规则，确定催缴短信内容、催缴频率等，对欠费用户发送催缴短信。

(2)控制规则管理

设置水表控制规则，确定关表范围、欠费允许范围，对欠费达到一定限值的用户实现关表停水。

(3)读数异常管理

分析水表读数信息，对比本期用水与历史用水数据。发现用水异常后，分析原因并发出提醒。

6.1.4.6 统计分析

实现对用户用水情况、缴费情况等信息的分析和统计。主要包括用水缴费关键指标、区域用水缴费统计、各行业用水缴费情况统计、用户缴费情况统计。

(1)数据统计

系统提供用水量、缴费情况查询统计功能,并以饼图、柱状图、线形图等多种形式展示统计结果。展示用水缴费关键指标,包括历史用水总量、历史缴费总量、本年度用水量、本年度已收水费、用水户总数、欠费用户总数等。统计分析全县、各片区、各乡镇的用水量。统计分析用户缴费情况,包括城镇和农村的水费收缴率、水费收缴数、欠缴数、欠费用户数,缴费同比/环比分析等。统计分析各行业用水及缴费情况,包括企业、居民、事业单位、学校等不同行业类型的用水量、缴费情况、欠费情况等。

(2)结果展示

通过柱图、饼图、线形图和报表等方式展现查询统计结果,并提供表格导出、打印等多种结果输出方式。

6.1.5 生产运营

基于供水企业下属厂站分公司的生产经营数据进行统计分析(表6-5),用于辅助用户进行生产经营决策。针对不同层级用户的关注重点分别进行数据统计分析,为不同层级的用户提供有效的信息。

表6-5　　生产运营功能指标

序号	模块	功能需求
1	统计指标	统计指标涵盖了企业是生产经营的全方面内容,包括生产、经营、监管3个部分
2	统计报表	针对日常生产经营管理中涉及的各类型报表进行按时间维度、用户层级进行定期生成
3	数据填报	对于生产运营管理所必须的数据,无法通过平台自动同步的数据,采用数据填报的方式获取

6.1.5.1 统计指标

根据供水企业的组织架构,设置了企业管理层、分公司管理层、水厂层3个层级,各个层级自下而上进行数据汇聚。统计指标涵盖了企业生产经营的各方面内容,包括生产、经营、监管3个部分。

(1)生产

从时间维度、用户层级方面将供水企业取水量指标、供水量指标、电耗指标、药耗指标进

行综合性展示，展示方式包括数据、图表、同比变化、环比变化、各类计划完成率、大幅变动原因分析，得出取水成本、供水成本、低成本水厂、低成本分公司生产考核指标。

(2)经营

从时间维度、用户层级方面将供水企业售水量指标、收费指标、工程收入指标进行综合性展示，展示方式包括数据、图表、同比变化、环比变化、各类计划完成率、大幅变动原因分析。其中售水指标包括售水量、未计量水量、免费供水量、漏损水量，得到企业供水产销差率、管网漏损率经营考核指标(图 6-19)。

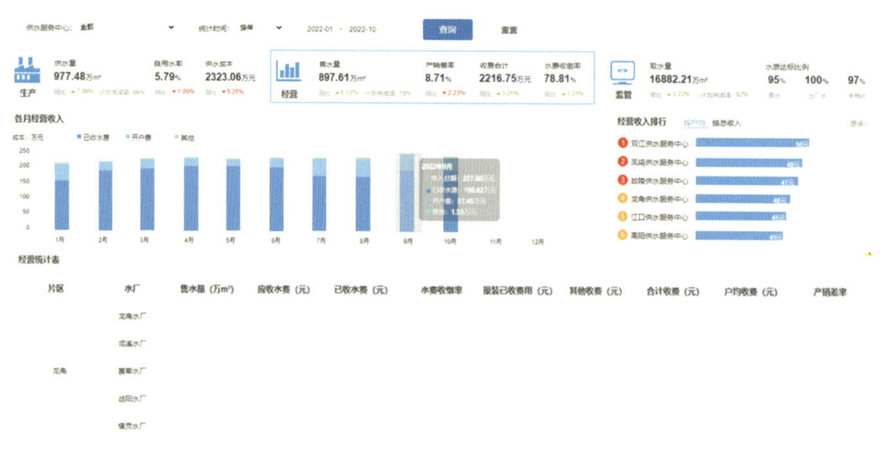

图 6-19　统计指标

(3)监管

从时间维度、用户层级方面将供水企业水资源指标、水质指标进行综合性展示，展示方式包括数据、图表、同比变化、环比变化、各类计划完成率、大幅变动原因分析。其中水资源指标包括当前取水量、计划取水量、超计划取水，水质指标包括不合格指标及数据、水源水达标比例、出厂水达标比例、末梢水达标比例，得到企业水资源监管、水质监管考核指标。

6.1.5.2　统计报表

从时间维度、用户层级方面将供水企业日常生产经营中涉及的各类统计报表直接从平台抽取生成。

(1)供水统计报表

以水厂取水流量计、供水流量计为数据源，上报各个月度的取供水量数据，汇总形成供水统计报表。

(2)供水成本明细表

以消毒剂、絮凝剂物资管理台账为数据源、以月度各地电表抄录数据为数据源，上报各个月度的供水成本，汇总形成供水成本明细表。

(3)收入支出明细表

以水费计收收费数据、工程收入数据、各类财务支出为数据源，上报各个月度的收入支出数据，汇总形成收入支出明细表。

(4)水质统计报表

以日常各类检测数据为数据源，涵盖水源水、出厂水、末梢水检测，上报检测结果及不合格指标，汇总形成水质统计报表(图 6-20)。

年份：2022年10月　全部　服务中心：

宏源公司2022年10月取水量明细表

所属期	服务中心	水厂名称	计量设施名称	安装位置	数据状态	上期止数	本期止数	取水量 (m^3)	本期抄表时间	月总取水量 (m^3)	操作
2022年10月	龙角	龙角水厂	取水流量计1	水源水库取水口	待填报						
2022年10月	龙角	泥溪水厂	取水流量计1	水源水库取水口	待确认	347529	397354	49825	2022-11-01	49825	确认
2022年10月	龙角	[illegible]水厂	取水流量计1	水源水库取水口	已确认	294965	347529	52564	2022-11-01	52564	
2022年10月	龙角	岐阳水厂	取水流量计1	水源水库取水口	已确认	243771	294965	51194	2022-11-01	51194	
2022年10月	龙角	[illegible]水厂	取水流量计1	水源水库取水口	已确认	191765	243771	52006	2022--11-02	52006	
2022年10月	龙虹	龙虹水厂	取水流量计1	水源水库取水口	已确认	141067	191765	50698	2022--11-02	50698	
2022年10月	龙虹	清水乡云[illegible]水厂	取水流量计1	水源水库取水口	已确认	91262	141067	49805	2022-11-01	49805	
2022年10月	[illegible]	天[illegible]水厂	取水流量计1	水源水库取水口	已确认	41485	91262	49777	2022-11-01	49777	
2022年10月	[illegible]	青山水厂	取水流量计1	水源水库取水口	已确认	993700	41485	48489	2022-11-01	48489	
2022年10月	[illegible]	新阳水厂	取水流量计1	水源水库取水口	已确认	945700	993700	48000	2022-11-01	48000	

1 2 3 4 5 … 165　10条/页　跳至　页

图 6-20　统计报表

6.1.5.3　数据填报

对于生产运营管理所必须的数据，若无法通过平台自动同步数据，采用数据填报的方式获取(图 6-21)。

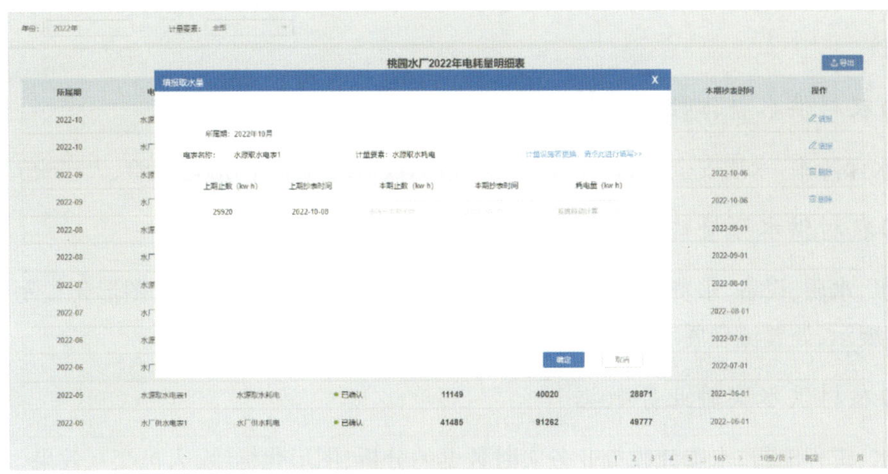

图 6-21　数据填报

6.2 综合监管

6.2.1 供水一张图

建设智慧供水专题一张图，实现全区水源地、水厂、高位水池、调节池、供水管网、入户等对象的信息综合展示(表6-6)。

表6-6 智慧供水专题一张图功能指标

序号	模块	功能需求
1	整体形势展示	展现用户关心的相应关键指标数据、预警告警信息、实时业务数据等
2	供水管网管理	供水管道的基础信息管理，包括管网静态参数信息以及动态监测数据的展现
3	工程供水专题	可以通过在电子地图上点击或利用图形框选，查询相应范围内工程的供水信息，并汇总得到工程供水形势解析表
4	工程运行专题	可以通过在电子地图上点击或利用图形框选，查询相应范围内工程的运行信息，并汇总得到工程运行形势解析表
5	水费收缴专题	可以通过在电子地图上点击或利用图形框选，查询相应范围内工程的水费收缴信息，并汇总得到水费收缴形势解析表
6	公众用水反馈专题	可以通过在电子地图上点击或利用图形框选，查询相应范围内农村供水工程的水费收缴信息，并汇总得到水费收缴形势解析表
7	管网诊断专题	基于一张图，结合地理位置信息、管网位置信息、管网运行监测信息以及管网分析结果，提供直观的管网运行状态

6.2.1.1 整体形势展示

按照登录用户的不同角色和权限，在自动生成的交互电子地图上，展现用户关心的相应关键指标数据、预警告警信息、实时业务数据等，向用户直观展示智慧农村供水的整体形势(图6-22)。

(1)农村供水整体性关键指标数据

供水保障率、水质安全、水费计收等关键指标数据的分析、图形化标绘、人机交互效果。

(2)农村供水预警告警信息

供水、水质、设备、水费计收等预警告警信息的综合分析、位置标绘、图形化提示、滚动提示、详情展示、处置流程展示、人机交互效果。

(3)农村供水实时业务数据

供水、工程运行、水费计收等业务实时数据的分析、图形化标绘、人机交互效果。

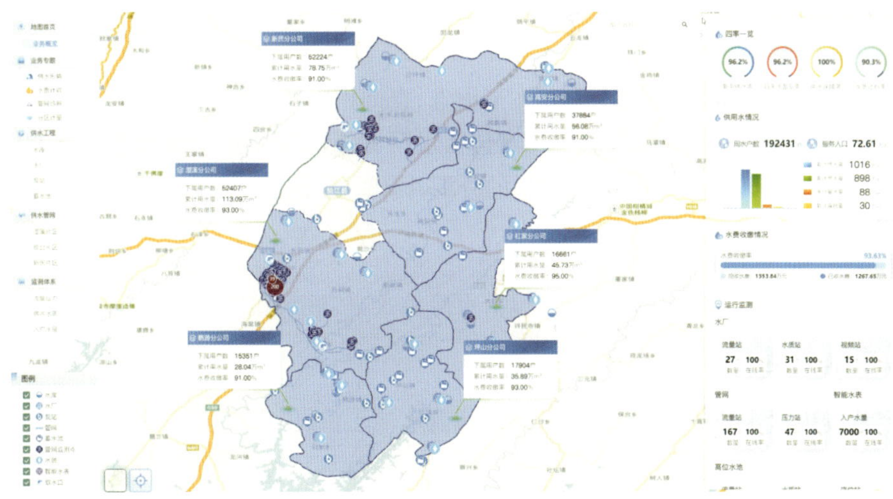

图 6-22 整体形势展示

6.2.1.2 供水管网管理

供水管道的基础信息管理,包括管道的长度、直径、材质、埋深等静态参数信息以及管网动态监测数据的展现。

6.2.1.3 工程供水专题

可以通过在电子地图上查询和解析各个乡镇的工程供水水量、供水保障率、供水人口等信息(图 6-23)。支持柱状图、饼图、报表等多种清晰直观的表达方式。

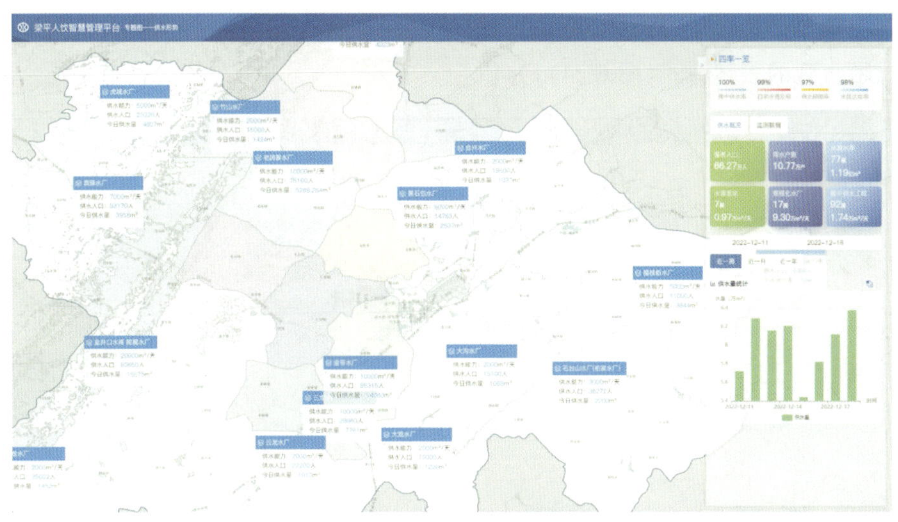

图 6-23 供水形势专题

选择片区、乡镇或村落,统计和解析选定范围内供水水量、供水人口及供水保障率,含不同时段(年、月、日、小时)的分析,提供柱状图、饼图、报表等多种展示方式。

6.2.1.4 工程运行专题

可以通过在电子地图上点击或利用图形框选，查询相应范围内工程的运行信息，并汇总得到工程运行形势解析表，查询和解析的内容包括水厂、管网、清水池、分水井等工程的运行状态和形势，支持含不同时段（年、月、日、小时）的分析，提供柱状图、饼图、报表等多种展示方式。

（1）水厂运行形势解析

选定范围内水厂的运行形势解析，包括水厂供水量、进水和出水水质、设备运行状态等。

（2）清水池运行形势解析

选定范围内清水池的运行形势解析，包括清水池水位、出水流量、设备信号与电量等。

（3）管网运行形势解析

选定范围内供水管网的运行形势解析，包括管道流量、压力、阀门状态、设备信号与电量等。

（4）入户计量运行形势解析

选定范围内入户水表的运行形势解析，包括用水量、欠费状态、设备信号与电量等。

6.2.1.5 水费收缴专题

可以通过在电子地图上查询相应范围内工程的水费收缴信息，并汇总得到水费收缴形势解析表，查询和解析的内容包括各个片区工程的供水量、供水水价、应收水费、实收水费、水费收缴率等信息。水费收缴形势解析功能既可查看单个区域的水费收缴信息，也能统计整个智慧农村供水工程的水费收缴情况，实现对农村供水工程水费收缴形势的整体把控，并可以在下拉菜单中选择年、月、日等不同时段的水费收缴查询条件，支持柱状图、饼图、报表等多种清晰直观的表达方式（图 6-24）。

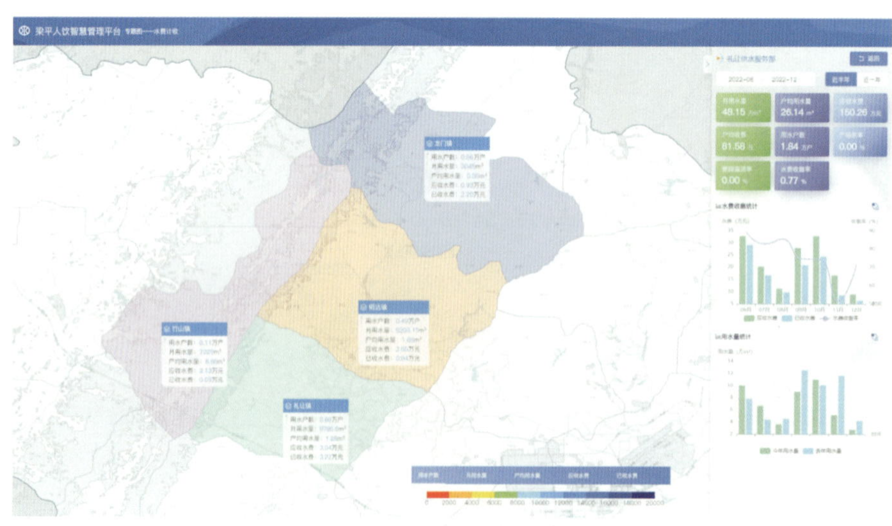

图 6-24 水费收缴专题图

6.2.1.6 公众用水反馈专题

(1)用水问题

基于地图的用水问题报修和展示。

(2)用户满意度

基于地图的用户满意度调查,提供柱状图、饼图、报表等多种展示方式。

6.2.1.7 管网诊断专题

基于一张图,结合地理位置信息、管网位置信息、管网运行监测信息以及管网分析结果,将直观的管网运行状态显示在地图之上,既能一目了然地掌握管网的实时运行情况,又能从空间维度智能检索和查询管网相关的信息详情(图 6-25)。

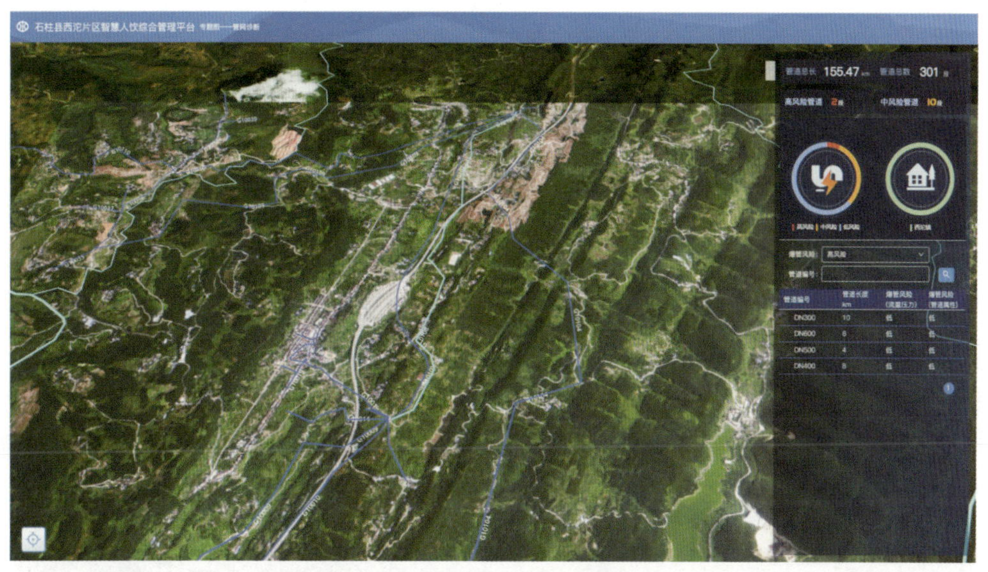

图 6-25 管网诊断专题

(1)水损分析结果展示

结合一张图,对水损的分析结果进行直观详细地展示。可以通过在电子地图上点击或利用图形框选,查询相应范围内供水管网的水损分析结果,分析和展示的内容包括异常的流量和压力数据,各管段的爆管风险、可能发生爆管的区域、爆管的位置点等信息。爆管分析结果展示功能可以通过年、月、日等不同时段的条件查询管网历史爆管记录,支持柱状图、饼图、报表等多种清晰直观的表达方式。

(2)爆管处理策略展示

结合一张图,对爆管的处理策略进行直观详细地展示。根据供水管网的爆管分析结果,展示相应的爆管处理策略。分析和展示的内容包括阀门关闭位置,管道维修线路等信息,方便运维人员进行排查维修。爆管处理策略展示功能可以通过年、月、日等不同时段或不同区域的查询条件,查询管网爆管的处理方案。

6.2.2 LED 大屏

基于物理大屏,建设智慧供水专题大屏,实现全区水源地、水厂、高位水池、调节池、供水管网、入户等对象基于大屏的分析展示(表 6-7)。

表 6-7　智慧供水专题大屏功能指标

序号	模块	功能需求
1	地图展示	基于地图实现水利工程对象和关键数据的分析展示
2	数字孪生水厂	基于高性能三维引擎构建数字孪生水厂
2	水厂运行情况分析	基于大屏实现水厂自动化运行、进出水流量等情况的分析展示
3	水质情况分析	基于大屏实现水厂水质情况的分析展示
4	管网漏损情况分析	结合地理位置信息、管网位置信息、管网运行监测信息以及管网分析结果,实现数据的分析展示
5	水费收缴分析	基于大屏实现各水厂、片区水费收缴情况的分析展示

利用大数据可视化方式,基于 LED 物理大屏,将各业务系统中辅助决策支持的关键指标抽离出单独的业务应用,并在大屏进行聚合展示,支撑领导决策、工作调度、会商研判等场景的需要。

系统为各级领导和用户展示农村供水水厂运行、管网漏损、水质达标、水费收缴等 KPI 统计信息。

图 6-26　LED 大屏

6.2.2.1 地图展示

通过地图,展示智慧农村供水的主要动态情况。

6.2.2.2 数字孪生水厂

对水厂的构筑物、生产设备、管路系统、监测设备等进行超精细三维数字化复原，利用高性能 3D 渲染引擎系统实现水厂三维数字孪生，构建一个和现实水厂虚实映射的数字水厂，并对接生产业务数据、水质监测数据和物联感知数据等多维实时动态数据，使数字水厂里的设备情况、生产情况、水质情况完全与现实水厂同步(图 6-27)。

图 6-27 数字孪生水厂

6.2.2.3 水厂运行情况分析

系统通过统计图表方式，统计各水厂的运行状况，包括水厂进出水量、水厂运行时间、设备运行状态等。

6.2.2.4 水质情况分析

系统通过统计图表方式，统计各水厂的水质情况，通过对比分析水厂进水水质、出水水质，为分析决策提供支撑。

6.2.2.5 管网漏损情况分析

部分水厂范围内建设了输配水管网重要节点的流量、压力监测设备。

系统通过统计图表方式，分析输配水管网漏损情况。通过分析上下游节点的流量和压力变化情况，系统提供分片区的管网漏损率的统计分析功能。

6.2.2.6 水费收缴分析

部分水厂范围内实现了物联网水表的更换，可实现远程抄表和移动端缴费。

系统通过统计图表方式，按照行政区划、水厂范围等条件，实现水费收缴率、应收水费、实际收缴水费等数据的统计分析。

6.2.3 农村供水信息门户

建设农村供水信息门户，按照水利局领导、农村饮水协会、供水企业、社会公众等不同层级用户的定制化门户，实现一站式工作管理。

汇聚整合农村供水的各类信息建设供水信息门户，将农村供水工程运行、设备运行状态等实时监测数据和各项重要指标统计等信息按照各级权限集中展示给不同层级的管理人员，形成管理门户；为社会公众聚合重要新闻事件、政务公开、水费缴纳、通知公告等相关信息，形成公众门户；并为各个业务系统聚合相关专题信息，形成业务门户（表 6-8）。

表 6-8　　农村供水信息门户功能指标

序号	模块	功能需求
1	管理门户	集中展示智慧农村供水实时预警信息、各项重要指标统计。在同一页面进行定制化展示，方便用户快速定位功能和查询数据，提高业务处理效率
2	业务门户	按业务类型划分，智慧农村供水专题门户涵盖供水自动化监控、工程运维管理、水费计收管理等业务专题门户
3	公众门户	对于各用水户、社会公众等外部用户，设置专门的公众门户，聚合与社会公众相关各类信息

6.2.3.1 管理门户

集中展示智慧农村供水实时预警信息、各项重要指标统计。在同一页面进行定制化展示，方便用户快速定位功能和查询数据，提高业务处理效率（图 6-28）。

（1）待办事项

集中展现登录用户当前需处理的工作事项，并可将待办事项通过短信、邮件等形式推送给用户，避免工作的遗漏。

（2）预警信息

将和登录用户相关的预警信息及时展现给用户，依据用户岗位及职责推送预警信息。

（3）公告信息

管理智慧农村供水业务相关公告信息，包括新闻动态、法律法规、规章制度、通知公告等，支持公告信息的新增、修改、删除和查询。并按用户角色和权限推送公告给相关用户。

（4）关键 KPI 展示

根据不同用户角色，聚合农村供水业务的关键 KPI，形成农村供水管理 KPI 页面。支持用户对所关注 KPI 的配置和修改，实现一人一页的业务管理门户，方便用户掌握农村供水工程运行和供水综合形势，提供用户决策支持。

图 6-28 管理门户

6.2.3.2 业务门户

按业务类型划分，智慧供水专题门户涵盖供水工程自动化监控、工程运维管理、水费计收管理等业务专题门户，聚合信息包括业务指标统计、业务待办、重点事件跟踪等（图 6-29）。

图 6-29 业务门户

(1)供水工程自动化监控门户

聚合供水工程自动化监控信息，包括农村供水工程总体情况概览、供水“四率”概览、工程运行情况统计、工程运行费用统计等。

(2)工程运维管理门户

聚合工程运维信息，包括报警工程地图位置标注、已建工程与设备统计、运维任务数量统计、重点工程列表等。

(3)水费计收管理门户

聚合水费计收管理信息，包括年度用水和缴费统计、当月用水与缴费对比、近 12 个月用水量同比/环比分析、近 12 个月收费同比/环比分析等。

6.2.3.3 公众门户

对于各用水户、社会公众等外部用户，在水利局网站上设置专门的公众专栏，聚合与社会公众相关的供水信息。

(1)新闻事件

聚合与管理农村供水相关的新闻事件，在公众门户呈现，包括新闻标题、发布人、发布时间、新闻来源、新闻链接等。

(2)便民政策

发布和管理面向公众的便民政策信息，包括便民政务、行政批文、节水知识、用水安全等。

6.3 移动应用

6.3.1 移动 App

智慧农村供水 App 实现农村供水业务信息化管理系统的全覆盖，集成各个业务科室的工作，提高工作效率，满足用户实时掌握整个农村供水的工程运行、供水用水、巡检维修等情况的需求，基于移动应用，实现基于手机端的信息综合查询、预警预报、远程控制以及移动巡检功能。

表 6-9 智慧农村供水 App 功能指标

序号	模块	功能需求
1	移动一张图	实现移动端农村供水一张图，在空间地理信息基础上展示重要指标和形势
2	实时监测	在移动设备上实现智慧农村供水工程自动化实时监控数据的检索查看
3	预警预报	在移动设备为用户推送相关的预警报警信息，并可查询历史报警信息
4	移动控制	在移动设备上实现控制水厂自动化设备、水泵机组、管道阀门、水表等工程设备的启停或开关
5	移动抄表	抄表员通过移动端录入水表读数，为系统水费计收提供用水量数据
6	巡检维修	基于移动端进行智慧农村供水工程的巡检和维修工作，巡检人员可通过手机移动端进行巡检信息的查询、录入与上报
7	人员管理	对现有在职人员的人事档案信息的在线查询

6.3.1.1 移动一张图

实现移动版的智慧农村供水一张图，在空间地理信息的基础上展示重要指标和整体形势。实现功能包括智慧农村供水展示、专题图层叠加、智慧农村供水整体形势展示。

基于 GIS 地图对农村供水全对象、全属性业务进行解析展示，可显示各地区用水户的农村供水全对象、全属性业务以及各地区用水户的关键指标数据、预警告警信息、实时业务数据等。

6.3.1.2 实时监测

在移动 App 上实现智慧农村供水工程自动化实时监控数据的检索查看。用户可通过移动端设备，随时随地查看水厂、泵站、清水池、测控井、入户水表等工程的实时运行状态，随时监控设备状态、管道压力、管道流量、入户水表状态、视频监控等信息，可根据工程名、区域、设备号等多种条件查询实时监测数据。

6.3.1.3 预警预报

基于物联网感知监测与模型分析，自动对异常情况进行预警报警。预警报警信息自动推送至移动 App。将水厂、泵站、管网等工程运行过程中产生的预警报警问题推送至相关运维管理人员，提醒运维管理人员第一时间进行处置。并可根据时间、工程、地区等查询条件查询相关历史预警报警信息。

(1)工程报警信息推送

在移动 App 上自动推送设备、管网、水质等问题预警至相关运维管理人员，并生成预警报警信息记录。

(2)历史报警信息查询

根据时间、工程、地区等查询条件查询相关历史预警报警信息。

6.3.1.4 移动控制

用户通过移动端在远程发送控制指令，将控制指令传输到物联网平台，然后传输给设备现地控制单元，实现控制水厂自动化设备、水泵机组、管道阀门、水表等工程设备的启停或开关，并将操作结果反馈给用户。系统自动记录移动控制过程，生成操作日志，支持操作日志的检索查询。

6.3.1.5 移动抄表

对于传统的机械水表，抄表员通过移动端录入水表读数，为系统水费计收提供数据。抄表员通过移动 App 录入当前水表读数，支持手动录入和拍照录入等方式。抄表员拍摄水表表盘照片并上传后，系统通过图像分析平台自动识别和提取当前水表读数，计算用户用水量，减少读取水表读数和填报的工作量。

6.3.1.6 巡检维修

基于移动端进行智慧农村供水工程的巡检和维修工作，巡检人员可通过手机移动端进行巡检信息的查询、录入与上报。实现移动端的维修维护任务录入执行功能，用户可根据任务信息进行维修工作，并记录维修过程数据以及维修前后现场图片，生成维修结果报告，实现维修结果报告的新增、删除、修改和查询，并可从移动端提交维修结果报告。

6.3.1.7 人员管理

基于移动端对现有在职人员的人事档案信息的在线查询，包括个人基本信息、所在部门、岗位级别、职称、办公室地址、手机号码、电子邮箱等档案信息。支持对员工动态信息的查询。

6.3.2 微信公众号

面向社会公众用户，开发微信公众号应用。实现政务公开、网上营业厅、公告信息、客户服务等功能。用水户在微信公众号上可以查询各自的用水情况、欠费情况，并可基于微信进行水费缴纳，为广大的用水户提供便捷的客户服务。

表 6-10　智慧农村供水微信公众号功能指标

序号	模块	功能需求
1	政务公开	公开供水用水相关的政策、水费计价标准等
2	网上营业厅	通过微信公众号提供网上营业厅服务，用水户可以在微信公众号上随时交费，并可以通过微信公众号随时查询得知用水量、应交水费、缴费记录、欠费金额等关注信息
3	公告信息	在微信公众号上公布停水通知、网点信息、供水资讯、重要新闻、便民政务等公告信息
4	客户服务	通过微信公众号向用水户提供报装、报修、留言、问题反馈等客户服务

6.3.2.1 政务公开

在微信公众号上呈现水费计收标准、水费计算标准等有关用水、收费等政策性文件，用户可以随意查阅。

6.3.2.2 网上营业厅

通过微信公众号提供网上营业厅服务，用水户可以在微信公众号上随时交费和查询得知用水量、应交水费、缴费记录、欠费金额等用水户非常关注的信息。提供水费计收记录的查询统计功能，并可通过柱图、线形图等图形方式展现统计结果。提供实时、按月、按季度及年底水量、水费账目查询。包括用户绑定、我的账单、充值缴费、用水分析功能。

(1)用户绑定

用户通过输入水表编号将微信号与用水户(水表)绑定，并且可以绑定多个用水户。绑定用水户后，才能实现网上充值与信息查询功能。

(2)我的账单

提供用户用水账单，统计和展示内容包括每月用户的水表上期读数、水表本期读数、本期用水、对应阶梯水价、本期水费、本期缴费等。

(3)充值缴费

用水户可以通过微信公众号实现手机缴纳水费,支持微信支付方式,支付成功后反馈缴费成功消息。系统生成相应水费缴纳记录,支持缴费记录的查询展示。

(4)用水分析

用水户可以通过微信公众号随时查询用水情况,提供日用水详情、累计用水、平均用水统计及各月用水量同比分析。

6.3.2.3 公告信息

(1)停水公告

在微信公众号上公布停水信息,实时推送该停水通知,提醒用户提前准备。

1)停水信息发布

在有计划地进行供水管网铺装、维修,或者突发停水故障时,在PC端系统对停水信息进行管理和维护,实现停水信息的新增、修改、查询、删除,并可以将停水信息通过微信公众号发布。

2)停水信息推送

选取受影响的区域用户,精准地向其微信推送停水信息,提醒用户做好停水准备。

(2)网点查询

在微信公众号上提供营业厅网点地址与联系电话,方便用户获取供水公司营业厅网点信息,前往营业厅办理业务。

(3)供水资讯

在微信公众号上呈现供水相关资讯通知,包括水表防冻处理、节水知识、用水安全知识等,用户可以随意查阅。

(4)重要新闻

在微信公众号上发布供水工程建设、供水服务等相关新闻事件,用户可以随意查阅,了解本地供水服务最新发展情况。

6.3.2.4 客户服务

实现用户报装、问题报修、用户留言、用户反馈等功能。

(1)用户报装

用户通过微信公众号填写姓名、联系方式、地址等信息,提交报装申请,生成报装单。

(2)问题报修

用水过程中遇到入户水管破裂漏水问题、水质问题、水表计量问题等,可通过微信公众号填写姓名、联系方式、地址、水表编号、故障描述等,提交报修问题,生成系统故障记录单。供水公司通过系统接收到报修问题后,及时安排维修人员上门解决用户的用水问题。

(3)用户留言

用户通过微信公众号填写留言信息并上报系统,运维人员根据用户留言及时进行回访,了解用户所关心的问题,及时解答用户疑问,搭建供水管理单位、供水公司、用水户之间的交流沟通平台。

(4)用水反馈

提供用户对用水满意度的反馈功能,用户可对水质、水价、缴费方式、供水服务、用水过程中遇到的问题等进行反馈。

6.4 本章小结

本章完整地阐述了"互联网+农村供水"管控平台的业务系统应用,总体分为业务应用、综合监管、移动应用三大类别。业务应用包括在线监控、分析诊断、工程运维、水费计收、生产运营等业务子系统。综合监管包括供水一张图、LED大屏、农村供水信息门户等业务子系统。移动应用包括移动App、微信公众号等子系统。

基于物联网测控体系,建设智慧化的供水管控平台,挖掘监测数据内涵,保证物联网测控体系能力充分发挥。供水管控平台围绕农村供水运维实际需求,实现供水自动化监控管理、水费计收、工程管理、用水管理等全过程管控。将监测数据和业务信息与电子地图结合,直观展示农村供水、工程运行、收费反馈等形势,形成农村供水一张图;引入数字孪生的理念,打造超精细的数字孪生水厂,利用大数据可视化方式,抽取各业务系统关键指标构建智慧供水LED大屏;聚合各类信息,建设按不同层级用户分别展示的农村供水信息门户;通过移动App和微信公众号等移动应用,实现农村供水智慧移动管理的全覆盖。该方案能够提高供水保障率,保障广大城乡人民饮水安全;提高水资源利用率,缓解饮水供需矛盾;提高水务行政管理效率,降低管理成本;响应国家政策,建立"互联网+农村供水"的建管新模式。

第7章 农村供水实践案例

7.1 彭阳“互联网+农村供水”工程

7.1.1 项目情况

彭阳县位于宁夏东南部边缘，辖4镇8乡156个行政村，总人口25.19万，总土地面积为2528.65km^2，境内海拔为1248～2418m，年降水量为350～550mm，年平均气温为7.4℃，全县水资源总量为8920万m^3，是全国最为贫困和不发达的地区之一，也是革命老区和国家重点扶贫区。资源性和工程性缺水是制约全县经济社会可持续发展的主要因素。自1983年以来，彭阳县先后实施生命工程、农村饮水解困工程、农村饮水安全工程和农村饮水巩固提升项目，在全县形成了以“宁夏中南部城乡饮水彭阳县北部片区和中南部片区连通配水工程”为骨架，“东部饮水、中部饮水和红河川饮水”工程为支架，覆盖全县12个乡镇156个行政村的农村供水管网体系。

由于彭阳县山大沟深、农村供水点多面广，跑冒滴漏严重、管理成本高、供水保障率差、群众意见大、水费收缴难等问题仍然突出。为了解决上述问题，实现彭阳县农村饮水工程从水源地、输水管网、各级水池到用户用水全程的自动化监测、控制、计量、缴费，达到农村饮水同源、同质、同网，提高农村饮水“四率”，并为在宁夏推广“互联网+农村供水”树立典型，彭阳县水务局提出了彭阳县智慧农村供水项目建设，采用云计算、物联网技术，运用互联网思维、信息化手段、社会化服务推动农村供水工程管理服务转型，探索出“互联网+农村供水”建设管理服务新模式，补齐农村供水工程短板，推动工程智能化、管理效能化、服务社会化，农村供水管理方便、用水方便、缴费方便，实现了节水、降本、增效的突出效果。

7.1.2 建设方案

彭阳“互联网+农村供水”项目建设方案主要包含自动化测控体系建设、业务支撑平台建设、数据库建设以及信息化系统建设(图7-1)。

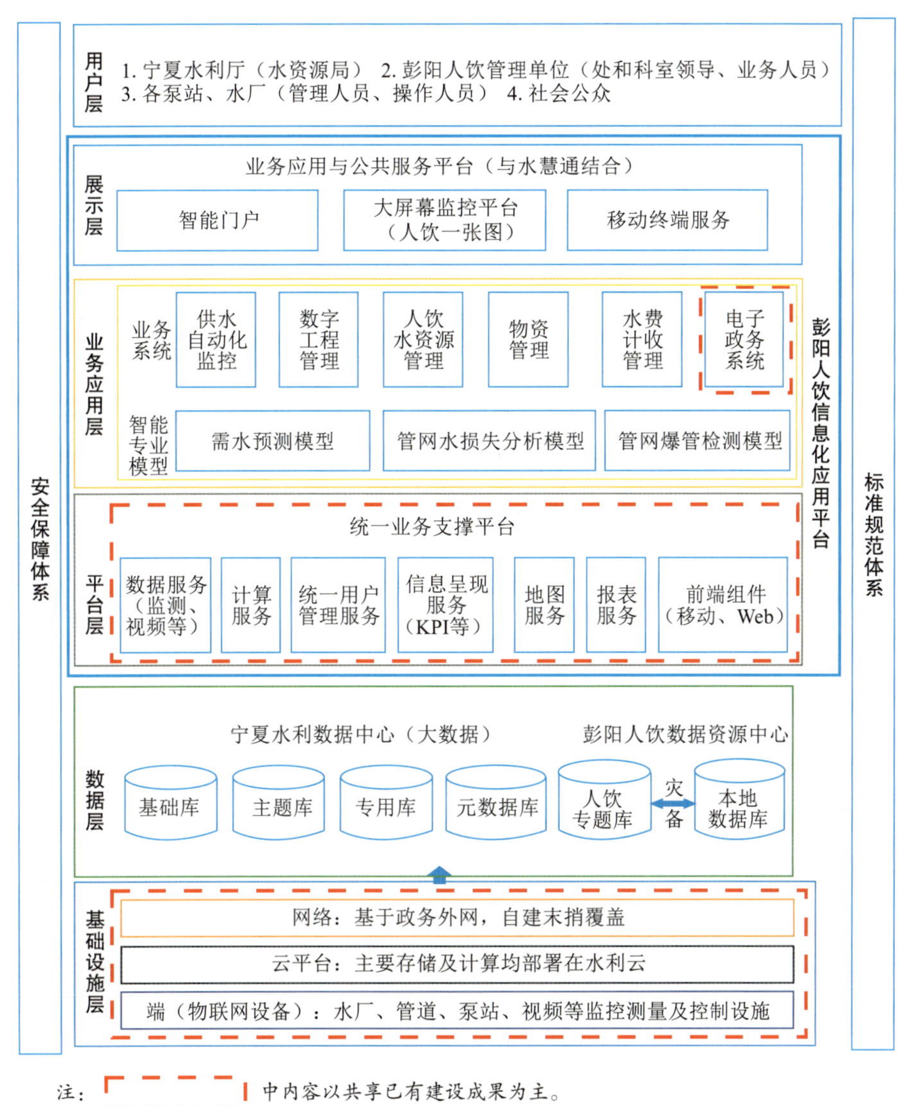

图 7-1 彭阳“互联网+农村供水”建设方案

(1) 自动化测控体系建设方案

彭阳“互联网+农村供水”自动化测控体系利用无线物联网技术，结合计量设备、管道压力传感设备、水位计、水质传感器等，实现从水源地到入户全过程监测，整个农村供水体系实现自动化安全运行，管网自动化监测、用水实时计量、实时缴费。

自动化测控体系的原则是保证各级泵站实现自动化调度，实现无人值守；保证主干管网、分支干管网有计量设备和管网压力监测设备，实现主干管网计量和蓄水池蓄水量以及出水口计量实时在线监测，各段管网压力在线监测报警；保证蓄水池出水口计量和用水户计量实时在线监测，实现分支管、入户管网在线监测；保证管网出现故障后，能迅速远程关闭检修阀，降低漏水损失；保证用水户可以通过IC卡、微信、支付宝等方式进行实时缴费。

考虑到本书所述项目自动化监测设备施工安装条件多为野外环境，故解决方案采用具备智能休眠、低功耗、锂电池＋太阳能供电、GPRS通信、多通信协议、多端口、多种传感器接入、设备软件功能远程升级同时支持云平台逻辑及自运行、保护逻辑的自动化采集控制设备，解决野外供电、数据采集、控制及通信问题，保证数据最短每5min上报云平台、设备，及时通信、控制操作和响应，实时监测自动化设备运行，保障整个自动化运行及信息化系统做到有据可依，依据可控。

1)智能水质监测设施

目前，在各个水厂已经配备了各种专业化的水质检测设备，可以满足水厂水质检测的要求。而这次提出的在线智能水质监测，主要是针对一些大型蓄水池进行水质在线监测，应对管道污染或者人为影响进行防范，根据实际情况，主要进行余氯、浊度、pH值的在线数据采集，一旦出现异常，迅速报警。

2)泵站水池测控

泵站水池测控体系是为实现供水过程中泵站自动化运行而建设的一套体系，低位水池和泵站在同一位置，高位水池位于远处。泵站低位水池需要实现进水阀根据水位进行自动化控制，要根据低位水池和高位水池的液位来控制启停，泵站还要对出口压力、流量进行采集，以实现水泵的自动化保护和报警。高位水池需要采集水位和出水口流量，并需要及时将液位数据通信传给泵站控制器实现高位水池的上水自动化控制。

3)管网数据测控

管网数据测控体系是为了监测管理管网压力、流量等数据，根据采集数据扩展业务内容，如管网的跑冒爆管、管道日常巡查维护检修、遇到异常情况或者需要人为干预时对电动阀门进行控制而建设的一套测控体系。

供水管网测控体系需要通过远程监测、控制等自动化设施建设，实现压力、流量的快速采集传输，实现对重要分水节点的水情在线监测、联合控制逻辑，当出现水管破裂、用水户停水、设备检修、管网整改等问题时能够通过判断全局的供水情况进行控制，保证供水工程的正常运转。

4)入户水表计量

入户水表计量用于满足用水管理的需要，方便水表用户缴水费，将计算机技术、移动数据通信技术、数据网络技术、自控技术融为一体，可自动完成用水户水表网络的远程数据采集，记录，实时监测，统计分析和供、停水控制等管理工作，监测各入户表数据，采集用户用水数据，数据处理后进行水费计收。

5)视频监控

在主要供水泵站、调蓄池处布设多个视频监测设施，系统通过智能视频分析技术，实时分析前端摄像头采集到的视频数据，当视频中出现任何闯入警戒区的人员和车辆，系统自动识别，发出相应的告警。同时可以控制前端云台或者高速球相机，实现对闯入人员的特写抓拍和录像，为下一步工作预留证据。

6)供电及通信措施

在泵房等有供电设施处优先采用市电，无供电设施处采用太阳能供电，在网络基础较好或有网络设施处采用有线通信，在无网络或措施处采用无线(AP/3G/4G)通信，其中布设地位于小区域且网络布线困难采用无线 AP 即网桥方式进行设备间通信，野外无法布线或网桥传输距离过远处采用 3G/4G 通信，在通信不好或无网络或信号的关键监测点采用本地存储的方式进行存储处理，采用有线及无线通信的视频监测设施均支持云端流媒体服务功能，支持二次开发，本地存设备采用本地存储，存储空间满时进行存储硬盘更换备案或自动覆盖较前记录。

(2)业务支撑平台建设方案

1)监控平台

以云计算技术为依托，采用物联网、大数据、软硬件结合等技术，实现基于互联网的动态方式对彭阳“互联网＋农村供水”工程监控信息进行统一存储和管理，对监测设备进行自动化控制，提供支撑生产运行和计算分析的信息，实现智慧水利云监控与管理。

2)统一管理平台

统一管理平台包括实现用户在不同业务之间的快捷访问单点登录；实现农村供水业务专用的角色管理、权限管理、安全信息管理、功能授权等功能的安全管理；保障系统的安全稳定访问以及各个业务接口负载动态配置的系统监测与控制体系；提供业务及数据查询等服务的服务集成管理。

3)数据资源整合服务

数据资源整合服务包括内部数据集成共享接口和外部数据接入能力。

(3)数据库建设方案

针对水利行业各种类型的数据采用不同的存储方法。按照水利对象的设计思路，对目前涉及的水利对象采用遵循数据范式的设计思路，利用 MySQL 关系数据库进行存储。对于其他的非结构化的数据如文档、图片、多媒体、视频等，采用非关系数据库 MongoDB 或文件系统 Hadoop 进行存储，并与关系数据库中的对象属性进行挂载。对空间信息，如 DLG/DEM/DOM 等，采用 ArcSDE/MySQL 等数据库进行存储。

(4)信息化系统建设方案

1)供水工程自动化监控子系统

建设智能、高效、灵活的供水自动化监控子系统，新型供水系统会集成目前已建的自动化系统，接入采集和控制设备，整合监测数据，集中展示和监视控制，方便水务局各业务科室随时调用查阅，快速了解运行状态和处理预警预报事件，在一定限度上降低设备损坏情况造成的水量损失和设备损失，降低维修成本。

2)水费计收管理系统

水费计收管理系统通过远程抄表减少了抄表组员工的人工工作量，节省了大量管理成本。系统支持IC卡水费预交、支付宝、微信和移动服务商代缴等多种缴费方式，极大地方便了用水户完成水费缴费。系统提供了信息公布的网络平台和短信推送服务，方便业务人员完成信息发布和欠费催缴等工作，改善和提高了水费收缴率，节省了人工工作量，提高了工作效率。系统能够统计分析用水量、用水异常情况、水费收缴情况等信息，方便领导和业务人员把握水费计收具体形势，提高信息化管理水平。

3)工程管理系统

建立一套成熟、全面的工程管理系统，针对彭阳在建、已建的工程项目进行从规划、设计、建设、运行全生命周期的过程化管理，可较大限度地节省人工管理工程档案的投入，提升工程维修养护效率和安全应急处置速度，全面提升彭阳水务对工程建设与运行的管理水平，科学有效地保障工程的安全运行和效益的持续性发挥。

4)用水节水管理子系统

用水节水管理子系统提供了需水管理功能，可以通过用水定额和节水计划等手段管理和节约彭阳水资源。此外，系统监测和分析水源地的水质安全状况，充分保障彭阳城乡居民用水安全。系统提供了用水节水信息服务平台，方便管理人员和社会公众查询、推送和定制用水节水相关信息，节省人工工作量，提高工作效率。系统能够统计分析用水量、水质情况、供水保障率等信息，方便水务局领导、节水办人员和社会公众掌握和了解农村供水工程水资源形势。

5)彭阳“互联网＋农村供水”移动App

建设彭阳“互联网＋农村供水”项目移动App可以集成各个业务科室的工作，简化工作步骤，提高工作效率，优化工作内容，节约劳动力，并且能实时掌握整个彭阳县城的供水情况。

6)彭阳“互联网＋农村供水”一张图

基于二、三维电子地图，综合展示彭阳工程供水形势、工程运行形势、工程建设形势、水费收缴形势以及公众用水反馈情况。

7)彭阳“互联网＋农村供水”门户

彭阳“互联网＋农村供水”门户包括管理门户、工程门户、业务门户和公众门户4大部分。

7.1.3 建设内容

(1)自动化测控体系建设内容

运用云计算、大数据、物联网等前沿技术，基于彭阳“互联网＋农村供水”自动化测控体系，建成各类泵站监测控制点 45 处，蓄水池监测控制点 92 处，管网数据监测控制点 407 处，安装农村光电直读水表 42409 块、射频卡水表 3438 块、联户表井（图 7-2）智能抄表 5977 处、视频监测点 35 套、智能水质监测设施 7 套。实现了从水源、泵站、蓄水池、管网到用水户全程自动运行、无人值守，电脑、手机远程供水监测监视监控、调度、事故控制及智能化管理（图 7-3）。

图 7-2 联户表井

图 7-3 泵站和蓄水池监控

(2)业务支撑平台建设内容

1)监控平台

监控平台对彭阳农村供水工程监控信息进行统一存储和管理，选择合适的海量监测数据存储技术，用来支持百万级监测设备长期连续运行产生的海量监测数据的存取，并满足所有监测传感器数据的统一分析处理，主要包括地图信息管理、数据模型管理、设备消息管理、设备管理和数据管理等功能。

2)统一管理平台

统一管理平台实现用户身份认证、系统登录的统一管理；实现农村供水业务专用的角色管理、权限管理、安全信息管理、功能授权；实现自动对异常访问进行拦截，对服务访问可能出现异常的趋势进行预判，并对异常现象进行预警；实现业务及数据查询等服务。主要包括单点登录、安全管理、监控管理和服务集成管理等功能。

3)数据资源整合服务

数据资源整合服务实现水源地、水厂、泵站、蓄水池、管网等供水设施的运行监测数据、地理信息数据、文件数据等内部数据的集成共享接口以及水利数据中心等外部数据的接入。

(3)数据库建设方案内容

彭阳"互联网＋农村供水"数据库基于目前已有的数据中心，分析与农村供水信息化有关的各类基础专业数据，完成彭阳农村供水专题数据库设计；进行统一的数据清洗、整编、入库，补充数据中心基础数据库的内容；完成各项实时采集数据的接入和整编。在此基础上建立数据分享机制，并研究探索和挖掘数据的价值；对水厂及管网监控数据、水费数据、工程管理数据进行收集、整理及入库。

(4)信息化系统建设内容

1)供水工程自动化监控子系统

供水工程自动化监控子系统包括自动化监控设备接入、自动化监控数据整编、报警预警、远程控制、监测数据管理、已建水厂自动化集成、视频监控等功能，实现物联网设备的自动化控制运行、整合监测数据、集中展示和监视控制(图 7-4)。满足快速了解运行状态和处理预警预报事件以及降低水量损失、设备损失、维修成本的需求，实现整个供水系统的灵活高效和智能。

2)水费计收管理子系统

水费计收管理子系统包括用户管理、水价管理、水费管理、收费管理和统计分析等功能。该系统主要服务于用水户、彭阳县水务局、彭阳自来水公司和农村供水总站，为解决彭阳农村供水工程农村供水水费计收问题而建设，使管理单位对用水户的用水、缴费情况实施有效管理，同时能够提高彭阳县用水户的节水意识，进一步提高农村供水工程供水的利用率。

水费管理子系统的应用可以实现用水户水费信息的统一管理，为水费计收和管理提供水费数据收集、加工处理、统一广播公布监督的技术手段，实现水费计收管理工作的透明化、公开化。

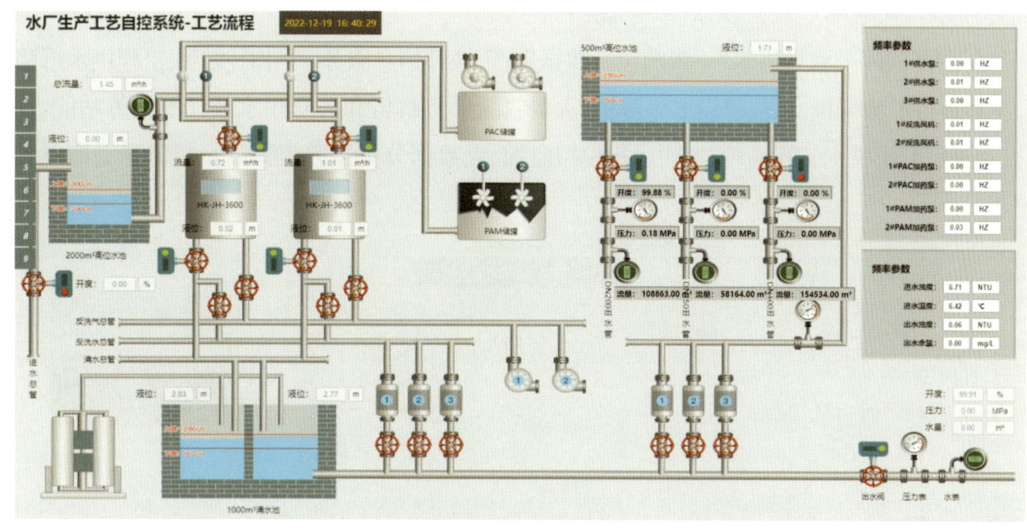

图 7-4　水厂监控

3)工程管理子系统

工程管理子系统包括过程规划管理、工程建设管理、工程运行管理、工程维护管理等功能，负责彭阳农村供水工程各类建筑物、管网、自动化设备的基础信息、工程建设信息，基于信息化应用平台的“一工程一平台”，提供各类建筑物、管网、自动化设备的全生命周期的管理，系统能直观获取设备运行状态、养护信息和维修信息，快速发现设备隐患或者故障，向运维管理人员预警，推动应急维护或定期养护操作。其中工程运行管理功能主要从供水自动化监控系统获取设备监控数据，对实时运行工况进行分析，当发生故障时，能给出大致的故障位置、故障原因和故障发生时间，管网水损失分析模型能实现全线精准计量，动态掌握水量损失，提升供水效率。

4)用水节水管理子系统

用水节水管理子系统包括供水管理、水源地管理、节约用水管理和水资源信息服务等功能。供水管理具有需水数据、需水预测和需水计划的管理功能；水源地管理功能实现对水源地的监督和保护；节约用水管理实现制定、维护和管理节约用水计划，管理节水计划施行过程，并进行节水信息宣传和节水意识培训；水资源信息服务的目的是建立用水节水信息发布的统一平台，具有静态信息服务、动态信息服务、实时信息服务和需水信息服务等功能。

5)彭阳“互联网＋农村供水”移动 App

彭阳“互联网＋农村供水”移动 App 包括移动端供水工程自动化监控、移动一张图、水资源移动管理、工程移动管理、水费移动管理、物资移动管理等功能。通过彭阳“互联网＋农村供水”移动 App，可查看彭阳“互联网＋农村供水”主要生产设备运行情况、供水情况、水费计收情况，同时与账户级别对接。根据用户不同级别，登录呈现的内容不同，形成移动工作站，给工程生产建设运维提供极大便利。

6）彭阳“互联网＋农村供水”一张图

彭阳“互联网＋农村供水”一张图包括数据生产、地理信息服务、一张图交互、工程供水形势解析、工程运行形势解析、工程建设形势解析、水费收缴形势解析和公众用水反馈解析等功能，一张图直观展示彭阳供水工程面貌、实时运行模拟监控、大数据分析预警报警以及智能联动应急反应（图 7-5）。

图 7-5　彭阳“互联网＋农村供水”一张图

7）彭阳“互联网＋农村供水”门户

彭阳“互联网＋农村供水”门户包括管理门户、工程门户、业务门户和公众门户等功能，其中管理门户展示彭阳农村供水工程运行、设备运行状态等实时监测数据、各项重要指标统计、各项重点工作进展、重要新闻事件、便民政务等内容；工程门户聚合展示重点关注的工程相关各类信息；业务门户涵盖供水工程自动化监控、农村供水用水节水管理、工程管理、水费管理、物资管理等业务信息；公众门户针对各用水户、社会公众等外部用户，聚合与社会公众相关各类信息，包括重要新闻事件、政务公开、水费缴纳、通知公告等相关信息。

7.1.4　建设成效

彭阳“互联网＋农村供水”项目的建设，得益于以改革创新为解决农村饮水问题的核心驱动、以信息技术为解决农村饮水问题的重要手段、以群众满意为解决农村饮水问题的终极目标，为彭阳县社会经济发展提供了高质量的供水保障。

(1)提高供水“四率”

通过“互联网+农村供水”项目建设,让全县19.1万农村群众与县城居民一样喝上了自来水,全县农村饮水安全覆盖率由80%提高到100%,自来水入户率由60%提高到99.8%,供水保证率由65%提高到95%,水质达标率由80%提高到100%,从根本上解决了无水可用、有水不稳、管水不力、用水不便等饮水安全问题。

(2)提升农村供水管理水平

通过自动化监控设施以及信息化管理手段,各级泵站、蓄水池实现了自动化运行,管理模式从以前的人工管理转变为“无人值守、自动运行”,管理人员从90人减少到40人,年减少人员工资120万元,管网漏失率由40%降低到15%,年节约水量20%。工程供水量、供水人口、供水保障率、工程运行监控等各类信息实时传递、展示、分析,数据更准确全面,管理更科学高效。

(3)理顺政府水管理体制机制

运用“互联网+”思维,组合体制机制改革,以全县城乡自来水水价统一改革为核心,创新了农村供水“投建管服”新模式,实现了政府与市场、线上与线下、管理与服务全程协同、各司其职、各显其能,用顺畅的机制推进水治理成效,践行了“水利工程补短板、水利行业强监管”的总基调。

(4)助力决胜脱贫攻坚

自来水流进农家院,不仅为群众的生活提供了方便,还促进了养殖业等产业的发展。目前全县畜牧养殖稳定达到230万羊单位,增加人均纯收入2000元以上。在自治区2018年贫困县评估中,全县农村供水安全群众满意度达98%,为实现提前整体脱贫、巩固脱贫攻坚成果以及高质量发展奠定了坚实基础。

7.2 隆德“互联网+农村供水”工程

7.2.1 项目情况

隆德县位于宁夏南部山区,地处六盘山西麓丘陵地带,东西宽41km,南北长47km,区域计算面积985km^2。东北部与原州区、东南部与泾源、南部与庄浪、西部与静宁、西北部与西吉五县接壤,山峦重叠,沟壑纵横,属典型的黄土丘陵沟壑区。312国道横贯县境东西,北至银川、西至兰州、南至西安距离相当,交通方便。

隆德县共有13个乡镇、99个行政村,全县户籍总人口18.60万,其中,城镇人口5.3万,农村人口 13.3 万，隆德县为解决县域内城乡农村供水水源及供水问题，自 2001 年至 2021 年，隆德县依托本地水源工程，先后实施了农村供水解困工程、农村饮水安全工程、水厂工程、农村饮水安全巩固提升工程、水源连通替换工程等一系列农村供水工程，饮水安全实现了全覆盖，集中供水率 100%，自来水入户率 100%。为解决水源水质、管网损坏严重等问题，自 2016 至 2021 年先后完成了小城镇建设供水工程、水厂（扩建、改造）工程、管网提升改造等工程，新建、扩建、改造了部分水源水厂，并对农村 44%的供水管道进行了全面升级改造，大幅度提高了供水水质和供水保证率。目前入户率已达到 100%，但农村仍有 56%的管网未进行提升改造。

隆德县现有水源地 28 处，其中库坝型水源地 6 处，沟道截潜型水源地 17 处，机井水源地 5 处；共有水厂 9 座，城乡一体化水厂 3 座，分别为县城第一水厂、第二水厂和第三水厂；乡镇水厂 6 座，分别为前庄水厂、倪套水厂、大水沟水厂、张银水厂、前河水厂和桃山水厂。县城供水干支管道 70.2km，农村供水干支管道 874.44km，农村串巷入户管道 2792.12km，共涉及泵站 21 座，蓄水池 158 座，配套各类闸阀门井 550 座。

针对农村供水工程管网及自动化信息化存在的问题，隆德县水务局编制《隆德县农村供水“十四五”保障规划》，拟定实施三期工程，一期工程为隆德县北片区观庄乡供水管网改造工程，对观庄全乡供水管网及村级管网进行提升改造，该工程已批复，正在施工阶段；二期工程为隆德县“互联网＋农村供水”工程，即本章所述工程，是以全县农村部分管网监测和城市农村用户端为主的信息网的建设；三期工程为好水乡、杨河乡、沙塘镇等 10 个乡镇农村管网提升改造工程，即将全县剩余的 56%未改造的老旧农村管网进行提升改造，该项目计划于“十四五”期间实施，实施过程中与“互联网＋农村供水”工程衔接配合。规划还包括新建改造水源水库工程、管网连通替换等对相关系列工程，通过上述措施，最终为隆德县“互联网＋农村供水”项目可持续发展提供保障。

7.2.2 建设方案

本书主要从工程网、信息网、服务网、投建管服一体化 4 个方面进行工程建设，其主要建设方案如图 7-6 所示。

(1)工程网

1)调度中心改造

对县供水调度中心进行搬迁改造，新建隆德县农村供水沙盘模型等。

2)测控井改造设计

新建测控阀门井总计 655 座；新建及维修改造联户水表井 5854 座，其中：拆除及新建 585 座，加高及防水处理井口 3509 座，改造清理 1760 座；新建及维修改造入户井 11641 座，其中：拆除及新建 1164 座，加高及防水处理井口 6984 座，改造清理 3493 座。

图 7-6 隆德“互联网+农村供水”工程建设方案

(2)信息网

1)自动化监控系统

①水厂监控系统。

提升改造 4 座水厂的现有自动化监控系统,分别为隆德县城第一水厂、第二水厂、第三水厂、桃山水厂。

②泵站监控系统。

配套及提升改造 10 座泵站的自动化监控系统,其中水源泵站 2 处,管网加压泵站 8 处。

③蓄水池监控系统。

新建及提升改造 113 座蓄水池的自动化监控系统,其中新建 28 座蓄水池的自动化监控系统,提升改造 85 座蓄水池的已建自动化监控系统。

④输配水管网监控系统。

配套输配水管网监控点 318 处,其中主干管及分干管分水口设置流量监测点 185 处,入村分水口设置流量监测点 82 处,管道上还设有压力监测点 51 处。

⑤入户计量系统。

本次安装智能物联网居民入户水表 37695 套;安装企事业单位用户水表 182 处,其中大口径智能水表 63 处,超声波水表 119 处。

⑥水质监测系统。

新建水质在线监测站点 8 处,并配套相应监测设备。

2)通信网络系统

水源、水厂、泵站、蓄水池、输配水管网拟采用GPRS、3G、4G等无线通信方式;水表采用窄带物联网通信方式;调度中心采用租用固定专线通信方式。

3)调度中心系统

补充配置视频触摸一体机、移动支架、微电脑等系统所需设备。

4)业务应用系统

隆德县“互联网+农村供水”项目业务应用系统在已有“互联网+农村供水”业务应用系统的基础上,结合隆德县农村供水业务需求,对已有业务应用系统进行升级完善,主要包括交接班管理、智能水表分析、大屏分析展示、报修管理、移动端适配、系统界面优化等内容。

5)系统集成

系统集成涉及与水利厅信息化系统的纵向集成和与隆德县其他信息化系统的横向集成。其中纵向集成主要包括与水利数据中心、水慧通平台、水利GIS平台的集成等;横向集成主要包括与本书所述自动化监控系统、现有业务应用系统(农村供水工程信息化管理系统、农村供水管理平台以及水厂自动化监控系统)的集成,以及与隆德县内其他信息化系统之间的数据共享交换。

6)安全体系

本书所述网络安全系统保护等级为三级,配套水利云—安全管理中心系统,总调中心—安全管理中心安全系统,总调中心—控制区安全系统。

(3)服务网

结合现有供水服务方式,构建网上营业厅、应急中心、便民服务端、售水大厅等“线上”+“线下”服务系统。

(4)投建管服一体化

通过推行投建管服一体化模式,实现农村供水一体化,融资渠道多元化、建设管理系统化、运营管理数字化。以特许经营的方式确定新型农村供水主体(项目公司),由项目公司按照投资、建设、运营管理及服务一体化的模式负责项目的投融资、工程建设、运营管理及运维服务。

7.2.3 建设内容

(1)工程网

①新建泵站前池进口控制阀门井8座、泵站出口监测阀门井6座、泵站出水池控制阀门井11座(图7-7)。

②新建94座蓄水池进口阀门井和136座蓄水池出口阀门井(有一进多出形式)。

③对140处管网及入行政村分水口设置测控阀门井,51处压力单控点设置压力测控阀门井。

④为隆德县农村每个行政村各配套1座消防井,并配套消防栓,除观庄乡正在实施外,

其余乡镇均为本次新配套，共 90 座。

⑤采取联户水表井+单户水表井方式，拆除重建 245 座农村联户水表井，拆除重建 7708 座农村单户水表井(图 7-8)。

⑥对温堡乡吴川村和城关镇竹林社区村级管网进行改造，其中吴川村 168 户，竹林社区村 120 户。

泵站监控

蓄水池监控

图 7-7 泵站水池监控

外

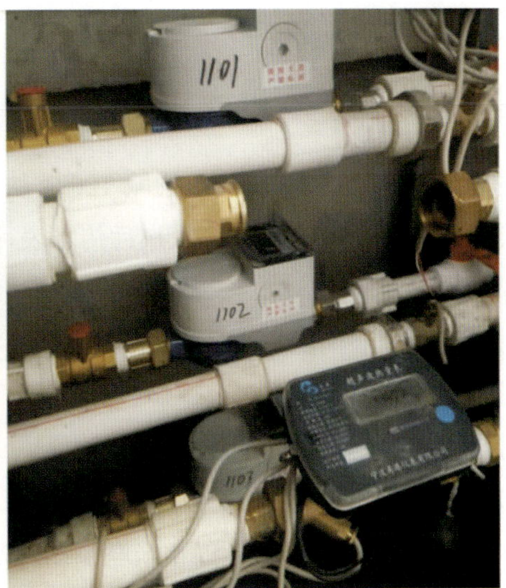

内

图 7-8 联户水表井

(2)信息网

隆德“互联网+农村供水”工程的信息网主要建设内容主要包括自动化监控系统、通信网络系统、业务应用系统、网络安全系统等4个方面。

1)自动化监控系统

①水厂。

根据调研需求,对4座水厂进行补充建设。第一水厂对PLC柜线路进行整理、软件编程以及线路调式,更换电磁流量计、余氯设备、次氯酸钠发生器等;第二水厂对PLC柜线路进行整理、软件编程以及线路调式,更换余氯设备、次氯酸钠发生器,增加工作站2台,视频监控2台;第三水厂对PLC柜线路进行整理、软件编程以及线路调式,更换余氯设备、次氯酸钠发生器,增加工作站2台;桃山水厂增加1台视频监控设备,1座水厂加压泵站自动化控制设备。

②泵站。

完成隆德县供水范围内1座未自动化改造的泵站自动化监控系统的自动化改造,并对7座已进行自动化改造的泵站及前池配套的出水池进行自动化的补充建设。

④调蓄水池。

对隆德县供水范围内未自动化改造的22座蓄水池进行自动化改造,针对75座已进行自动化改造的蓄水池,对不满足设计要求的功能进行自动化提升改造。

④管网监测点。

对隆德县供水管网上的140处分水口测控点以及51处管网压力监控点进行自动化改造。

⑤入户水表。

完成对隆德县供水范围内,县城12691块入户远传水表和农村23597块入户远传水表的更换;同时对4358商铺更换入户远传水表,对226户机关单位、学校等用水户水表更换。

⑥水质。

对3处管网末梢配置水质在线监测设备。

⑦调度控制中心。

对调度中心进行补充建设。

2)通信网络系统

本工程需1座水厂加压泵站、8座泵站及高池、97座独立蓄水池、46处干管—支管多控点、51处主管压力单控点、94处干管或支管—入村管流量、压力、阀门多控点共配置308张4G通信卡、40646户入户智能水表和226个供水大户计量配置NB-IoT物联网卡。

3)业务应用系统

隆德“互联网+农村供水”管理服务平台依托宁夏回族自治区电子政务外网和公共云平

台等现有信息化资源，按照“统一建设、云端部署、分级使用”的原则，建设覆盖全区水利部门、供水管理单位、水利单位的“互联网＋农村供水”采集系统、“互联网＋农村供水”管理服务系统、“互联网＋农村供水”公共服务系统、“互联网＋农村供水”App，进行“互联网＋农村供水”信息资源建设和数据接口开发，实现业务协同、数据共享等，发挥数字技术在治水中的关键作用，助力推动农村供水服务均衡协调发展（图 7-9）。

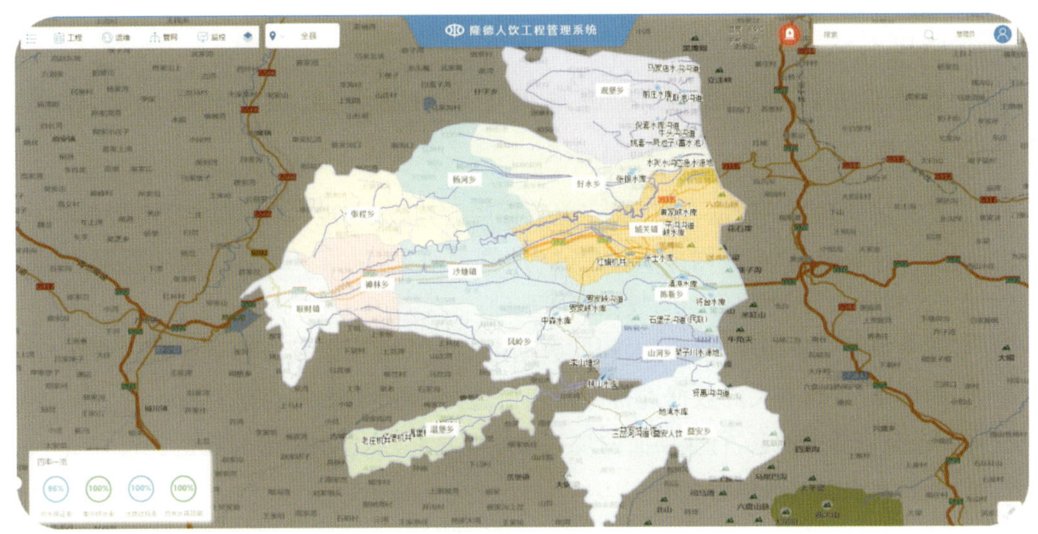

图 7-9　一张图

隆德县作为宁夏“互联网＋农村供水”管理服务平台的县级用户，无须投资新建系统，只需要在自治区级平台开通用户权限。同时根据《宁夏“互联网＋农村供水”数据规范》文件要求，对全县范围内的数据、设备及系统等工作进行集成及整编，接入宁夏“互联网＋农村供水”管理服务平台使用即可。

“互联网＋农村供水”管理服务系统遵循“顶层设计，统一标准，重点先建，全局整合，资源共享”的建设理念，构建宁夏供水信息化建设的一体化格局。充分利用在线监控、自动控制、智能分析、数据集成等信息化技术，加强“从源头到龙头”的基础与运行数据集成，提升农村供水监测预警分析能力，提高农村供水管理效能与服务水平，推动农村供水节能降耗，强化实用便捷的供用水服务，努力建成全国领先的农村供水管理样板、行业标杆。系统按照省、市、县（区）三级统一建设、分级使用的模式进行构建，主要包括农村供水全景监控、应急预警中心、工程自动化、工程建设管理、工程运维管理、水费水量管理、制度管理、农村供水水资源、应用支撑系统等功能。

4）网络安全系统

按照三级等保要求，对总调中心、各管理站点、水厂及大型泵站进行安全体系部署。

（3）服务网

在上述工程网及信息网改造的基础上，形成从水厂到用水户的系统数字化监控，为服务网提供支撑，依据《自治区人民政府关于印发宁夏回族自治区“互联网＋农村供水”示范省(区)建设实施方案(2021—2025年)的通知》(宁政发[35]号)的要求与任务，建立完善的农村供水服务网，按照高效、优质、公开的原则，紧扣群众方便、加强值守、提升服务的目标，扎实推进隆德县网上营业厅、应急中心、供水信息公开建设并提出不同服务单位在信息公开、应急保障、服务以及考核机制等方面的措施，为城乡群众提供高质量的水利公共服务产品。

7.2.4 建设成效

(1)整合已有数据资源，实现“互联网＋农村供水”数据的一数一源，推进数据共享与交换

整合已有的信息采集数据，优化和完善数据中心建设，实现一数一源，提高数据的全面性和准确性。针对隆德“互联网＋农村供水”的管理对象，进行三维空间地理数据解译，为“互联网＋农村供水”管理提供空间数据应用基础。

从专业角度对宁夏回族自治区水利厅数据中心现有数据以及分散在各单位部门与“互联网＋农村供水”工程有关的数据进行调查和梳理，形成专题数据目录及统一的入库、管理及交换标准，充分考虑国家、行业层面的规范和标准要求，结合水利部的数据普查策略，使专题数据标准具有很强的兼容性。

(2)基于水利厅统一业务支撑平台，整合现有及新建业务系统，提供一体化“互联网＋农村供水”管理业务处置环境

遵循宁夏回族自治区水利厅电子政务公共平台的建设思路，按照公共平台的标准规范体系，通过共享的现有平台资源，完成现有和新建的信息系统向厅统一平台架构中整合，即使支撑环境、数据存储、编写语言等均不相同的系统，借助“互联网＋农村供水”信息化体系业务支撑平台，可整合成一个有机的协同工作整体，使已有的开发成果之间形成交互，并在水务局范围内整合各信息业务系统的组织架构，提供统一的身份认证和权限分配体系，实现政务、业务的一体化应用环境，为各层级用户提供一站式协同办公和信息共享环境。

(3)建立功能完备的隆德“互联网＋农村供水”工程信息化体系，实现“互联网＋农村供水”业务和管理工作的协同高效

隆德“互联网＋农村供水”工程信息化系统以自动化测控体系为基础，建成覆盖“互联网＋农村供水”工程的日常业务和管理工作的“互联网＋农村供水”工程管理信息化体系，提高“互联网＋农村供水”工程的信息化管理水平使各信息系统之间高效协同。

(4)契合智慧水利“一人一页”设计理念，打造个性化“互联网＋农村供水”门户和一张图，提供灵活可定制的综合信息展示和业务处置窗口

构建个性化的“互联网＋农村供水”门户，覆盖管理类、工程类、业务类、公众类不同类别

的个性化需求，支持在门户上可定制、可配置的灵活创建模式，形成与用户相关的信息展示和业务综合处置窗口。

7.3 梁平“互联网＋农村供水”工程

7.3.1 项目情况

梁平区位于重庆市东北部，作为三峡移民的接收方，移民群体主要来自巫山县，现有移民群体接近6000人，主要分布于金带、回龙等十几个乡镇(街道)，大多数移民从事农业生产工作。梁平区政府和水利部门历年来都非常重视三峡移民后期扶持扶助工作，将农村人畜饮水建设作为重点工程，特别是2000年以来，国家发展和改革委员会(以下简称“发改委”)、水利部实施“农村饮水解困项目”和“农村饮水安全工程”，梁平区已建成水利工程5875处(不含微型水利工程)，其中水库76座〔中型水库3座、小(1)型水库22座、小(2)型水库51座〕，山坪塘4679座；引水工程87处；排灌站113处，窖池920处。全区水利工程总供水能力18908.73万m^3。

梁平区农村供水管网较分散、路线长、起伏大、管护难及管网漏损现象较严重，实际供水量与水表计量相差较大。小型及分散供水工程由村民组建的用水协会或村委会专门负责管理、收取水费与建立台账，所收取的水费部分用于维修费，部分用于人工工资费，达到以水养水，长期运行的目的，但少部分小型及分散供水工程水费收取率需进一步提高。农村供水管理还是传统方式，整体信息化水平不高，需要提升。

针对梁平区农村饮水工程点多面广、跑冒滴漏严重、信息化程度不高、管理成本高等问题，在供水基础设施建设的基础上，补充建设从水厂、农村饮用水清水池到用水户用水的自动化监测体系。在建设农村饮用水清水池供流量监测，增强农村饮水安全管理体系的同时重点建设金带、老鸹寨两个供水厂供水管网监测、用水计量物联网监测体系，在全区打造农村供水“互联网＋农村供水”典型示范工程。“互联网＋农村供水”管理平台建设采用云计算、大数据、物联网、GIS、移动互联网等先进技术，形成“互联网＋农村供水”信息化管理系统，实现从水厂、农村集中供水清水池、输水管网到用户用水过程的监测、计量、需水供水、运行管理、检修养护、缴费的信息化、移动化、智能化。运用信息化思维，推动“互联网＋农村供水”工程运维、管理和服务提升，达到提前预警、实时监测、快速诊断、智能定位、及时服务的效果。形成“供水有保障、服务跟得上、水费收得回”的“互联网＋农村供水”管理服务新格局。

7.3.2 建设方案

通过前期走访、实地踏勘梁平农村供水、饮水现状，结合梁平农村饮水管理的迫切需求和信息化建设的特点，梁平“互联网＋农村供水”工程建设任务主要包含管物联网动态感知体系建设、数据中心建设、支撑平台建设、业务应用体系建设、服务体系建设、配套工程及基础设施建设、安全保障体系建设。

(1)物联网动态感知体系建设

建设梁平区109座农村水厂清水池供水流量自动化监测系统，实时掌握水厂供水情况，做到供水提前预警，增强农村供水安全保障能力。

建设金带、老鸹寨两座水厂的补充自动化接入及监测系统，新建和补充完善自动化监测设备，实现包括水质、水位、流量、压力、视频等自动化监测设施统一接入自动化监管平台。

金带、老鸹寨两座水厂供水范围总计为36000余户，一期将其中的7000户机械水表升级为NB-IoT物联网智能水表。

(2)数据中心建设

整理录入"互联网＋农村供水"工程数据、磁卡用户数据、物联网水表用户数据、工程建设数据、组织机构信息、地理空间数据。集成接入梁平区已建农村饮水系统监测数据以及管网拓扑分析及建模、管网控制逻辑分析整理。

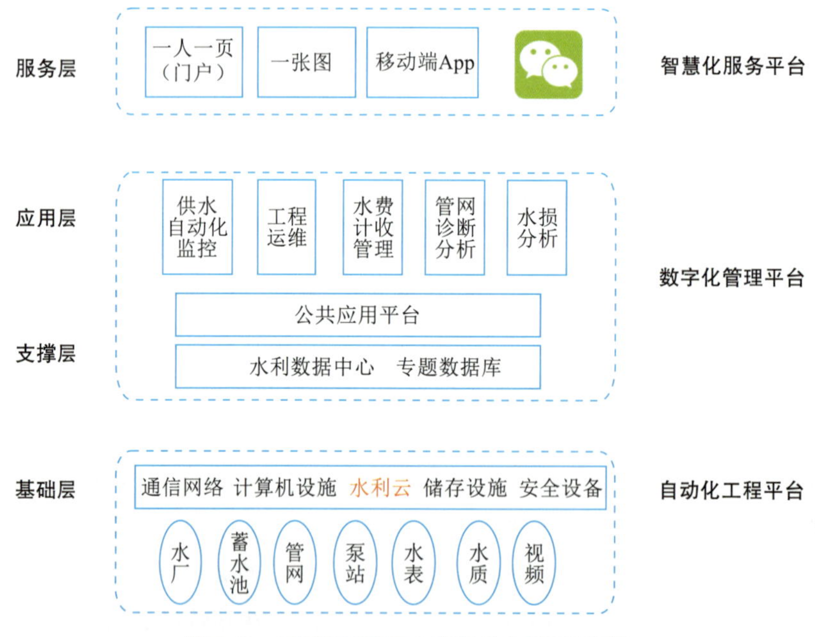

图7-10　梁平"互联网＋农村供水"建设方案

(3)支撑平台建设

建设内容包括基础服务平台，数据交换服务，二、三维地理信息平台，智能物联管理平台等部分。

(4)业务应用体系建设

建设供水自动化监测系统、水费计收系统、工程运维管理系统。

(5)服务体系建设

建设信息化的门户、移动App、一张图、微信公众号,方便用户实时掌握"互联网+农村供水"相关信息,更有利于用户足不出户网上缴费。

(6)配套工程及基础设施建设

对梁平区金带和老鸹寨水厂所覆盖的218个分水口补充修建测控井(人手孔),对原有管网设备和新增设备形成有效保护。

升级金带、老鸹寨水厂机房设施,两个厂区增加信息化办公设备、机柜以及防火墙。

对梁禹供水公司现有的值班室进行升级改造,建设"互联网+农村供水"供水调度中心,提供项目综合展示和调度指挥的基础运行环境。

(7)安全体系建设

在梁禹供水公司机房增加一体化机柜、高性能服务器、便携式移动终端,同时加强网络安全建设,增加上网行为审计和工业安全防火墙。

7.3.3 建设内容

(1)物联网动态感知体系建设内容

①针对梁平区109个水厂及农村饮用水清水池,在清水池建设流量自动监测设备(图7-11),实时监测流量信息,并将监测数据实时上传至管理平台,并在流量过低时及时预警,使水利局业务管理部门的工作人员实时掌握水池水位变化情况,确保供水保障的服务水平,保证农村用水安全。

②对梁平区金带水厂片区和老鸹寨水厂两个片区主干管及分干管的分水口设置流量和水压测控点(图7-12),并配备安装物联网远程测控装置。一方面实现对干支管的供水调度管理和管线安全监测;另一方面也与村级配水池供水流量对比,作为供水漏损及水量平衡分析的依据。本工程共计布设流量测控点164个,压力测控点(同流量测控共一个测控井)45个。

③金带水厂和老鸹寨片区供水范围共计约36000余户,目前大部分为机械水表,部分采用IC卡水表,对标"互联网+农村供水"要求,无法满足自动化计量。一期安排将部分机械水表升级更换为增强型NB-IoT智能物联网水表,共计7000块。

图 7-11　水厂自动化改造

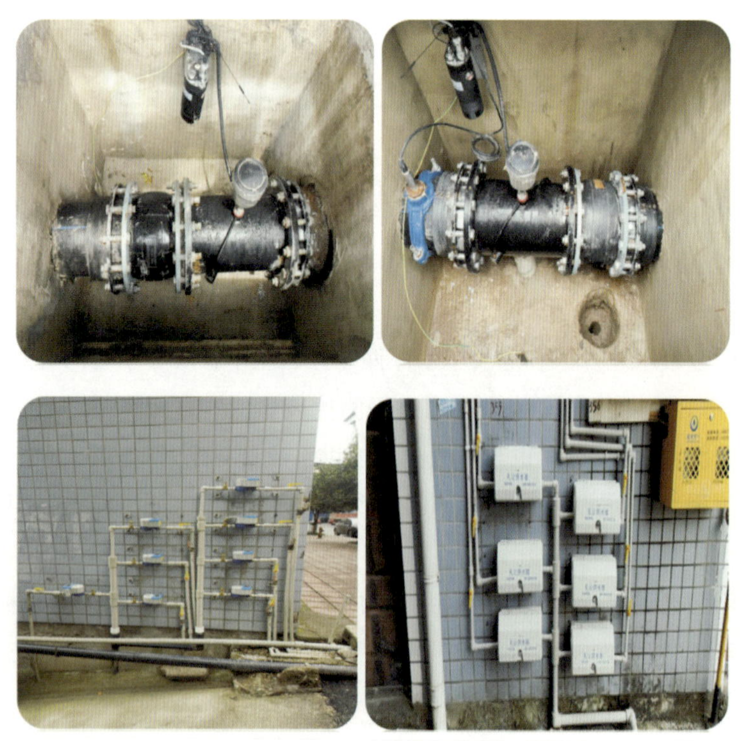

图 7-12　管网流量计、压力计和水表安装

④自金带水厂自动化监控系统建成后，由于各方面原因始终未能正常运行，因此本工程首先对监控软件平台系统进行更新和 PLC 逻辑控制系统调试。更换水质监测设备（pH 值\浊度仪\余氯）和水厂流量监测设备（1 台电磁流量计），将上述信息接入后台监控软件系统。更换老鸹寨水厂水质监测设备（pH 值\浊度仪\余氯）和水厂流量监测设备（2 台电磁流量计），将上述信息接入后台监控软件系统。在金带、老鸹寨水厂各增补 2 套视频监控摄像头，共计 4 个监控布点。系统通过智能视频分析技术，实时分析前端摄像头采集到的视频数据，当视频中出现任何闯入警戒区的人员和车辆，系统会自动识别，并产生相应的告警。同时可以控制前端云台或者高速球相机，实现对闯入人员的特写抓拍和录像，为下一步工作预留证据。

（2）数据中心建设内容

梁平区“互联网＋农村供水”数据库整合已有数据、新建数据、外部协同数据等，形成农村供水专题数据库，实现数据资源的整合、互联互通和资源共享。梁平“互联网＋农村供水”数据库可以分为基础数据库、业务数据库、管理数据库、空间数据库和文件系统。

（3）支撑平台建设内容

“互联网＋农村供水”支撑平台建设包括基础支撑平台及使能平台。基础支撑平台包括各类中间件支撑服务等。中间件支撑服务建设即利用第三方平台或软件的服务功能，为本项目业务系统提供各类服务，具体包括流程平台、身份认证、综合检索、报表平台、短信平台、文件存储、消息服务、数据交换、视频平台、日志平台等内容。使能平台是为上层应用提供智慧化服务，主要包括地理信息服务支撑、物联网服务支撑及其他智慧化决策支撑，本项目搭建使能平台，满足决策支撑需要，同时也为“互联网＋农村供水”建设二期的扩展和延伸提供坚实的软件支撑平台框架。基于业务功能支撑需要，本工程的使能支持平台建设包括智能物联管理平台和二、三维地理信息平台。

（4）业务应用体系建设内容

1）供水自动化监测系统

供水自动化运行系统集成目前已建的自动化系统，采集并监测水厂、清水池、管网、入户水表和视频监控的有关信息，实现水厂、清水池、测控井等设备的自动化监控，整合监测数据并集中展示，满足快速了解运行状态和处理预警预报事件以及降低水量损失、设备损失、维修成本的需求，实现整个供水系统的灵活高效和智能。供水自动化运行系统至少具备自动化监控数据整编、报警预警、远程控制、监测数据管理、设备管理等能力。

2）水费收缴系统

水费收缴系统实现系统远程抄表，提供信息公布的网络平台和短信推送服务，并能支持 IC 卡水费预交、微信公众号等多种缴费方式，能够统计分析用水量、用水异常情况、水费收缴情况等信息，方便领导和业务人员把握水费计收具体形势，提高信息化管理水平。

3)工程运维管理系统

工程运维管理系统能直观地获取设备的运行状态、养护信息和维修信息，能够快速发现设备存在的隐患或者故障，发出预警信息给运维人员和管理人员，推动其进行相应的应急维护或定期养护操作。同时，能够记录运维管理人员对工程及自动化设备的巡检情况和检查结果。实现农村供水工程运行维护的电子化和信息化管理。

4)工程监测诊断系统

工程监测诊断系统可以根据历史数据预测供水趋势，能够诊断和处理干管、分干管至入户末端整体区间的漏损和爆管，支持分级分区的供水水损分析计算，为运维管理人员掌握需水情况、直观把控管网运行状态提供支撑。

(5)服务体系建设内容

1)农村供水信息门户

汇聚整合农村供水的各类信息建设农村供水信息门户，将“互联网+农村供水”工程运行、设备运行状态等实时监测数据、各项重要指标统计、各项重点工作进展、重要新闻事件、便民政务等信息按照各级权限集中展示给不同层级的管理人员，形成管理门户；为社会公众聚合重要新闻事件、政务公开、水费缴纳、通知公告等相关信息，形成公众门户；并为各个业务系统聚合相关专题信息，形成业务门户。

2)移动端 App

移动端 App 实现农村供水业务信息化管理系统的全覆盖，集成各个业务科室的工作，提高工作效率，满足用户实时掌握整个梁平区农村供水的工程运行、供水用水、巡检维修等情况的需求。

3)“互联网+农村供水”一张图

“互联网+农村供水”一张图综合展示系统在二、三维电子地图的基础上，运用地理信息技术实现农村供水信息的整合发布，支持水源地、水厂、清水池、输水管网等农村供水工程建筑和设备监测数据、工程管理、预警报警、巡检维修等动态信息的展示和查询，并对供水形势、工程运行形势、水费收缴形势和用水反馈等业务信息进行综合性解析展示(图 7-13)。

4)微信公众号

微信公众号建设内容包括水费缴纳、停水通知、政务公开、问题反映等功能(图 7-14)。面向社会公众，方便用户实时掌握“互联网+农村供水”相关信息，广大用水户足不出户即可网上缴费、查询用水信息及政策性文件、反馈用水问题。用水户可以在微信公众号上随时交费，并可以通过微信公众号随时查询得知用水量、应交水费、缴费记录、欠费金额等用水户非常关注的信息。提供水费计收记录的查询统计功能，并可通过柱图、线形图等图形方式展现统计结果。提供实时、按月、按季度及年底水量、水费账目查询。

图 7-13　梁平“互联网＋农村供水”一张图

图 7-14　梁平“互联网＋农村供水”微信公众号

(6)配套工程及基础设施建设内容

①梁平“互联网+农村供水”项目信息化管理系统是在前期已建主体工程的基础上，进行的自动化和信息化系统的提升改造和配套建设。建设所需要的土建及配套工程主要是管网分水口测控井的改造及新建。根据本项目的勘察调研，原来项目建设测控井存在埋深浅以及不同限度的破损、塌陷和淤埋等情况，且大部分分水口都没有建设测控井，无法进行下一步信息化建设自动化设备的安装。所以在本项目建设中，对分水口测控井进行改造、新建，以实现对供水管网更好的管理和维护，本次共新建管网分水口测控井 164 座。

②金带、老鸹寨水厂经过多年的运行，网络机房功能单一，缺少必要的信息化设备，经过现场勘察，结合厂区工程人员的调研和沟通，两个厂区需要增加部分信息化办公设备，设备安装位置在水厂原网络机房。

③“互联网+农村供水”供水调度中心是梁平“互联网+农村供水”项目建成后数据集中展示、监测报警分析、态势总体感知和调度决策指挥的重要配套工程，供水调度中心设置在梁禹供水公司办公楼二楼(面积约 $43m^2$)，采取对现有的会议室进行升级改造的方式建设，主要建设内容包括装修及配套工程、LED 大屏显示系统、会议扩声发言系统、智能中控系统等。

(7)安全保障体系建设内容

根据等级保护 2.0“一个中心”管理下的“三重保护”体系框架，构建安全机制和策略。该环境分为安全物理环境、安全计算环境、安全区域边界、安全通信网络和安全管理中心 5 个部分。为应对未知的安全威胁和风险，实现“互联网+农村供水”信息系统网络安全等级保护安全建设目标。

7.3.4 建设成效

梁平“互联网+农村供水”信息化系统将云计算、大数据、物联网、GIS 等技术手段应用在农村供水工程中，构建从源头到龙头的前端感知体系，形成智慧管理与服务应用，实现供水全过程监控计量、需水供水、运行管理、检修养护、缴费服务的信息化、移动化、智能化。

(1)供水过程全感知

针对农村山区点多面广、地形多样、网络各异、供电困难等特点，利用无线物联网、云计算、边缘计算等技术，基于自主研发的智能物联感知平台，构建从源头到龙头的前端动态感知，实现农村供水全过程自动化监控，包括水厂智能组态监控、水池与泵站联动控制、管道流量压力测量、智能抄表终端等。其中，智能物联感知平台基于连接队列缓存技术，实现上万级别感知仪器集中统一、实时并发的数据上传；支持每日千万级别测控数据的整编、写入、存储、分析和读取调用。

(2)管道监测智诊断

基于大数据技术,采集和分析管网各节点的流量和压力数据,建立综合考虑历史和实时监测信息的分级分区的管网漏损计算模型,掌控和分析各供水片区主管—支管—入户三级管网的供水漏损情况,确定漏损点位,提供应急决策和检修支持,包括漏损处上游阀门关闭和管道检修线路建议。运维人员能够及时响应,保障供水工程安全稳定运行,对于供水工程运行管理具有重大经济和安全意义。

通过近一年的系统运行,结合企业的探漏维修工作,当前梁平“互联网+农村供水”供水管网漏损率已从 39%下降到 31%,随着系统运行,管网漏损率将进一步降低,随着漏损率的降低,各主力供水水厂日供水量也呈下降趋势,降低了企业的供水运行成本。

(3)水费收缴皆掌控

建设统一的水费计收管理平台,整体掌握全县农村供水和缴费形势。项目集成融合各片区各水厂的多终端多系统,实现供水公司、乡镇代管、农村饮水协会多单位的统一管理。不同管理单位配置相应权限使用统一平台实现用户管理、用水计量、水费计收、统计分析等业务,实现全县农村供水由分散管理转变为统一监管,为水利局总体把握全县农村供水情况提供数据支持。

随着移动端、窗口端、微信端多种收费方式的投入使用,梁平“互联网+农村供水”的水费收缴率得到快速提升,已经从系统投入运行前的 72%上升到现在的 93%,企业效益得到了快速提升,将为群众提供更好、更优质的供水服务。

(4)工程运行强高效

建设农村供水工程运行预警报警规则,将各类对象巡检、维修、养护流程模板化,并将系统报警、电话报修、微信报修、人工巡视与运维流程耦合,实现运维人员对故障的快速响应。建设工程运维受理中心,实现运维内容上报、问题受理、任务派发、任务处理、过程记录、结果审核的闭环流程。提供移动 App 查询信息和移动运维,及时进行管网诊断和维修,降低人工成本,提高工程管理运维效率。

通过工程运维的标准化作业,大大提高企业的运维效率,最直观的体现是企业临时聘请的劳务工大大减少,现月聘请劳务工人数已经从系统投入运行前的 240 人天降低为 150 人天,大大降低了企业的劳务支出成本。

(5)全息数据一张图

基于“一张图”汇聚水源地、水厂、泵站、蓄水池、管网监测等工程建筑和设备监测数据、供水管网、工程管理、巡检维修等动态信息,实现对上述信息的实时监控与预警、统计、分析和展现,并对供水形势、工程运行形势、工程建设形势、水费收缴形势、用水反馈、管网诊断结果等信息进行综合性解析展示。

(6)供水服务移动化

建设农村供水移动服务应用,以微信公众号为载体,打通计量、控制、运维、服务数据链条,为群众提供移动查询、报装、报修、缴费途径。同时,移动服务也可以作为对外展示的平台,包括便民政务、供水资讯、管网维护通知、水表养护知识等,有效提升服务质量和群众满意度。

7.4 垫江“互联网+农村供水”工程

7.4.1 项目情况

垫江县位于重庆市域中部,作为三峡移民的接收方,移民群体主要来自奉节和云阳,现有移民群体近6279人,主要分布于新民、高安、澄溪、沙坪等十几个乡镇(街道),大多数移民从事农业生产工作。垫江县人民政府和水利部门历年来都非常重视三峡移民后期扶持扶助工作,将农村人畜饮水建设作为重点工程。特别是2000年以来,发改委、水利部实施“农村饮水解困项目”和“农村饮水安全工程”,垫江县已完成农村集中供水工程共39处,分散式供水工程14419处,解决和改善86.57万人的饮水安全问题。

开展农村饮水安全管理的信息化建设,是整个社会和国家发展的方向,也是垫江县农村饮水安全管理工作走向正规化和现代化的必然趋势。垫江县农村供水管网分布散、路线长、起伏大、管护难,在工程管理和长效运行等方面还存在一些薄弱环节,部分规模化供水工程需要现代化改造,部分管网漏损现象较严重,实际供水量与水表计量相差较大。小型及分散供水工程由村民组建的用水协会或村委会专门负责管理、收取水费与建立台账,所收取的水费部分用于维修费,部分用于人工工资费,达到以水养水,长期运行的目的,但少部分小型及分散供水工程水费收取率需进一步提高,农村供水管理尚处于传统方式,整体信息化水平不高。

因此,垫江县积极响应党和国家的政策,投资开展垫江“互联网+农村供水”项目建设,充分利用现有的软硬件资源、平台资源、数据资源、网络资源等,结合管网水量压力监测,DMA分区管理、物联网技术,以提高供水水质、服务水平和保障能力为导向,实现从水源、水厂、管网到水龙头的自动化监测和运行管理,实现水量自动计量、水费线上缴费,通过垫江“互联网+农村供水”工程建设达到“实时监测、提前预警、快速诊断、智能定位、服务便捷”成效,促进农村供水管理从传统模式到互联网智能监管、服务体系转型升级,形成“供水有保障、服务跟得上、水费收得回”的“互联网+农村供水”管理服务新格局。

7.4.2 建设方案

垫江“互联网+农村供水”建设方案主要包含物联网动态感知体系建设、数据中心建设、支撑平台建设、应用体系建设、服务体系建设、配套工程及基础设施建设以及安全保障体系建设。

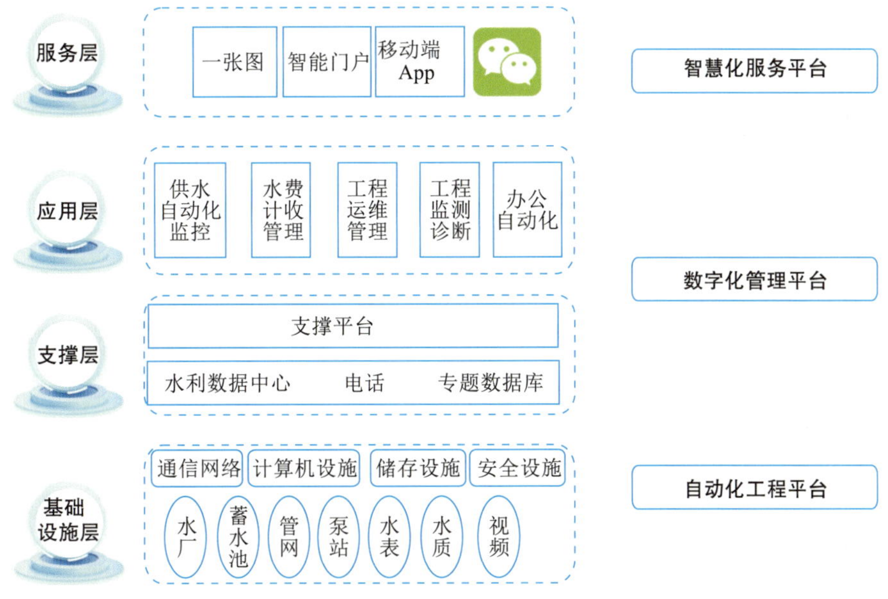

图 7-15 垫江“互联网＋农村供水”建设方案

(1)物联网动态感知体系建设

1)农村水厂清水池及高位水池监测

在清水池建设水位、流量、水质自动监测设备，实时监测流量信息，并将监测数据实时上传至“互联网＋农村供水”系统平台，使水利局业务管理部门的工作人员实时掌握水厂清水池的动态情况。

2)水厂自动化改造及接入

水厂自动化改造和接入方案主要包括水厂源水水量和浊度监测、沉淀池浊度监测、过滤池浊度监测设备的安装；配置 PAC 加药设备实现水厂的自动加药；配置二氧化氯发生器设备和 PLC 控制柜实现水厂消毒的自动控制；建设自动排泥系统，通过将沉淀池排泥阀更换为电动阀门，实现沉淀池排泥阀的远程控制和自动排泥；对取水泵站机组进行 PLC 改造，增设自动控制柜，用于接入水厂的供水泵站以及本工程新增加的电动阀、流量计等设备，实现水厂内部自动化接入；厂区外高位水池视频监控；厂区内针对加药间内、厂区室外，按照视频安防需要，分别布设网络红外枪机，实时监控加药设备运行情况和厂区内环境。

3)输配水管网监测

输配水管网监测主要是对垫江县移民安置区内的澄溪水厂、砚台水厂、新民 1 号水厂、新民 2 号水厂 4 座水厂片区的主干管及分干管的分水口设置流量和水压测控点，并配备安装物联网远程测控装置。一方面实现对干支管的供水调度管理和管线安全监测；另一方面将入户水量进行对比，作为供水漏损及水量平衡分析的依据。

4)入户用水计量控制

入户计量系统是用于采集农村入户远传水表的流量数据,是供水系统末端流量监测的重要组成部分,也是水费计收管理系统的主要数据依据。为了保证复杂的农村管网的安全运行,需要利用实时计量手段,达到远程监测管网的要求,鉴于农村供水管网的复杂性,用水区域比较分散,适合采用远程智能化水表对管网进行实时监测,同时实时缴费,降低人工成本,提高缴费率。

5)供电系统设计

输水管网分水口大部分在山上和田间地头,绝大部分管线分水口都在浓密的树荫之下,附近供电电源均在500m以外,无法利用太阳能和风能供电,也无法直接使用市电资源,故对输配水管网的监测系统设备供电均采用自带锂电池供电。

6)信息采集与传输网络设计

对片区水厂清水池/高位水池、输配水管网以无线网络通信的方式将数据传输至供水调度中心机房服务器,实现自动化测控层的数据采集和管控;对于末端入户智能计量的数据传输,主要是以NB-IoT方式和GPRS方式通过基站直接与机房服务器进行数据交互,实现对各用户用水量的数据采集和对智能表阀的远程控制;对于水厂自动化设备,采用有线网络传输连接至供水调度中心。

(2)数据中心建设

数据中心整合已有数据、新建数据、外部协同数据等,形成农村供水专题数据库,实现数据资源的整合、互联互通和资源共享。主要包括基础数据库、业务数据库、管理数据库和文件系统。

(3)支撑平台建设

“互联网+农村供水”支撑平台建设包括基础支撑平台及使能支撑平台。基础支撑平台包括各类中间件支撑服务等。中间件支撑服务建设即利用第三方平台或软件的服务功能,为本工程业务系统提供各类服务,具体包括流程平台、身份认证、综合检索、报表平台、短信平台、文件存储、消息服务、数据交换、视频平台、日志平台等内容。使能支撑平台是为上层应用提供智慧化服务,主要包括地理信息服务支撑、物联网服务支撑及其他智慧化决策支撑。

(4)业务应用体系建设

业务应用体系包括以自动化测控体系为基础的供水自动化监测系统;实现全县水费计收统一化管理的水费计收系统;实现对农村供水工程的基础档案信息管理、移动巡检、维修养护等工作的工程运维管理系统;根据历史数据预测供水趋势并且能够诊断和处理供水管网爆管和漏损的工程监测诊断系统。

(5)业务服务体系建设

业务服务体系包括聚合各类供水信息的智能门户;实现供水业务移动化管理的农村供水App;在二、三维电子地图的基础上,运用地理信息技术实现农村供水信息的整合发布的一张图；面向社会公众，实现水费缴纳、停水通知、用水信息推送等功能的微信公众号。

(6)配套工程及基础设施建设

配套工程及基础设施建设方案包括对原有的闸阀门井进行必要的改造或新建测控井、澄溪调度中心的基础设施建设以及新民调度中心的基础设施建设。

(7)安全保障体系建设方案

根据等级保护 2.0“一个中心”管理下的“三重保护”体系框架，构建垫江“互联网＋农村供水”安全机制和策略。

7.4.3 建设内容

(1)物联网动态感知体系建设内容

①针对垫江县 25 座农村水厂(千人以上工程)清水池/高位水池的水位、水质、流量进行自动化监控，实时掌握水厂供水情况，做到供水提前预警，增强农村供水安全保障能力。

②针对垫江县农村移民安置区内的澄溪水厂、砚台水厂、新民 1 号水厂、新民 2 号水厂等 4 座水厂进行自动化改造及接入，包括泵站自动化改造、高位水池监测、自动加药和消毒设备改造、水质自动监测、电动阀改造、视频安防以及水厂自动化接入(图 7-16)。

③针对垫江县农村移民安置区内的澄溪水厂、砚台水厂、新民 1 号水厂、新民 2 号水厂 4 座水厂的输配水管网重要节点进行流量、压力监测(图 7-17)。

图 7-16　水厂自动化改造

图 7-17　管网流量计、压力计和水表安装

④将垫江县农村移民安置区内的澄溪水厂、砚台水厂、新民 1 号水厂、新民 2 号水厂 4 座水厂城镇供水区域的重点部分 7000 块机械水表升级为 NB-IoT 物联网智能水表。

(2)数据中心建设内容

整理录入垫江县现有农村供水工程数据、磁卡用户数据、物联网水表用户数据、工程建设数据、组织机构信息、地理空间数据。通过管网拓扑勘察和资料整理分析、建模和管网控制逻辑整理。

(3)支撑平台建设内容

1)管网分析诊断模型

建立预测模型,将数学中的部分预测方法应用到管网供需水管理中,通过历史用水数据分析用水规律,预测未来用水,并根据预测结果计算管网流量计预警范围。

建立供水管网爆管诊断模型,对管网进行爆管风险评估,得到爆管风险预测数据。分析管道监测流量、压力数据,识别是否发生爆管事件,及时采取应急措施,保障供水安全。

建立供水管网漏损分析模型,对 DMA 分区的水损情况进行分析评估,确定流量超额的原因,最终锁定可能发生漏损的分区,进而开展实地查漏等行动,实现漏点的快速定位和快速修复。

2)基础支撑平台

基础支撑平台建设内容包括通用流程管理、统一身份认证、报表服务、短信平台以及消息中间件。

3)使能支撑平台

使能支撑平台建设内容包括数据交换服务,二、三维地理信息平台以及智能物联管理平台。

(4)业务应用体系建设内容

1)供水自动化监测系统

供水自动化监测系统建设内容包括自动化监控设备接入、自动化监控数据整编、报警预警、远程控制、监测数据管理、视频监控等功能。整合监测数据并集中展示,满足快速了解运行状态和处理预警预报事件以及降低水量损失、设备损失、维修成本的需求,实现整个供水系统的灵活高效和智能。

2)水费计收系统

水费计收系统建设内容包括用水户信息管理、抄表管理,水费、水价管理、统计分析等功能,提供信息查询服务,并能支持微信公众号等多种缴费方式,能够统计分析用水量、用水异常情况、水费收缴情况等信息,方便领导和业务人员把握水费计收具体形势,提高信息化管理水平。

3)工程运维管理系统

工程运维管理系统建设内容包括工程信息管理、工程巡检、维修管理、养护管理等功能,能够记录运维管理人员对工程及自动化设备的巡检情况和检查结果。实现农村供水工程运行维护的电子化和信息化管理。

4)工程监测诊断系统

工程监测诊断系统建设内容包括需水预测、管网实时诊断与处置、水损分析等功能,为运维管理人员掌握需水情况、直观把控供水管网运行状态提供支撑。

(5)“互联网+农村供水”服务体系建设内容

1)农村供水信息门户

农村供水信息门户建设内容包括管理门户、业务门户和公众门户。将“互联网+农村供水”工程运行、设备运行状态等实时监测数据和各项重要指标统计等信息按照各级权限集中展示给不同层级的管理人员,形成管理门户;为各个业务系统聚合相关专题信息,形成业务门户;为社会公众聚合重要新闻事件、政务公开、水费缴纳、通知公告等相关信息,形成公众门户。

2)移动端 App

移动端 App 建设内容包括移动一张图、实时数据查询、预警预报、移动控制、巡检维修

等功能,实现业务信息化管理系统的全覆盖,集成各个业务科室的工作,提高工作效率,满足用户通过移动端实时掌握整个垫江县供水的工程运行、供水用水、巡检维修等情况的需求。

3)一张图

一张图在二、三维电子地图的基础上,运用地理信息技术实现农村供水信息的整合发布,支持水源地、水厂、清水池、输水管网、入户水表等农村供水工程建筑和设备监测数据、工程管理、预警报警、巡检维修等动态信息的展示和查询,并对供水形势、工程运行形势、水费收缴形势和用水反馈等业务信息进行综合性解析展示。

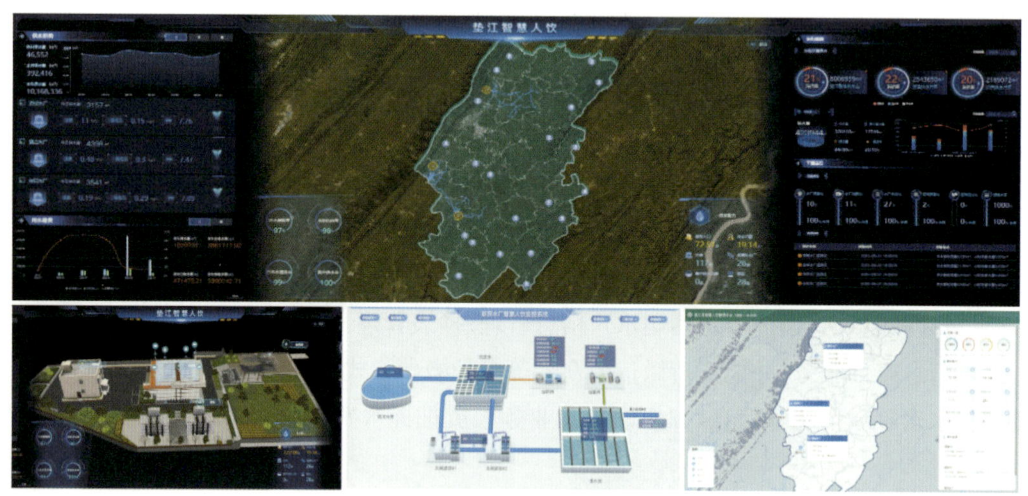

图 7-18 垫江"互联网+农村供水"一张图

4)微信公众号

微信公众号建设内容包括水费缴纳、停水通知、政务公开、问题反映等功能。面向社会公众,方便用户实时掌握"互联网+农村供水"相关信息,广大用水户足不出户即可网上缴费、查询用水信息及政策性文件、反馈用水问题。

(6)配套工程及基础设施建设内容

①针对垫江县农村移民安置区内的澄溪水厂、砚台水厂、新民1号水厂、新民2号水厂4座水厂所覆盖的174座主干管网分水口补充修建测控井,对原有管网设备和新增设备形成有效保护。

②对澄溪供水现有供水调度中心环境进行补充完善,配置LED显示大屏和会议系统等设备,提供项目综合展示和调度指挥的基础运行环境;对现有机房补充配置机柜等设备,整合现有运行环境。

③对新民2号水厂现有值班会议室进行装修改造,配置LED显示大屏、会议系统、会议桌椅、机柜等设施,作为供水调度分中心。

(7)安全保障体系建设内容

安全保障体系建设内容包括安全物理环境、安全计算环境、安全区域边界、安全通信网络和安全管理中心。垫江"互联网+农村供水"的安全保障体系将在统一的安全策略指导下,充分利用已有网络安全基础设施,通过以上建设内容,形成集防护、检测、响应、恢复于一体的安全保障体系,从而实现物理和环境安全、网络和通信安全、设备和计算安全、应用和数据安全,构建可信、可控、可管的安全保障体系。

7.4.4 建设成效

垫江"互联网+农村供水"立足农村供水实际需求,以"互联网+"技术和思维探索农村供水管理新模式,通过"云、物、大、智、移"等信息化手段,建成覆盖水源地、水厂、泵站、管网到入户的互联感知控制体系,以及包括五大业务应用(自动化监控系统、水费计收系统、工程运维管理系统、工程监测诊断系统、办公自动化系统),四大服务体系(农村供水一张图、智能门户、移动端 App、微信公众号)和两大业务支撑管理平台(大数据中心和支撑平台)的"互联网+农村供水"系统方案。解决了测控、诊断、运维、收费等管理难题。完成了从源头到龙头的自动化布局,实现了供水工程的无人值守及低损耗运行,显著提高了农村供水的"四率",让用水户喝上"明白水,安全水,放心水",为乡村振兴目标奠定牢固的基础,实现了节水、减员、降本、增效,推动了农村供水的均等化服务,有效提升了社会效益和经济效益。

(1)从源头到龙头的全程自动化运行

垫江"互联网+农村供水"将云计算、大数据、物联网、GIS 等技术手段应用在农村供水工程中,构建从源头到龙头的前端感知体系,从水源到水厂、泵站、水池、输水管网、水龙头实现全链条自动运行,实时监测水厂加药设备、消毒设备以及原水、出厂水水质指标,保障人民用水安全,支持精准管理,电脑、手机可随时随地进行远程监测、调度、事故控制,实现无人值守、少人值班,达到了"节水、降本、增效"的目标,通过业务流程的优化、移动应用的引入,建立高效能、低成本管理和运维模式,提高政府监管效能,垫江县供水安全群众满意度达 98%,群众不再为用水而担忧,彰显了党和政府的为民情怀。

(2)从数据到任务的多维数字化管理

建成集监测、控制、计量、需水供水、运行管理、检修养护、缴费的供水数字化管理平台,对供用水、缴费、运维数据实时自动采集、传递、分析和处理;基于智能物联管理平台汇集供水数据,通过爆管、水损模型分析,识别管网异常及时预警推送;支持建立供水应急响应预案,实现问题上报、问题受理、任务派单、运维抢修、过程记录、复核确认的闭环流程。

实现需水供水、运行管理、检修养护的信息化、移动化、智能化,推动农村供水工程运行、维护和管理转型,实现水质在线监测、事故精准判断和及时处置、预警报警与运维流程耦合,工程事故率下降了32%，管网漏失率更是大幅下降了57%，解决了“跑冒漏”的痛点，运维管理工作更加高效便捷。

(3)从政府到公众的个性智慧化服务

按照“让数据多跑路，让群众少跑腿”的便民服务理念，改变传统人工抄表、上门收费的水费收缴方式，建成农村供水移动服务应用，利用微信公众号为载体，打通计量、控制、运维、服务数据链条，提供便捷服务窗口，实现水费缴纳、预存、余额查询、用水明细查询、新户报装、问题报修等功能，同时支持智能分析用水数据，用水异常及时推送。目前，垫江县6个供水公司的水费收缴率平均超过95%，水费收缴工作效果显著。另外，对管理人员实现了便捷管理、智能填报、实时推送，为社会公众提供移动报装、信息查询、便捷缴费途径，让群众喝上“明白水、安全水、放心水”，有效提升了服务质量和群众满意度。

7.5 本章小结

党的十八大以来，党中央对保障国家水安全做出一系列重大决策部署，明确提出“节水优先，空间均衡，系统治理，两手发力”的新时期治水方针。针对农村饮水，要求将解决贫困人口饮水安全问题作为脱贫攻坚的头号工程全力推进，巩固提高农村饮水安全水平，保障基本民生。

鉴于此，农村供水实践案例以“互联网+”技术和思维，探索农村供水管理新模式，通过“云、物、大、智、移”等信息化手段，建成覆盖水源地、水厂、泵站、管网到入户的物联网感知控制体系，以及包括6大业务应用、3大门户和2大支撑的智慧管理平台，实现从水源地、水厂、输水管网、各级水池到用户用水全过程的监测、控制、计量自动化，需水供水、运行管理、检修养护、缴费的移动化、智能化，工程全生命周期管理的一体化，以及用户与系统交互的个性化。

当前已实施的“互联网+农村供水”工程通过运用互联网思维和信息化手段对传统水利运行、管理和服务模式进行重构，在不同地区率先打造农村供水智能化管理示范典型。

第8章 总结与展望

8.1 总结

针对农村供水保障率差、水质达标率低、管网漏损严重、问题发现难、服务跟不上等问题，研究“互联网+农村供水”智慧管控关键技术，突破农村供水在线监控、运行诊断和运维保障等方面的关键技术瓶颈，设计研发了“互联网+农村供水”智慧管控平台，实现农村供水全过程监控计量、需水供水、运行管理、公众服务的信息化、移动化、智能化。

(1)适应农村供水复杂环境的低功耗前端智能感知设备及平台

提出了外部定时触发的超低功耗解决方案和现地远程双载波无线唤醒方法，研发了远程采集传输智能感知设备，实现了农村供水监测设备电池供电长期低功耗运行。

(2)基于长时间序列监测数据的农村供水管网运行诊断技术

突破传统管网水力学模型，实现了基于统计和机器学习的时间序列算法，解决了农村供水管网异常状态的实时诊断和预警难题。

(3)基于“四预”体系的农村供水高质量运维保障技术

建立农村供水多重预警体系，提出并构建以“预警诊断—问题中心—运维工单”为核心的农村供水预警运维耦合协同机制，提升了农村供水运维响应能力。

本书研究成果成功应用于彭阳县农村饮水巩固提升工程，实现 1 座水厂、45 座泵站、92 座蓄水池、407 处管网节点、4.3 万用水户的智能监控，部署“互联网+农村供水”智慧管控平台，达到节水、降本、增效的突出效果，事故率降低了 30%，水损失减少了 20%，减少运维人员 56%，年运维成本降低了 120 万，每年节约财政补助 220 万元。为彭阳县稳定可持续脱贫提供基础保障，取得了显著的社会效益和经济效益。该成果被中央和地方媒体广泛报道，全国各地水管单位调研百余次，水利部部长率全国农村饮水安全工作现场会与会人员实地观摩。本书研究成果还成功推广至宁夏地区海原县、隆德县，以及重庆梁平区、垫江、城口等区县，合同总金额达到 3.41 亿元，应用前景广阔。

8.2 展望

"互联网+农村供水"工程是一项民生公益性工程，受益群众为农村供水工程覆盖范围内的全部人口，有效解决农村人口饮水安全问题，全面提升供水保障能力，有力推进乡村振兴，同时提高供水管理与服务水平，满足新时期社会公众对水利的新要求。

(1)强化农村饮水安全和供水保障率，全面贯彻乡村振兴战略

党的十九大报告指出，农业农村农民问题是关系国计民生的根本性问题，必须始终把解决好"三农"问题作为全党工作的重中之重，实施乡村振兴战略。解决"吃水"的问题是全面实施乡村振兴战略的首要、基础性工作。"互联网+农村供水"智慧管控技术通过从水源地、水厂、清水池、输配水管网到用户用水全过程的自动化监测、控制、计量、缴费，实现供水工程自动运行，精准管理，有效提升农村供水保证率，让农村居民喝上"明白水、放心水、方便水"，全面贯彻乡村振兴战略。

(2)提高新时期智慧供水管理与服务水平，提升社会公众幸福感

"互联网+农村供水"智慧管控平台借助智能门户、移动端、微信公众号对外发布供水和用水信息，社会公众可以通过门户网站、移动端查看使用流量、缴纳水费，从而使用水信息更加透明、服务更加便捷。同时，智慧管控平台实现信息采集自动化、信息传输网络化、信息管理集成化、业务系统智能化、决策信息实时化，有力提升供水单位的管理水平，促进政务公开、信息共享，以精准智能化的服务满足新时期社会大众对水利的新要求。

主要参考文献

[1] 白云,陈国强. 基于尺度特征融合的随机森林日供水量预测模型[J]. 长江科学院院报,2022,39(3):33-37.

[2] 白云. 时间序列特性驱动的供水量预测方法研究及应用[D]. 重庆:重庆大学,2014.

[3] 班福忱,叶露,吴丹,等. 基于 WaterGEMS 的供水管网建模及爆管分析研究[J]. 给水排水,2020,46(8):116-120.

[4] 曾光,梁慧冰. 基于神经网络的城市供水智能管理系统[J]. 计算机工程,2000,26(9):143-145.

[5] 曾正,陶佳燕,林志敏. 城市供水量预测的数学模型[J]. 供水技术,2008,2(2):11-15.

[6] 陈兵,张梦,林雨阳. 一种城市供水管网压力监测点的优化布置方法:CN107122519A[P]. 2017.

[7] 陈迪超,奚卫红,江标初. 供水管网主动漏损控制方法与管理流程[J]. 中国给水排水,2015,31(18):11-13.

[8] 陈磊,杨敏. 基于粗糙集和遗传神经网络的城市日用水量预测模型[J]. 节水灌溉,2011(7):32-35.

[9] 陈求稳,曲久辉,刘锐平,等. 北京市供水管网的老化漏失规律模型研究[J]. 中国给水排水,2008,24(11):52-56.

[10] 程爱玲. 城市供水管网漏损预测模型及检漏方法的研究[J]. 山西建筑,2007,33(21):189-190.

[11] 戴婕,张东. 上海市供水管网信息化平台构建与应用[J]. 给水排水,2015(12):104-107.

[12] 戴雪峰,黄廷林,王勇. 基于小波神经网络的城市日用水量短期预测模型及应用[C]//中国土木工程学会,湖北省土木建筑学会. 第三届中国中西部地区土木建筑学术年会论文集. 2013.

[13] 党向龙. 供水管网漏损控制分区装表计量技术和应用探微[J]. 工程技术,2016(12):35,37.

[14] 丁祥,王彤. 基于灰色马尔科夫模型的天津市供水总量预测[J]. 供水技术,2021,15(5):1-5.

[15] 丁亚兰. 国内外给水工程设计实例[M]. 北京:化学工业出版社,1999.

[16] 董俊营,李艳丽. 农业供水管理系统在桃山水库工程中的应用[J]. 黑龙江水利科技,2010,38(3):131-132.

[17] 杜坤,秦贤海,宋志刚,等. 一种基于爆管检测效益的供水管网压力监测点优化布局方法:CN202110256952. X[P]. 2021-06-18.

[18] 杜艺,孙辉,李林. 城市供水行业信息化系统建设的探索[J]. 城镇供水,2008(5):72-74.

[19] 范学研. DMA 技术在管网漏损控制方面的试验与应用[J]. 城镇供水,2016(1):66-70,90.

[20] 付刚,朱晨光,刘彦华. 基于远程控制技术的二次供水管理系统的探索与实践[J]. 中国给水排水,2013,29(12):14-17.

[21] 傅维秀,党志良,董颖,等. 给水管网漏失预测模型的初步研究[C]//中国科学院,西安理工大学. 全国水问题研究学术研讨会. 2005.

[22] 高赫余,王圣,吴潇勇. 基于 Adaboost 集成模型的城市短期供水量预测方法[J]. 净水技术,2020,39(5):164-170.

[23] 高凯歌,齐利军,张祖鹏. 城乡供水信息化系统规划与建设对策——以浙江省长兴县为例[J]. 中国水利,2022,(15):57-58.

[24] 耿为民. 给水管网漏水量预测模型[J]. 城镇供水,2006(2):36-38,51.

[25] 龚珑聪,卓雄,许俊鸽. 基于 NB-IoT 和 DMA 技术相结合的小区漏损控制分析[J]. 中国给水排水,2021,37(13):40-46.

[26] 苟非洲,程玉婷. 基于长短期记忆网络的日供水量预测方法研究[J]. 中国给水排水,2019,35(17):79-83.

[27] 郭冠呈,刘书明,李俊禹,等. 基于双向长短时神经网络的水量预测方法研究[J]. 给水排水,2018,44(3):123-126.

[28] 郭思元,易家松. 时间序列法在厦门市日供水量预测中的应用[J]. 城市公用事业,2005,19(1):24-26

[29] 韩国华,刘涛. 人工神经网络在中水供水量预测中的应用[J]. 建材世界,2012,33(3):98-100.

[30] 郝志萍,于书红. 浅议城市供水智能管理系统的构建[J]. 中国科技信息,2014(8):50-51.

[31] 何维华. 供水管道与漏损控制—漏水分析与降漏措施[C]//中国土木工程学会,中国

城镇供水协会.2001 年全国管道漏损控制研讨会.2001.
[32] 胡婧.基于水力瞬变流理论的给水管网漏失实验研究[D].哈尔滨:哈尔滨工业大学,2010.
[33] 黄传连.基于时间序列挖掘的城市供水控制系统研究[J].科技经济市场,2013(10):19-20.
[34] 黄璐,李树平,周巍巍,等.基于原有测压点的供水管网压力监测点优化布置研究[J].给水排水,2013,39(2):119-122.
[35] 黄茂林.供水管网漏损控制的 DMA 技术及阀门布置的优化研究[D].长沙:湖南大学,2009.
[36] 黄潇莹,张健.ARIMA 模型在成都市供水量预测中的应用[J].水资源与水工程学报,2010,21(4):111-113.
[37] 季周荣,金世俊,谢伟.城市供水调度信息化系统的研究与应用[J].工业控制计算机,2008,21(11):35-36.
[38] 贾玉娟.改进的混合差分人工蜂群算法在辽宁东部城市供水量预测中的应用研究[J].水利技术监督,2019(1):156-159.
[39] 姜伟康.基于改进混合蛙跳算法的给水管网改扩建优化模型研究[D].重庆:重庆大学,2014.
[40] 蒋丽云,徐秋红,汪林,等.供水管网压力监测点的优化布置及实施[J].水利发展研究,2021,21(8):51-55.
[41] 金溪,曾小兵,高金良,等.利用遗传算法进行供水管网压力监测点优化布置[J].给水排水,2007,33(z1):346-349.
[42] 靳赛,陶涛.供水管网漏损预测模型的应用比较[J].供水技术,2015,9(6):35-38.
[43] 鞠佳伟,宋良喜,马晓明.苏州市吴江区日供水量预测模型的建立与应用[J].中国给水排水,2017,33(23):141-144.
[44] 郎鹏凯.基于 GIS 系统的城市供水管网漏损评价方法研究[D].太原:太原理工大学,2010.
[45] 李翠梅,刘遂庆.城市水价预测模型研究与 GMM 参数校验[J].同济大学学报(自然科学版),2009,37(9):1212-1216.
[46] 李汉超.基于未确知测度理论的城市供水管网漏损可能性评价研究[D].太原:太原理工大学,2019.
[47] 李露.夜间合法用水量预测与 DMA 漏损分析方法研究[D].长沙:湖南大学,2016.
[48] 李唯特,陈宇,于忠清.基于小波分解的 ABC-MGRU 城市供水量预测模型[J].中国农村水利水电,2022(2):184-189,198.

[49] 李小龙,孙飞．兼容性RTU在水利信息化中的应用[J]. 水利水电快报,2022,43(z1):71-73,77.

[50] 李燕京,吕谋,李凤梅．城市供水管网漏损的智能化削减技术研究[J]. 青岛理工大学学报,2011,32(1):69-72,96.

[51] 李燕京．供水管网系统漏损智能化控制技术研究与应用[D]. 青岛:青岛理工大学,2010.

[52] 李玉华,孙希兵．基于GIS的城市供水管网管理系统开发[J]. 哈尔滨工业大学学报,2005,37(4):476-477,480.

[53] 李玉全．城市供水管网实时建模及漏损事件侦测定位研究[D]. 杭州:杭州电子科技大学,2018.

[54] 连鹏．城市供水管网漏损控制方法的研究[D]. 天津:天津大学,2004.

[55] 梁建文,肖笛,张宏伟,等．供水管网健康监测的压力监测点优化布置[C]//中国土木工程学会,中国岩石力学与工程学会,中国灾害防御协会．全国第二届防灾减灾工程学术会议论文集．2013.

[56] 梁宇舜．基于SCADA系统的给水管网爆管事故快速定位系统的研究[D]. 广州:中山大学,2010.

[57] 林雨阳．城市供水管网实时监控系统的设计与监测点的优化布置[D]. 广州:华南理工大学,2013.

[58] 刘航飞．城市供水系统分区及管网优化研究——以蔡家坡经开区为例[D]. 西安:长安大学,2014.

[59] 刘洪波,张宏伟,田林．人工神经网络法预测时用水量[J]. 中国给水排水,2002,18(12):39-41.

[60] 刘洪波,张宏伟．城市用水量短期预测方法的比较研究[J]. 天津工业大学学报,2004,23(6):42-45.

[61] 刘洪波,张宏伟．基于小波分解的城市供水管网短期水量负荷预测[J]. 中国给水排水,2006,22(17):60-63.

[62] 刘年东,周明,杜坤,等．基于相空间重构的BP供水量预测模型的改进[J]. 给水排水,2016(s1).

[63] 刘书明,王欢欢,徐鹏,等．多目标大规模供水管网监测点的优化选址[C]//中国城市科学研究会,中国城镇供水排水协会．第六届中国城镇水务发展国际研讨会论文集．2011.

[64] 刘肃．基于分布式技术的供水计费管理系统的设计与实现[D]. 长沙:湖南大学,2016.

[65] 刘锁祥，赵顺萍，曹楠，等．供水管网漏损控制研究和实践[J]．中国给水排水，2015，31(10)：22-25.

[66] 刘洋，胡恩召，贾利民．组合优化的城市供水量预测模型[J]．计算机仿真，2008，25(8)：79-82，209.

[67] 刘志壮，吕谋，周国升．基于小波组合模型的短期城市用水量预测[J]．给水排水，2020，46(10)：110-114，131.

[68] 鲁华．供水营销企业的水表业务管理[J]．中国计量，2011(8)：31-32.

[69] 吕鑑，张舰艇，吴珊，等．基于BP神经网络的城市给水管网爆损预测模型研究[J]．给水排水，2009，35(z1)：433-435.

[70] 孟凯，马耀光．基于java的城市水管理系统的研究[J]．中国农村水利水电，2013(1)：86-89.

[71] 牟天蔚，蒋白懿，沈丹玉，等．深度学习框架对城市日供水量预测的研究[J]．人民黄河，2018，40(9)：58-62.

[72] 欧阳嘉．给水管网水力建模与优化调度应用研究[D]．长沙：湖南大学，2012.

[73] 平俊晖．基于智能监测系统的给水管网调度方法研究[D]．北京：清华大学，2015.

[74] 冉雨晴，吴玮，狄鑫．基于遗传算法优化BP神经网络的管网漏失定位模型研究[J]．水电能源科学，2021，39(5)：123-126，122.

[75] 任刚红，杜坤，刘年东，等．局域法邻近点选取对供水量预测精度的影响[J]．土木建筑与环境工程，2017，39(4)：102-106.

[76] 邵圆媛．嵌套BP/GMS神经网络模型在供水管网漏损预测中的研究[D]．重庆：重庆大学，2018.

[77] 石玉文，张远四，单友良．神经网络在城市供水量预测中的应用[J]．计算机与数字工程，2009，37(1)：165-166，170.

[78] 孙红星．桓台县农村饮水安全信息化系统开发与应用[D]．济南：山东大学，2015.

[79] 孙强，王秋萍．融合粗糙集和灰色GM(1，N)的西安市供水量预测[J]．计算机工程与应用，2013，49(11)：237-240.

[80] 孙扬．基于远程控制技术的二次供水管理系统的探索与实践[J]．科技致富向导，2014(36)：90.

[81] 唐耀明．浅谈给水管网漏损预测的研究与应用[J]．低碳世界，2018(6)：160-161.

[82] 田昊，王源楠，杨琳．基于“互联网＋”的城乡供水自动化监测与管理系统设计与实现[J]．水利水电快报，2022，43(2)：111-116.

[83] 汪健，王煜，秦正飞．基于小波神经网络对城市供水管网漏损的研究[J]．计算机与数字工程，2016，45(7)：1357-1360.

[84] 王海,常迪．广州市供水管网管理系统的设计与实现[J]．计算机系统应用,1999,8(4):46-48.

[85] 王鸿翔,张土乔．给水管网漏损检测技术与理论研究简述[C]//浙江大学建工学院市政工程研究所．供水管网信息化管理与检测技术应用论文集,2007.

[86] 王慧．基于B/S模式的节水供水管理系统的设计与实现[D]．成都:电子科技大学,2012.

[87] 王立伟,万珊,姚宗玉．给水管网漏损预测模型研究[J]．黑龙江水利科技,2008,36(6):58-60.

[88] 王丽娟．基于Elman神经网络城市供水管网漏损预测模型研究[J]．河北工业大学成人教育学院学报,2009,24(2):26-29.

[89] 王圃,唐鹏飞,白云,等．基于多分辨BP神经网络的城市日供水量预测模型[J]．中国给水排水,2018,34(11):51-55,60.

[90] 王强,刘遂庆．城市供水管网调度系统信息化建设[C]//全国给水排水信息网．2008年全国给水排水技术交流会暨全国水网理事会换届大会论文集．2008.

[91] 王强．基于深度学习的城镇供水量预测的云平台设计[J]．电脑知识与技术,2022,18(2):1-3.

[92] 王勤．基于WebGIS的城市供水管网管理系统设计与实现[D]．厦门:厦门大学,2015.

[93] 王儒涛．城市生活供水量预测方法研究[J]．水科学与工程技术,2016(5):17-19.

[94] 王旭,王颖,田伟博．城市供水管网漏损时间预测模型[J]．水资源与水工程学报,2012,23(4):151-153,157.

[95] 王钰,张忠能,俞国庆．基于ERP理念的自来水生产管理系统[J]．计算机工程,2004,30(z1):499-500,543.

[96] 吴浩．供水管网的漏损控制[J]．给水排水,1999(1):67.

[97] 谢善斌,袁杰,侯金霞．智慧水务信息化系统建设与实践[J]．给水排水,2018,44(4):134-140.

[98] 邢峰．数学建模方法在城市供水量预测中的应用[J]．长春大学学报(自然科学版),2008,18(6):49-50.

[99] 熊国恺,熊巍滔．基于SSM框架的县城供水管理系统的设计[J]．湖南理工学院学报(自然科学版),2017,30(3):54-57.

[100] 徐宁,聂倩,李丹农．宁波市水利信息化综合管理平台的设计与实现[J]．地理空间信息,2014(3):102-104.

[101] 徐强,陈求稳,顾军农,等．供水管网漏损控制研究进展[J]．中国给水排水,2012,28

(24):5-9.

[102] 许强,盛宁.城市给水系统优化调度研究[J].水科学与工程技术,2008(z2):89-92.

[103] 薛磊,常杪.城市供水管网漏损控制潜力研究[J].环境科学与管理,2006,31(7):79-81,86.

[104] 严仁清,吴旭东.浅谈建立按区划分系统进行漏损控制[C]//中国土木工程学会,中国城镇供水协会.2001年全国管道漏损控制研讨会.2001.

[105] 杨丹.城镇供水管网漏损现状分析及漏损控制技术研究进展[J].环境保护前沿,2022,12(2):224-232.

[106] 杨龙.区域供水管网漏失控制与分析模型研究[D].北京:北京工业大学,2013.

[107] 杨启航,周艳,吴水波,等.供水管网压力监测点优化布置方法[J].给水排水,2022,48(4):113-118.

[108] 杨薇.基于GIS的郑州市农村饮用水安全管理信息系统的设计与实现[D].郑州:郑州大学,2013.

[109] 杨钰玲,朱凯,李明泉.城市供水量预测[J].内江师范学院学报,2008(B12).

[110] 杨志高,张宝军.时间序列法在供水量预测模型建立中的应用[J].徐州建筑职业技术学院学报,2004,4(3):31-34.

[111] 姚晨.城市供水管网系统的分布式预测控制[D].上海:上海交通大学,2016.

[112] 姚小明,刘耀军,郭银章.基于Seam的城市供水管理系统的设计与实现[J].计算机工程与设计,2009,30(21):5013-5015,5024.

[113] 余健,刘倍良.一种基于PDD的城市供水管网压力监测点优化布置的方法:CN110263960A[P].2019.

[114] 俞良协,林继贤.基于Internet GIS的武汉供水管网地理信息系统的构建与运行[C]//中国城镇供水协会,中国土木工程学会.供水管网信息化管理与检测技术应用论文集.2005.

[115] 袁敏.GIS在城市供水巡检管理系统中的应用[J].现代制造技术与装备,2014(2):73-74.

[116] 岳宏宇,吕谋,李红卫,等.基于群体智能优化算法的供水管网压力监测点布置[J].中国给水排水,2020,36(21):66-70.

[117] 张恒飞,成雪夫,田昊,等.基于SARIMA模型的农村供水工程用水量实时预测[J].水利水电快报,2022,43(4):42-45.

[118] 张恒飞,成雪夫,田昊,等.基于物联网的农村供水运行与检测技术研究[J].水利规划与设计,2021(10):38-41,116.

[119] 张恒飞,李小龙,梅林辉.水利智能物联感知平台的设计与实现[J].水利水电快报,

2022,43(8):118-121.

[120] 张宏伟,王亮,岳琳,等.城市供水管网漏损时间的预测模型研究[J].中国给水排水,2006,22(5):52-55.

[121] 张清明,董秋华.农村饮水安全工程长效管理探讨[C]//中国水利水电科学研究院.全国农村饮水安全技术交流研讨会论文集.2008.

[122] 张清周.基于模型校核的给水管网漏失定位研究[D].哈尔滨:哈尔滨工业大学,2013.

[123] 张译文.供水管网漏损控制分区装表计量技术和应用[J].科技创新与应用,2016(17):173.

[124] 张志明.供水管网漏损控制分区装表计量技术[J].城市公用事业,2006,20(4):21-23.

[125] 赵翠,孙付增,刘少博,等.基于数字孪生技术的农村供水管理系统框架设计[J].人民长江,2022,53(4):226-230.

[126] 赵洪宾,陈兵,伍悦滨.给水管网漏失预测模型的研究[J].给水排水,2001,27(10):94-96.

[127] 赵洪林.聊城市农村饮用水安全工程监测结果分析及对策研究[D].济南:山东大学,2013.

[128] 赵凌,张健,陈涛.基于ARIMA的乘积季节模型在城市供水量预测中的应用[J].水资源与水工程学报,2011,22(1):58-62.

[129] 赵鹏,张宏伟,廖静.给水管网余氯的混沌特性与预测[J].天津工业大学学报,2007,26(5):75-79.

[130] 赵新华,马悦.给水管网障碍局部停水影响研究[J].中国给水排水,1998,014(1):20-23.

[131] 郑鹰.基于GIS的某市城乡供水信息化工程管网系统的研究[D].西安:西安建筑科技大学,2014.

[132] 周克梅,陶建科,刘遂庆.南京市给水管网微观模型优化调度研究[J].给水排水,2003,29(9):78-81.

[133] 周全,侯迪波,黄平捷,等.城市供水管网水压监测点多目标优化布局方法[C]//中国自动化学会过程控制专业委员会.第28届中国过程控制会议(CPCC 2017)暨纪念中国过程控制会议30周年摘要集.浙江大学工业控制技术国家重点实验室控制科学与工程学院;,2017:1.

[134] 朱敏,陆苏月,朱志敏,等.基于OPC技术的供水信息化系统的设计与应用[J].电工技术,2018(18):130-132,135.

[135] 朱乃富．基于数据驱动的供水管网独立计量分区漏损检测和定位方法研究[D]. 杭州:浙江大学,2019.

[136] 左智科,李一龙．改进的 TLBO 及其在自来水供水量预测中的应用[J]. 人民黄河,2021,43(2):84-87.

[137] Bargiela A. On-line monitoring of water distribution networks[D]. Durham:Durham University,1984.

[138] Barut I F,Hulya K,Citiroglu M,et al. Determination by Landsat Satellite Imagery to local scales in land and pollution monitoring: a case of Buyuk Melen watershed (Turkey)[C]//UNESCO sponsored conference 8th Conference On Sustainable Development of Energy,Water And Environment Systems-SDEWES. 2013.

[139] Brunone B, Ferrante M, Romano N, et al. Numerical Simulations of One-Dimensional Infiltration into Layered Soils with the Richards Equation Using Different Estimates of the Interlayer Conductivity[J]. Vadose Zone Journal,2003,2(2):193-200.

[140] Germanopoulos G,Jowitt P . Leakage Reduction By Excess Pressure Minimization In A Water Supply Network[J]. Proceedings of the Institution of Civil Engineers Part Research & Theory,2015,87(2):195-214.

[141] HengFei Zhang, Xuefu Cheng, Hao Tian, et al. A study on rural water supply detection technology based on internet of things[C]//2020 3rd World Conference on Mechanical Engineering and Intelligent Manufacturing (WCMEIM). 2020.

[142] Nixon J F. Thermally induced heave beneath chilled pipelines in frozen ground[J]. Canadian Geotechnical Journal,2011,24(2):260-266.

[143] Reis L,Porto R M,Chaudhry F H . Optimal Location of Control Valves in Pipe Networks by Genetic Algorithm[J]. Journal of Water Resources Planning & Management,1997,123(6):317-326.

[144] Savic D A,Walters G A,Schwab M . Multiobjective Genetic Algorithms for Pump Scheduling in Water Supply[C]//Aisb International Workshop on Evolutionary Computing. Springer Berlin Heidelberg,1999.

[145] Sawaya E K ,Olmanson G L ,Heinert J N ,et al. Extending satellite remote sensing to local scales: land and water resource monitoring using high-resolution imagery[J]. Remote Sensing of Environment,2003,88(1):144-156.

[146] Vitkovsky P J ,Bergant A ,Simpson R A , et al. Closure to Systematic Evaluation of One-Dimensional Unsteady Friction Models in Simple Pipelines' by J. P. Vitkovsky, A. Bergant, A. R. Simpson, and M. F. Lambert[J]. Journal of

hydraulic engineering,2008,134(2):284-284.

[147] Wienand U K T. Using Geographical Information Systems (GIS) as an instrument of water resource management: a case study from a GIS-based Water Safety Plan in Germany[J]. Water Science & Technology,2009,60(7):1691-1699.

[148] Zhang C, Yue Q, Guo P. A Nonlinear Inexact Two-Stage Management Model for Agricultural Water Allocation under Uncertainty Based on the Heihe River Water Diversion Plan[J]. Multidisciplinary Digital Publishing Institute,2019,16(11):1884-1884.

附录 A(规范性附录)

数据中心数据库表命名设计

附录 A 规定了农村供水数据中心数据库表命名设计。

附录 A.1　　农村供水数据中心数据库表命名设计

序号	数据表	名称
1	jc_alarm_info	预警信息表
2	jc_alarm_info_his	历史预警信息表
3	jc_alarm_info_sms	预警短信表
4	jc_conduit_check_disposition	管网实时诊断与处置表
5	jc_data_awqmd	实验室水质监测数据表
6	jc_data_flow	管网流量监测数据表
7	jc_data_statistic	监测数据达标统计表
8	jc_forecast_water	需水预测分析表
9	jc_forecast_water_day	需水预测(天)分析表
10	jc_forecast_water_hour	需水预测(小时)分析表
11	jc_forecast_water_month	需水预测(月)分析表
12	jc_history_water_compare	历史用水对比表
13	jc_night_flow	夜间最小流量表
14	jc_night_flow_record	历史夜间最小流量记录表
15	jc_no_measurement	未计量水量记录表
16	jc_town_area_lose	镇区间漏损量记录表
17	jc_video	视频监控表
18	jc_video_label	视频监控标签表

续表

序号	数据表	名称
19	jc_video_label_relation	视频监控标签关系表
20	jc_water_balance	水量平衡表
21	sf_acctmod_b	余额变动表
22	sf_additionprice_b	附加费收费明细表
23	sf_applyorder_b	用户报装表
24	sf_apply_fee_info	用户报装费用明细表
25	sf_change_water_meter_record	用户换表记录表
26	sf_cycle_date_setting	水费账期设定表
27	sf_garbage_fee	垃圾处理费记录表
28	sf_industry_b	用户行业字典表
29	sf_lateamt_b	滞纳金每日计算明细表
30	sf_lateprice_b	滞纳金收费明细表
31	sf_leave_message	用户留言表
32	sf_log	水费异常记录表
33	sf_meter_manual	抄表手册信息表
34	sf_operation_b	用户信息变更操作记录表
35	sf_otheramt_b	其他费用记录表
36	sf_outlets_b	营业网点信息表
37	sf_payrecord_b	充值记录表
38	sf_payrecord_change_history	缴费错误修正记录表
39	sf_pre_storageamt_b	预存、退款金额记录表
40	sf_reconciliation_b	用户每期账单金额表
41	sf_reconciliation_b_his	用户每期账单金额历史记录表
42	sf_second_water	二次供水信息表
43	sf_sewage_fee	污水处理费记录表
44	sf_special_user	特例用户信息表
45	sf_stepamt_b	水费计算明细表
46	sf_stepprice_b	阶梯水价收费明细表
47	sf_stepprice_mix_detail	混合比例用水详情表
48	sf_userbinding_b	微信用户绑定关系表

续表

序号	数据表	名称
49	sf_userecord_b	用水记录表
50	sf_userecord_b_user_month	按用户汇总每月用水量信息表
51	sf_userecord_b_user_week	按用户汇总近 7 天用水量信息表
52	sf_userecord_meterread_limit	抄表水量阈值设置表
53	sf_userecord_warn_limit	用水户预警配置表
54	sf_user_b	用户档案信息表
55	sf_user_collection	用户集信息表
56	sf_user_sms	用户短信记录表
57	sf_use_type	用水类型字典表
58	sf_watermeterno_change_history	水表变更历史记录表
59	sf_water_announcement	停水公告信息表
60	sf_water_company	供水(分)公司信息表
61	sf_wwa_relation	供水(分)公司、水厂、乡镇对应关系表
62	sys_announcement	系统通告信息表
63	sys_announcement_send	用户通告阅读标记表
64	sys_depart	组织机构表
65	sys_depart_permission	部门权限表
66	sys_depart_role	部门角色关系表
67	sys_depart_role_permission	部门角色权限关系表
68	sys_depart_role_user	部门角色用户关系表
69	sys_dict	系统数据字典表
70	sys_dict_item	系统数据字典值详情表
71	sys_file	系统文件存储记录表
72	sys_log	系统日志表
73	sys_permission	菜单权限表
74	sys_permission_data_rule	权限数据规则配置表
75	sys_position	岗位信息表
76	sys_role	角色信息表
77	sys_role_permission	角色权限关系表
78	sys_tenant	多租户信息表

续表

序号	数据表	名称
79	sys_user	系统用户信息表
80	sys_user_agent	用户代理人设置信息表
81	sys_user_role	用户角色关系表
82	userecord_source	智能表用水记录表
83	userecord_source_art	水表上报原始记录采集表(人工)
84	userecord_source_error	异常数据校核记录表
85	xj_area_b	抄表区域表
86	xj_obj_cistern	蓄水池信息表
87	xj_obj_conduit	管道信息表
88	xj_obj_monitor_point	监测点信息表
89	xj_obj_pump	泵站信息表
90	xj_obj_reservoir	水库信息表
91	xj_obj_town_monitor	镇区间漏损点位设置表
92	xj_obj_tree	供水工程结构树配置表
93	xj_obj_warn_limit	预警指标配置表
94	xj_obj_warn_person	预警人员配置表
95	xj_obj_watermeter	水表信息表
96	xj_obj_waterworks	水厂信息表
97	xj_obj_wqsinf	水质监测点信息表
98	xj_partition	DMA 分区管理信息表
99	xj_obj_valve	阀门信息表
100	xj_szjcrecord_b	五参数水质监测仪实时监测数据表
101	jc_data_mp_q_r	水厂测点流量表
102	jc_data_mp_day_w_r	水厂测点日水量表
103	jc_data_pressure	压力监测数据表
104	jc_data_water_level	水位监测数据表
105	jc_data_znsb_new	智能水表统计结果表
106	zop_notice	运维消息通知表
107	zop_op_template	运维模板表
108	zop_template_item	运维模板指标表

续表

序号	数据表	名称
109	zop_template_item_objects	运维模板指标对象表
110	zop_template_objects	运维对象表
111	zop_wx_problem	维修上报问题表
112	zop_wx_problem_detail	维修上报问题详情表
113	zop_wx_task	维修任务表
114	zop_wx_task_detail	维修任务详情表
115	zop_xj_record	巡检记录表
116	zop_xj_record_detail	巡检记录详情表
117	zop_xj_record_detail_mingxi	巡检记录详情明细表
118	zop_xj_task	巡检任务表
119	zop_xj_task_detail	巡检任务详情表
120	zop_yh_record	养护记录表
121	zop_yh_record_detail	养护记录详情表
122	zop_yh_record_detail_mingxi	养护记录详情明细表
123	zop_yh_task	养护任务表
124	zop_yh_task_detail	养护任务详情表

附录 B(规范性附录)

基本信息数据库结构设计

附录 B 规定了农村供水数据中心基本信息数据库结构设计。

表 B.1　　分区属性(表:xj_area_b)

序号	字段	名称	数据类型	主键	非空	默认值
1	area_id	区域标识	INT(11)	√	√	
2	area_name	区域名称	VARCHAR(32)			
3	areasign	区域标识	CHAR(2)			
4	local	区域几何中心点坐标串	VARCHAR(255)			
5	pid	上级区域 id	INT(11)			
6	site	归属站点	VARCHAR(32)			
7	water_company	供水公司	VARCHAR(255)			
8	water_plant	水厂	VARCHAR(255)			
9	user_id	抄表人员标识	VARCHAR(255)			
10	hjpeople	户籍人口人数	INT(11)			
11	czpeople	常驻人口人数	INT(11)			
12	jdlkpeople	建档立卡人数	INT(11)			
13	orgid	所属部门	VARCHAR(32)			
14	videonum	视频监测点数量	INT(11)			
15	sourcenum	水源地数量	INT(11)			
16	plantnum	水厂数量	INT(11)			
17	pumpnum	泵房数量	INT(11)			
18	netlenght	管网长度	DOUBLE(10,2)			
19	cistnum	蓄水池数量	INT(11)			
20	drinkrange	饮水范围	DOUBLE(10,2)			
21	persnum	用水户数	INT(11)			
22	contpers	联系人	VARCHAR(32)			

续表

序号	字段	名称	数据类型	主键	非空	默认值
23	conttel	联系电话	VARCHAR(32)			
24	state	状态	VARCHAR(3)			
25	ordid	排序序号	INT(11)			
26	quanjingtu	全景图	VARCHAR(64)			
27	benyueyongshuilinag	本月用水量	INT(11)			
28	shangyueyongshuiliang	上月用水量	INT(11)			
29	benyueshuifei	本月水费	INT(11)			
30	jinliugeyueyongshuiliang	近六个月用水量	INT(11)			
31	lianhubiaojinggeshu	联户表井个数	INT(11)			
32	shuifeizoushitu	水费走势图	VARCHAR(500)			
33	gongshuifanwei	供水范围	DOUBLE(10,2)			
34	price	水价	DOUBLE(10,2)			
35	coordinates	区域边界	TEXT			

表 B.2　　管道信息表(表:xj_obj_conduit)

序号	字段	名称	数据类型	主键	非空	默认值
1	id	主键 id	VARCHAR(32)	√	√	
2	pid	上游对象 id	VARCHAR(32)			
3	pobj_id	管网 id	VARCHAR(32)			
4	pobj_name	管网名称	VARCHAR(32)			
5	type	管道级别	CHAR(2)			
6	length	长度(m)	DECIMAL(6,2)			
7	material	材质	VARCHAR(32)			
8	diameter	管径(mm)	DECIMAL(4)			
9	start_code	起点编号	VARCHAR(8)			
10	start_long	起点经度	DECIMAL(12,6)			
11	start_lat	起点纬度	DECIMAL(12,6)			
12	start_level	起点高程	DECIMAL(6,3)			
13	end_code	终点编号	VARCHAR(8)			
14	end_long	终点经度	DECIMAL(12,6)			
15	end_lat	终点纬度	DECIMAL(12,6)			
16	end_level	终点高程	DECIMAL(6,3)			
17	area_company	供水水厂	VARCHAR(50)			

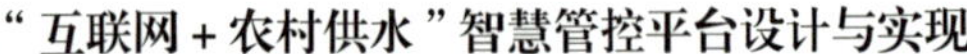

续表

序号	字段	名称	数据类型	主键	非空	默认值
18	path	路径	VARCHAR(512)			
19	area_id	乡镇	VARCHAR(10)			
20	coordinates	坐标	TEXT			
21	age	管龄	INT(11)			
22	interface_type	接口类型： 1. 柔性接口； 2. 半柔性接口； 3. 刚性接口	VARCHAR(2)			
23	frequency	历史爆管次数	INT(11)			
24	cover_type	管道周边覆土类型： 1. 沥青；2. 混凝土； 3. 水泥； 4. 草地	INT(11)			
25	road_type	路面类型： 1. 主路；2. 辅路； 3. 人行道；4. 小区； 5. 绿化带	INT(11)			

表 B.3　　泵站信息表(表：xj_obj_pump)

序号	字段	名称	数据类型	主键	非空	默认值
1	object_id	工程编码	INT(11)	√	√	
2	pump_code	泵站编码	VARCHAR(9)			
3	river_code	所在河流编码	VARCHAR(9)			
4	upperpump_code	上级泵站编码	VARCHAR(9)			
5	pump_type	泵站类型	CHAR(1)			
6	capacity	装机容量(kW)	VARCHAR(8)			
7	set_number	机组台数	VARCHAR(20)			
8	design_level	设计进水位高程(m)	DECIMAL(10,3)			
9	tip_top_level	最高进水位高程(m)	DECIMAL(10,3)			
10	low_level	最低进水位高程(m)	DECIMAL(10,3)			
11	normal_level	正常进水位高程(m)	DECIMAL(10,3)			
12	design_o_level	设计出水位高程(m)	DECIMAL(10,3)			
13	tip_top_o_level	最高出水位高程(m)	DECIMAL(10,3)			

续表

序号	字段	名称	数据类型	主键	非空	默认值
14	low_o_level	最低出水位高程(m)	DECIMAL(10,3)			
15	normal_o_level	正常出水位高程(m)	DECIMAL(10,3)			
16	fact_lf	设计实际扬程	DECIMAL(10,3)			
17	absorb_lf	设计吸上扬程	DECIMAL(10,3)			
18	extrude_lf	设计压出扬程	DECIMAL(10,3)			
19	low_fact_lf	最低实际扬程	DECIMAL(10,3)			
20	tip_top_fact_lf	实际最高扬程	DECIMAL(10,3)			
21	normal_design_lf	正常设计扬程	DECIMAL(10,3)			
22	design_most_flux	设计规模(m^3/d)	VARCHAR(20)			
23	normal_flux	装机流量(m^3/h)	DECIMAL(8,2)			
24	pump_name	泵站名称	VARCHAR(30)			
25	construction_year	建设年代	VARCHAR(30)			
26	sum_lift	总扬程	VARCHAR(30)			
27	dead_lift	静扬程	VARCHAR(30)			
28	front_design_water_level	前池设计水位	VARCHAR(30)			
29	out_design_water_level	出水池设计水位	VARCHAR(30)			
30	length_of_penstock	压力管道长度	VARCHAR(30)			
31	equipment_type	设备型号	VARCHAR(30)			
32	design_operation_mode	设计运行方式	VARCHAR(30)			
33	canal_length	干渠长度	VARCHAR(30)			
34	manage_code	管理处编码	VARCHAR(30)			
35	beneficiary_unit	受益单位	VARCHAR(30)			
36	level	级别	VARCHAR(10)			
37	longitude	经度	DECIMAL(12,6)			
38	latitude	纬度	DECIMAL(12,6)			
39	area_company	所属单位	VARCHAR(100)			
40	pid	上级工程编号	VARCHAR(32)			
41	management	管理人员	VARCHAR(32)			
42	telephone	电话	VARCHAR(16)			

表 B.4 水库信息表(表:xj_obj_reservoir)

序号	字段	名称	数据类型	主键	非空	默认值
1	res_code	水库代码	CHAR(18)	√	√	
2	res_name	水库名称	VARCHAR(32)			
3	pid	供水水厂编号	VARCHAR(64)			
4	low_left_long	左上角经度	DECIMAL(12,6)			
5	low_left_lat	左下角纬度	DECIMAL(12,6)			
6	up_right_long	右上角经度	DECIMAL(12,6)			
7	up_right_lat	右上角纬度	DECIMAL(12,6)			
8	res_loc	水库所在位置	VARCHAR(255)			
9	res_type	水库类型	CHAR(1)			
10	eng_grad	工程等别	CHAR(1)			
11	eng_scal	工程规模	CHAR(1)			
12	wat_shed_area	坝址控制流域面积(km^2)	DECIMAL(9,2)			
13	upp_lev_flco	防洪高水位(m)	DECIMAL(8,3)			
14	rainwater_col_area	集雨面积(km^2)	DECIMAL(8,3)			
15	check_flood_level	校核洪水位(m)	DECIMAL(8,3)			
16	design_flood_level	设计洪水位(m)	DECIMAL(8,3)			
17	upper_river_name	上游河道名称	VARCHAR(64)			
18	lower_river_name	下游河道名称	VARCHAR(64)			
19	average_runoff	坝址多年平均径流量(万 m^3)	DECIMAL(8,3)			
20	level_datum	水准基面	VARCHAR(32)			
21	norm_wat_lev	正常蓄水位(m)	DECIMAL(8,3)			
22	norm_pool_stag_area	正常蓄水位相应水面面积(m^2)	DECIMAL(6,2)			
23	norm_pool_stag_cap	正常蓄水位相应库容(m^3)	DECIMAL(9,2)			
24	fl_low_lim_lev	主汛期防洪限制水位(m)	DECIMAL(8,3)			
25	fl_low_lim_lev_cap	防洪限制水位库容(m^3)	DECIMAL(9,2)			
26	dead_lev	死水位(m)	DECIMAL(8,3)			
27	tot_cap	总库容(m^3)	DECIMAL(9,2)			
28	ben_res_cap	兴利库容(m^3)	DECIMAL(9,2)			
29	dead_cap	死库容(m^3)	DECIMAL(9,2)			
30	stor_fl_cap	调洪库容(m^3)	DECIMAL(9,2)			
31	flco_cap	防洪库容(m^3)	DECIMAL(9,2)			

续表

序号	字段	名称	数据类型	主键	非空	默认值
32	eng_stat	工程建设情况	CHAR(1)			
33	start_date	开工时间	DATE			
34	comp_date	建成时间	DATE			
35	adm_dep	归口管理部门	VARCHAR(32)			
36	note	备注	VARCHAR(255)			
37	eff_date	记录生效时间	DATETIME			
38	expr_date	记录失效时间	DATETIME			
39	management	管理人员	VARCHAR(32)			
40	telephone	电话	VARCHAR(16)			
41	sort	排序序号	INT(11)			

表 B.5 阀门信息表(表:xj_obj_valve)

序号	字段	名称	数据类型	主键	非空	默认值
1	id	主键 id	INT(11)	√	√	
2	valve_no	阀门编码	VARCHAR(10)			
3	longitude	经度	DECIMAL(12,6)			
4	latitude	纬度	DECIMAL(12,6)			
5	level	高程	DECIMAL(6,3)			
6	valve_type	阀门类型	VARCHAR(10)			
7	conduit_belong	所属管段	VARCHAR(10)			
8	valve_pit_belong	所属阀门井	VARCHAR(10)			
9	caliber	口径(mm)	DECIMAL(10)			
10	texture	材质	VARCHAR(10)			
11	associated_node	管连接点编号	VARCHAR(10)			

表 B.6 水表信息表(表:xj_obj_watermeter)

序号	字段	名称	数据类型	主键	非空	默认值
1	object_id	水表工程编号	VARCHAR(20)	√	√	
2	object_name	水表工程名称	VARCHAR(30)			
3	longitude	经度	DECIMAL(12,6)			
4	latitude	纬度	DECIMAL(12,6)			
5	area_id	所属区域 id	VARCHAR(10)			
6	staff	管理员	VARCHAR(30)			

表 B.7　水厂信息表(表:xj_obj_waterworks)

序号	字段	名称	数据类型	主键	非空	默认值
1	code	编码	VARCHAR(32)	√	√	
2	name	名称	VARCHAR(32)			
3	type	类型	CHAR(1)			
4	design_scale	设计规模(m^3/d)	DECIMAL(6)			
5	water_source	水源地	VARCHAR(32)			
6	water_supply_load_rate	供水负荷率(%)	DECIMAL(3,1)			
7	water_supply_population	供水人口	INT(11)			
8	water_supply_range	供水范围	VARCHAR(255)			
9	staffs	工作人员数量	INT(11)			
10	households	户数	INT(11)			
11	volume	清水池容积(m^3)	DECIMAL(6,2)			
12	longitude	经度	DECIMAL(12,6)			
13	latitude	纬度	DECIMAL(12,6)			
14	construct_date	建成时间	DATE			
15	manager	管理人员	VARCHAR(32)			
16	manage_depart	管理单位	VARCHAR(32)			
17	water_company	分公司编码	VARCHAR(1)			
18	phone	联系方式	VARCHAR(32)			
19	sort	排序序号	INT(11)			
20	coordinates	边界坐标	TEXT			

表 B.8　监测点信息表(表:xj_obj_monitor_point)

序号	字段	名称	数据类型	主键	非空	默认值
1	obj_id	监测点编号	VARCHAR(32)	√	√	
2	rtu_no	RTU 设备编码	VARCHAR(32)			
3	obj_name	监测点对象名称	VARCHAR(32)			
4	obj_name_old	监测点对象名称(旧)	VARCHAR(32)			
5	obj_addr	监测点设备地址	VARCHAR(64)			
6	type	类型:1. 水厂进水口; 2. 水厂出水口; 3. 水位监测点; 4. 压力监测点(自动); 5. 管网流量监测点; 6. 压力监测点(人工); 7. 集中供水工程流量监测点	CHAR(1)			

续表

序号	字段	名称	数据类型	主键	非空	默认值
7	water_company	所属公司编码	CHAR(2)			
8	frequency	监测频率	INT(11)			
9	longitude	经度	DECIMAL(12,6)			
10	latitude	纬度	DECIMAL(12,6)			
11	company	所属分公司	VARCHAR(50)			
12	user_name	管理人员	VARCHAR(32)			
13	tel	联系方式	VARCHAR(50)			
14	monitor	监测对象	VARCHAR(64)			
15	area_id	区域编码	INT(11)			
16	esstym	设站时间	DATE			
17	manufacturer	生产厂家	VARCHAR(64)			
18	model	型号	VARCHAR(64)			
19	trans_mode	传输方式	VARCHAR(255)			
20	led_show	是否有 LED 显示功能	VARCHAR(1)			

表 B.9　　镇区间漏损点位设置表(表:xj_obj_town_monitor)

序号	字段	名称	数据类型	主键	非空	默认值
1	id	主键 id	INT(11)	√	√	
2	area_lose_name	镇区间范围名称	VARCHAR(32)			
3	monitor1	监测点一	VARCHAR(12)			
4	monitor2	监测点二	VARCHAR(12)			

表 B.10　　供水工程结构树配置表(表:xj_obj_tree)

序号	字段	名称	数据类型	主键	非空	默认值
1	id	主键 id	INT(11)	√	√	
2	code	编码	VARCHAR(32)			
3	name	名称	VARCHAR(32)			
4	pid	父级序号	VARCHAR(32)			
5	path	路径	VARCHAR(128)			
6	table_name	表名	VARCHAR(32)			
7	type	类型	VARCHAR(16)			
8	sort	排序序号	INT(11)			

表 B.11　　预警指标配置表(表:xj_obj_warn_limit)

序号	字段	名称	数据类型	主键	非空	默认值
1	id	主键 id	INT(11)	√	√	
2	view_id	预警对象主键	VARCHAR(32)			
3	type	类型	INT(11)			
4	type_name	类型名称	VARCHAR(32)			
5	com_lower_limit	一般预警下限	DECIMAL(10,2)			
6	com_upper_limit	一般预警上限	DECIMAL(10,2)			
7	ser_lower_limit	严重预警下限	DECIMAL(10,2)			
8	ser_upper_limit	严重预警上限	DECIMAL(10,2)			

表 B.12　　预警人员配置表(表:xj_obj_warn_person)

序号	字段	名称	数据类型	主键	非空	默认值
1	id	主键 id	INT(11)	√	√	
2	code	预警对象编码	VARCHAR(32)			
3	name	预警对象名称	VARCHAR(32)			
4	type	预警类型	INT(11)			
5	user_id	预警人员 id	VARCHAR(32)			
6	mode	预警消息发送方式	VARCHAR(32)			
7	create_time	创建时间	TIMESTAMP			

表 B.13　　水质监测点信息表(表:xj_obj_wqsinf)

序号	字段	名称	数据类型	主键	非空	默认值
1	stcd	测站代码	VARCHAR(32)	√	√	
2	stnm	测站名称	VARCHAR(32)			
3	stct	测站类别	CHAR(1)			
4	stgrd	测站等级	CHAR(1)			
5	longitude	经度	DECIMAL(12,6)			
6	latitude	纬度	DECIMAL(12,6)			
7	stlc	站址	VARCHAR(50)			
8	rtu_no	RTU 设备编码	VARCHAR(32)			
9	addvcd	行政区划代码	VARCHAR(6)			
10	wrrcd	水资源分区代码	VARCHAR(7)			
11	manufacturer	生产厂家	VARCHAR(32)			
12	model	型号	VARCHAR(32)			

续表

序号	字段	名称	数据类型	主键	非空	默认值
13	trans_mode	传输方式	VARCHAR(32)			
14	adag	管理单位	VARCHAR(40)			
15	mnag	监测单位	VARCHAR(40)			
16	mnfrq	监测频次	INT(11)			
17	esstym	设站时间	VARCHAR(6)			
18	wdstym	撤站年月	VARCHAR(6)			
19	remark	备注	VARCHAR(255)			

表 B. 14　　DMA 分区管理信息表(表:xj_partition)

序号	字段	名称	数据类型	主键	非空	默认值
1	area_id	DMA 分区序号	VARCHAR(10)	√	√	
2	area_name	分区名称	VARCHAR(50)			
3	in_flow_id	进水流量计编号	VARCHAR(100)			
4	out_flow_id	出水流量计编号	VARCHAR(100)			
5	p_area_id	父级分区编号	VARCHAR(10)			
6	local_addr	地址	VARCHAR(64)			
7	coordinates	DMA 分区边界范围	TEXT			
8	remark	备注	VARCHAR(255)			

表 B. 15　　蓄水池信息表(表:xj_obj_cistern)

序号	字段	名称	数据类型	主键	非空	默认值
1	obj_id	蓄水池编号	VARCHAR(36)	√	√	
2	obj_name	蓄水池名称	VARCHAR(50)			
3	rtu_code	RTU 编码	VARCHAR(50)			
4	flowmeter_code	流量计编码	VARCHAR(50)			
5	type	类型	VARCHAR(10)			
6	monitor	监测点	VARCHAR(50)			
7	manufacturer	生产厂家	VARCHAR(50)			
8	modal	型号	VARCHAR(50)			
9	trans_mode	传播模式	VARCHAR(10)			
10	obj_addr	地点	VARCHAR(100)			
11	esstym	时间	DATE			
12	longitude	经度	DECIMAL(12,6)			

续表

序号	字段	名称	数据类型	主键	非空	默认值
13	latitude	纬度	DECIMAL(12,6)			
14	management_unit	管理单位	VARCHAR(100)			
15	manager	管理人员	VARCHAR(30)			
16	manager_phone	联系方式	VARCHAR(50)			
17	volume	水池容积	DECIMAL(8,2)			
18	water_source	水池水源	VARCHAR(50)			
19	supply_range	供水范围	VARCHAR(50)			
20	water_lev	水池水位	DECIMAL(9,,2)			
21	base_area	水池底面积	DECIMAL(9,,2)			
22	supply_population	供水人口	INT(11)			
23	inlet_pipe_number	进水管数量	INT(11)			
24	inlet_pipe_diameter	进水管口径	DECIMAL(9,,2)			
25	inlet_pipe_material	进水管材质	VARCHAR(20)			
26	outlet_pipe_number	出水管数量	INT(11)			
27	outlet_pipe_diameter	出水管口径	DECIMAL(9,,2)			
28	outlet_pipe_material	出水管材质	VARCHAR(20)			
29	depth	水池深度	DECIMAL(9,,2)			
30	sort	排序序号	INT(11)			

附录 C(规范性附录)

自动化监测模块数据库结构设计

附录 C 规定了农村供水数据中心自动化监测模块数据库结构设计。

表 C.1　　预警信息表(表:jc_alarm_info)

序号	字段	名称	数据类型	主键	非空	默认值
1	id	主键 id	INT(11)	√	√	
2	msg	通信信息	VARCHAR(200)			
3	view_id	对应视图设备编号	VARCHAR(200)		√	
4	level	预警等级	VARCHAR(1)			
5	type	预警类别: 1. 监测预警; 2. 设备预警; 3. 模型预警; 4. 用户预警	VARCHAR(1)			
6	device_type	设备类型: 1. 水厂进水口; 2. 水厂出水口; 3. 水位监测点; 4. 压力监测点(自动); 5. 管网流量监测点; 6. 压力监测点(人工); 7. 集中供水工程流量监测点;8. 水质监测点; 9. 水表	VARCHAR(1)			
7	index_id	预警排序序号	INT(11)		√	0
8	create_time	预警信息创建时间	TIMESTAMP			
9	begin_time	预警开始时间	TIMESTAMP			
10	end_time	预警结束时间	TIMESTAMP			

表 C.2　历史预警信息表(表:jc_alarm_info_his)

序号	字段	名称	数据类型	主键	非空	默认值
序号	字段	名称	数据类型	主键	非空	默认值
1	id	主键 id	INT(11)	√	√	
2	alarm_type	报警类型: 1. 一般预警; 2. 严重预警; 3. 通信报警	VARCHAR(1)		√	
3	status	状态:0. 实时报警; 1. 历史报警	VARCHAR(1)		√	
4	obj_id	工程编码	VARCHAR(10)		√	
5	obj_addr	物理地址	VARCHAR(10)		√	
6	pipe_no	管道编号	VARCHAR(10)		√	
7	alarm_time	报警时间	TIMESTAMP			
8	alarm_info	报警信息	VARCHAR(255)			
9	alarm_no	预警通道号	VARCHAR(10)			
10	val	实时数值	DOUBLE(10,2)			
11	create_time	入库时间	TIMESTAMP			

表 C.3　预警短信表(表:jc_alarm_info_sms)

序号	字段	名称	数据类型	主键	非空	默认值
1	id	主键 id	INT(11)	√	√	
2	viewid	视图序号	VARCHAR(32)			
3	msg	短信内容	VARCHAR(255)			
4	mode	发送预警方式	VARCHAR(32)			
5	username	发送对象	VARCHAR(32)			
6	create_time	发送时间	DATETIME			

表 C.4　五参数水质监测仪实时监测数据表(表:xj_szjcrecord_b)

序号	字段	名称	数据类型	主键	非空	默认值
1	id	主键 id	INT(11)	√	√	
2	obj_id	监测设备编码	VARCHAR(32)			
3	create_time	创建时间	TIMESTAMP			
4	collect_time	采集时间	TIMESTAMP			
5	temperature	温度	DECIMAL(10,2)			

续表

序号	字段	名称	数据类型	主键	非空	默认值
6	turbidity	浊度	DECIMAL(10,2)			
7	type	存储类型	VARCHAR(10)			
8	conductivty	电导率	DECIMAL(10,2)			
9	ph	pH 值	DECIMAL(10,2)			
10	electricity	电量	DECIMAL(10,2)			
11	channel_number	通道数	INT(11)			
12	device_information	设备信息	DECIMAL(10,2)			
13	address	地址	DECIMAL(10,2)			
14	residual_chlorine	余氯	DECIMAL(10,2)			
15	retention_number	保留数	VARCHAR(5)			
16	valuetype	数据类型:1. 未加工数据; 2. 加工过的数据	INT(11)			

表 C.5　实验室水质监测数据表(表:jc_data_awqmd)

序号	字段	名称	数据类型	主键	非空	默认值
1	stcd	测站代码	VARCHAR(32)	√	√	
2	spt	采样时间	DATETIME	√	√	
3	wt	水温(℃)	DECIMAL(3,1)			
4	ph	pH 值	DECIMAL(4,2)			
5	conductivty	电导率	INT(11)			
6	turbidity	浊度	INT(11)			
7	cl	余氯	DECIMAL(4,2)			
8	dissoxygen	溶解氧	DECIMAL(4,2)			
9	codmn	高锰酸盐指数	DECIMAL(6,1)			
10	codcr	化学需氧量	DECIMAL(7,1)			
11	tn	总氮	DECIMAL(6,3)			
12	nh3n	氨氮	DECIMAL(6,3)			
13	no2	亚硝酸盐氮	DECIMAL(5,3)			
14	no3	硝酸盐氮	DECIMAL(5,3)			
15	tp	总磷	DECIMAL(8,3)			
16	toc	总有机碳	DECIMAL(4,1)			
17	vlph	挥发酚	DECIMAL(10,6)			
18	chla	叶绿素 a	DECIMAL(6,4)			

续表

序号	字段	名称	数据类型	主键	非空	默认值
19	f	氟化物	DECIMAL(5,2)			
20	ars	砷	DECIMAL(8,6)			
21	hg	汞	DECIMAL(9,7)			
22	cr6	六价铬	DECIMAL(5,3)			
23	cu	铜	DECIMAL(7,4)			
24	pb	铅	DECIMAL(7,5)			
25	cd	镉	DECIMAL(7,5)			
26	zn	锌	DECIMAL(6,4)			
27	sb	锑	DECIMAL(7,5)			

表 C.6　　管网流量监测数据(表:jc_data_flow)

序号	字段	名称	数据类型	主键	非空	默认值
1	obj_id	管网监测点编码	VARCHAR(32)	√	√	
2	time	时间	DATETIME	√	√	
3	val	小时流量	DECIMAL(6,2)			
4	moent_flow	瞬时流量	DECIMAL(6,2)			
5	total_flow	累计流量	DECIMAL(10,2)			

表 C.7　　水厂测点流量表(表:jc_data_mp_q_r)

序号	字段	名称	数据类型	主键	非空	默认值
1	obj_id	水厂监测点编码	VARCHAR(32)	√	√	
2	time	监测时间	DATETIME	√	√	
3	mp_q	流量	DECIMAL(6,2)			
4	acc_w	累计水量	DECIMAL(9,2)			
5	ts	数据入库时间	DATETIME			

表 C.8　　水厂测点日水量表(表:jc_data_mp_day_w_r)

序号	字段	名称	数据类型	主键	非空	默认值
1	obj_id	水厂监测点编码	VARCHAR(32)	√	√	
2	time	监测时间	DATE	√	√	
3	mp_q	流量	DECIMAL(6,2)			
4	acc_w	累计水量	DECIMAL(9,2)			
5	ts	数据入库时间	DATETIME			

表 C.9 压力监测数据表(表:jc_data_pressure)

序号	字段	名称	数据类型	主键	非空	默认值
1	obj_id	压力监测点主键	VARCHAR(32)	√	√	
2	time	时间	DATETIME	√	√	
3	val	压力	DECIMAL(6,2)			

表 C.10 监测数据达标统计表(表:jc_data_statistic)

序号	字段	名称	数据类型	主键	非空	默认值
1	id	主键 id	INT(11)	√	√	
2	obj_id	测站编码	VARCHAR(32)			
3	date	日期	DATE			
4	normal_num	达标次数	INT(11)			
5	warn_num	告警次数	INT(11)			

表 C.11 水位监测数据(表:jc_data_water_level)

序号	字段	名称	数据类型	主键	非空	默认值
1	obj_id	水位监测点主键	VARCHAR(32)	√	√	
2	time	时间	DATETIME	√	√	
3	val	水位	DECIMAL(6,2)			

表 C.12 智能水表统计结果表(表:jc_data_znsb_new)

序号	字段	名称	数据类型	主键	非空	默认值
1	user_id	用户号	VARCHAR(32)			
2	watermeter_no	水表号	VARCHAR(32)			
3	user_name	用户名	VARCHAR(32)			
4	time	时间	DATETIME			
5	area_id	区域 id	VARCHAR(32)			
6	area_name	区域名称	VARCHAR(32)			
7	mp_q	日取水量	DECIMAL(24,6)			
8	acc_w	累计水量	DECIMAL(24,6)			
9	state	状态:1. 正常; 2. 低阈值预警; 3. 高阈值预警; 4. 设备离线	VARCHAR(1)			
10	content	内容	VARCHAR(255)			

表 C.13　视频点(表:jc_video)

序号	字段	名称	数据类型	主键	非空	默认值
1	id	主键 id	INT(11)	√	√	
2	name	视频点名称	VARCHAR(32)			
3	obj_id	工程编号	VARCHAR(32)			
4	path	路径	VARCHAR(128)			
5	channel_id	视频通道编码	VARCHAR(32)			
6	target	监控对象	VARCHAR(32)			
7	on_line	在线状态	VARCHAR(1)			
8	video_url	视频播放地址	VARCHAR(128)			
9	area	区域	VARCHAR(32)			
10	longitude	经度	DECIMAL(12,6)			
11	latitude	纬度	DECIMAL(12,6)			
12	host	视频监控 IP 地址	VARCHAR(16)			
13	port	端口号	VARCHAR(8)			
14	client_id	视频管理平台唯一标识	VARCHAR(32)			
15	client_secret	秘钥	VARCHAR(64)			
16	sort	排序序号	INT(11)			

表 C.14　视频标签(表:jc_video_label)

序号	字段	名称	数据类型	主键	非空	默认值
1	id	主键 id	INT(11)	√	√	
2	label	视频标签	VARCHAR(32)			
3	sort	排序序号	INT(11)			
4	create_time	创建时间	DATETIME			

表 C.15　视频标签关系表(表:jc_video_label_relation)

序号	字段	名称	数据类型	主键	非空	默认值
1	label_id	标签序号	INT(11)	√	√	
2	video_id	视频点序号	INT(11)	√	√	

表 C.16　智能表用水记录表(表:userecord_source)

序号	字段	名称	数据类型	主键	非空	默认值
1	id	主键 id	BIGINT(12)	√	√	
2	watermeterno	水表号	VARCHAR(32)			
3	lastValue	最后上报读数	DECIMAL(20,6)			
4	permeterread	水表起码	DECIMAL(20,6)			

续表

序号	字段	名称	数据类型	主键	非空	默认值
5	meterread	水表止码	DECIMAL(20,6)			
6	recdate	上报时间	DATETIME		√	
7	state	状态:0. 未入业务库; 1. 正常入库	TINYINT			
8	remark	备注	VARCHAR			
9	switchflag	状态:0. 关;1. 开	INT(255)			
10	ctdate		DATETIME			
11	ICCID	物联网表卡号	VARCHAR(50)			
12	IMEI	物联网表模组号	VARCHAR(50)			
13	CSQ	信号值	VARCHAR(20)			
14	PT	付费模式: 0. 后付费;1. 预付费	VARCHAR(1)			
15	PW	电池电压	VARCHAR(10)			
16	ERR	异常状态	VARCHAR(10)			
17	ERR_CONTENT	异常信息	VARCHAR(30)			
18	source_type	数据来源:1. 手机;2. 电脑; 3. 远传;4. 智能水表	CHAR(1)			

表 C.17　　水表上报原始记录采集表(人工)(表:userecord_source_art)

序号	字段	名称	数据类型	主键	非空	默认值
1	id	主键 id	BIGINT(12)	√	√	
2	water_meter_no	水表号	BIGINT(19)			
3	per_meter_read	上期读数	DECIMAL(10,2)			
4	meter_read	本期读数	DECIMAL(10,2)			
5	rec_date	抄表日期	DATETIME			
6	user_id	用户 id	BIGINT(32)			
7	state	0. 未抄表;1. 已保存; 2. 已抄表;3. 已审核	TINYINT(1)			
8	remark	备注	VARCHAR(32)			
9	ct_date	审核日期	DATETIME			
10	source_type	数据来源: 1. 手机;2. 电脑; 3. 远传;4. 智能水表; 5. 导入	CHAR(1)			
11	add_count	增加量	DECIMAL(10,2)			

续表

序号	字段	名称	数据类型	主键	非空	默认值
12	this_count	本期水量	DECIMAL(10,2)			
13	step_one_count	阶梯一水量	DECIMAL(10,2)			
14	step_one_price	阶梯一单价	DECIMAL(4,2)			
15	step_two_count	阶梯二水量	DECIMAL(10,2)			
16	step_two_price	阶梯二单价	DECIMAL(4,2)			
17	step_three_count	阶梯三水量	DECIMAL(10,2)			
18	step_three_price	阶梯三单价	DECIMAL(4,2)			
19	create_time	创建时间	DATETIME			
20	use_rec_id	用水记录主键	VARCHAR(40)			
21	staff_id	抄表员 ID	VARCHAR(40)			
22	audier	审核人 id	VARCHAR(50)			
23	record_type	1. 正常抄表;2. 补录	TINYINT(1)			
24	meter_read_type	水表读数类型	CHAR(1)			
25	is_update	判断记录是否更新	VARCHAR(20			
26	longitude	经度	DECIMAL(20,8)			
27	latitude	纬度	DECIMAL(20,8)			

表 C.18　　异常数据校核记录表(表:userecord_source_error)

序号	字段	名称	数据类型	主键	非空	默认值
1	id	主键 id	BIGINT(12	√	√	
2	watermeterno	水表号	VARCHAR(32)			
3	permeterread	本次上报起码	DECIMAL(20,6)			
4	meterread	本次上报止码	DECIMAL(20,6)			
5	recdate	上报日期	DATETIME			
6	remark	本次异常信息	VARCHAR(32			
7	last_permeterread	故障起码	DECIMAL(20,6)			
8	last_meterread	故障止码	DECIMAL(20,6)			
9	last_recdate	故障时间	DATETIME			
10	last_remark	原始故障原因	VARCHAR(32)			
11	judge_type	判定状态: 1. 正常;2. 异常	CHAR(1)			
12	judge_operator	判定操作人	VARCHAR(50)			

附录 D(规范性附录)

监测诊断模块数据库结构设计

附录 D 规定了农村供水数据中心监测诊断模块数据库结构设计。

表 D. 1　　需水预测(表:jc_forecast_water)

序号	字段	名称	数据类型	主键	非空	默认值
1	id	主键 id	INT(11)	√	√	
2	part_id	分区	VARCHAR(10)			
3	val	需水量	DECIMAL(10,2)			
4	forecast_date	预测时间	DATE			

表 D. 2　　需水预测(月)分析表(表:jc_forecast_water_month)

序号	字段	名称	数据类型	主键	非空	默认值
1	id	主键 id	INT(11)	√	√	
2	water_code	水厂编码	VARCHAR(32)			
3	val	月度需水量	DECIMAL(10,2)			
4	forecast_date	预测时间	DATE			

表 D. 3　　需水预测(天)分析表(表:jc_forecast_water_day)

序号	字段	名称	数据类型	主键	非空	默认值
1	id	主键 id	INT(11)	√	√	
2	water_code	水厂编码	VARCHAR(32)			
3	val	逐日需水量	DECIMAL(10,2)			
4	forecast_date	预测时间	DATE			

表 D.4 需水预测(小时)分析表(表:jc_forecast_water_hour)

序号	字段	名称	数据类型	主键	非空	默认值
1	id	主键 id	INT(11)	√	√	
2	water_code	水厂编码	VARCHAR(32)			
3	val	逐小时需水量	DECIMAL(10,2)			
4	forecast_date	预测时间	DATE			
5	future_use	未来 24h 用水量	VARCHAR(255)			

表 D.5 管网实时诊断与处置表(表:jc_conduit_check_disposition)

序号	字段	名称	数据类型	主键	非空	默认值
1	id	主键 id	INT(11)	√	√	
2	conduit_no	管道编号	VARCHAR(32)			
3	area	所属乡镇	VARCHAR(255)			
4	pressure_booster_per	基于流量压力的爆管风险	DECIMAL(10,4)			
5	attribute_booster_per	基于管道属性的爆管风险	DECIMAL(10,4)			
6	conduit_flow1	管道流量 1	DECIMAL(10,2)			
7	conduit_flow2	管道流量 2	DECIMAL(10,2)			
8	conduit_perssure1	管道压力 1	DECIMAL(10,2)			
9	conduit_pressure2	管道压力 2	DECIMAL(10,2)			
10	material	材质	VARCHAR(32)			
11	conduit_length	管道长度	DECIMAL(10,2)			
12	conduit_radio	管径	DECIMAL(10,2)			
13	conduit_age	管龄	INT(11)			
14	conduit_road	管道路面类型	VARCHAR(16)			
15	disposition	处置建议	VARCHAR(255)			
16	cal_date	时间	DATE			
17	conduit_lon	管道经度	DECIMAL(9,6)			
18	conduit_lat	管道纬度	DECIMAL(8,6)			
19	boom_lon	爆管点位经度	DECIMAL(9,6)			
20	boom_lat	爆管点位纬度	DECIMAL(8,6)			
21	take_off	是否关闭阀门	VARCHAR(10)			
22	take_off_influence	关阀影响	VARCHAR(2500)			

表 D. 6 历史用水对比表(表:jc_history_water_compare)

序号	字段	名称	数据类型	主键	非空	默认值
1	id	主键 id	INT(11)	√	√	
2	obj_id	流量计编码	VARCHAR(32)			
3	use_date	用水时间	DATE			
4	use_count	用水量	DECIMAL(6,2)			
5	state	漏损状态	VARCHAR(10)			
6	check_state	运维排查结果	VARCHAR(255)			
7	upper_bond_series	上限	VARCHAR(1000)			
8	lower_bond_series	下限	VARCHAR(1000)			
9	abnormal_Inp_map	异常区间	VARCHAR(500)			

表 D. 7 夜间最小流量表(表:jc_night_flow)

序号	字段	名称	数据类型	主键	非空	默认值
1	id	主键 id	INT(11)	√	√	
2	area_id	分区编码	VARCHAR(255)			
3	night_min_flow	夜间最小流量	DECIMAL(10,2)			
4	night_min_base_flow	夜间最小流量基准值	DECIMAL(10,2)			
5	night_lose_flow	夜间漏损量	DECIMAL(10,2)			
6	night_lose_flow_per	漏损率	DECIMAL(10,4)			
7	flow_date	日期	DATE			
8	state	状态:0. 异常;1. 正常	VARCHAR(32)			
9	check_state	运维排查结果	VARCHAR(32)			

表 D. 8 历史夜间最小流量记录表(表:jc_night_flow_record)

序号	字段	名称	数据类型	主键	非空	默认值
1	area_id	分区编码	VARCHAR(255)	√	√	
2	record_date	日期	DATE	√	√	
3	night_min_flow	夜间最小流量	DECIMAL(10,2)			

表 D. 9 未计量水量记录表(表:jc_no_measurement)

序号	字段	名称	数据类型	主键	非空	默认值
1	id	主键 id	INT(11)	√	√	
2	part_id	分区编码	VARCHAR(10)			
3	use_month	用水年月	VARCHAR(7)			
4	no_measurement	未计量水量	DECIMAL(10,2)			

表 D.10 镇区间漏损量记录(表:jc_town_area_lose)

序号	字段	名称	数据类型	主键	非空	默认值
1	id	主键 id	VARCHAR(40)	√	√	
2	area_lose_id	镇区间范围	INT(11)			
3	town_area_name	镇区间输水干管	VARCHAR(32)			
4	monitor1_count	监测点 1 水量	DECIMAL(10,2)			
5	monitor2_count	监测点 2 水量	DECIMAL(10,2)			
6	lose_count	漏损量	DECIMAL(10,2)			
7	lose_per	漏损率	DECIMAL(10,2)			
8	cal_date	日期	DATE			

表 D.11 水量平衡表(表:jc_water_balance)

序号	字段	名称	数据类型	主键	非空	默认值
1	id	主键 id	INT(11)	√	√	
2	area_id	分区编码	VARCHAR(255)			
3	area_count	分区供水量	DECIMAL(10,2)			
4	unaccounted_count	未计量水量	DECIMAL(10,2)			
5	total_count	总用水量	DECIMAL(10,2)			
6	lose_count	漏损量	DECIMAL(10,2)			
7	lose_per	漏损率	DECIMAL(10,4)			
8	use_per	供水利用率	DECIMAL(10,4)			
9	date	时间	DATE			

附录 E(规范性附录)

工程运维模块数据库结构设计

附录 E 规定了农村供水数据中心工程运维测模块数据库结构设计。

表 E. 1 运维公告(表:zop_notice)

序号	字段	名称	数据类型	主键	非空	默认值
1	id	主键 id	BIGINT(20)	√	√	
2	uid	用户编号	VARCHAR(50)		√	
3	type	通知类型: 1. 巡检审批; 2. 维修审批; 3. 养护审批	TINYINT(4)		√	
4	process_instance_id	审批实例 id	VARCHAR(50)			
5	task_id	关联任务记录 id	BIGINT(20)			
6	status	状态:0. 未查看; 1. 已查看;2. 已处理	TINYINT(4)		√	0
7	content	消息通知内容	VARCHAR(255)			
8	create_time	创建时间	DATETIME		√	

表 E. 2 运维模板表(表:zop_op_template)

序号	字段	名称	数据类型	主键	非空	默认值
1	id	主键 id	BIGINT(20)	√	√	
2	pid	父级 id	BIGINT(20)		√	0
3	pids	全部父级 id	VARCHAR(255)		√	
4	name	模板名称	VARCHAR(50)		√	
5	status	状态:0. 正常;1. 删除	TINYINT(4)		√	0
6	create_time	创建时间	DATETIME		√	
7	creator	创建人姓名	VARCHAR(20)		√	
8	type	类型:1. 巡检; 2. 维修;3. 养护	TINYINT(4)		√	

表 E.3　运维模板指标表(表:zop_template_item)

序号	字段	名称	数据类型	主键	非空	默认值
1	id	主键 id	BIGINT(20)	√	√	
2	template_id	关联的模板 id	BIGINT(20)		√	
3	content	内容	VARCHAR(255)			
4	item	指标	VARCHAR(255)			
5	note	备注	VARCHAR(255)			
6	status	状态:0.正常;1.删除	TINYINT(4)		√	0

表 E.4　运维模板指标对象表(表:zop_template_item_objects)

序号	字段	名称	数据类型	主键	非空	默认值
1	id	主键 id	BIGINT(20)	√	√	
2	object_id	对象 id	BIGINT(20)		√	
3	item_id	指标 id	BIGINT(20)		√	
4	status	状态:0.正常;1.删除	TINYINT(4)		√	0

表 E.5　运维对象表(表:zop_template_objects)

序号	字段	名称	数据类型	主键	非空	默认值
1	id	主键 id	BIGINT(20)	√	√	
2	template_id	关联的模板 id	BIGINT(20)		√	
3	code	对象编码	VARCHAR(50)		√	
4	name	对象名称	VARCHAR(50)		√	
5	address	位置	GEOMETRY(65535)			
6	note	备注	VARCHAR(255)			
7	status	状态:0.正常;1.删除	TINYINT(4)		√	0
8	longitude	经度	DECIMAL(9,6)			
9	latitude	纬度	DECIMAL(9,6)			

表 E.6　维修上报问题表(表:zop_wx_problem)

序号	字段	名称	数据类型	主键	非空	默认值
1	id	主键 id	BIGINT(20)	√	√	
2	name	问题标题	VARCHAR(100)		√	

续表

序号	字段	名称	数据类型	主键	非空	默认值
3	source	问题来源	VARCHAR(50)		√	
4	object_id	问题对象 id	BIGINT(20)		√	
5	note	问题描述	VARCHAR(255)			
6	files	文件 id 集合	TEXT			
7	status	状态： 0. 正常；1. 删除	TINYINT(4)		√	0
8	is_ignore	是否忽略： 1. 不忽略；2. 忽略	TINYINT(4)		√	1
9	reporter	上报人	VARCHAR(50)			
10	create_time	创建时间	DATETIME		√	
11	creator	创建人	VARCHAR(50)		√	

表 E.7　　维修上报问题详情(表:zop_wx_problem_detail)

序号	字段	名称	数据类型	主键	非空	默认值
1	id	主键 id	BIGINT(20)	√	√	
2	problem_id	问题序号	BIGINT(20)		√	
3	item_id	指标项	BIGINT(20)		√	
4	status	状态：0. 正常；1. 异常	TINYINT(4)		√	1

表 E.8　　维修任务表(表:zop_wx_task)

序号	字段	名称	数据类型	主键	非空	默认值
1	id	主键 id	BIGINT(20)	√	√	
2	name	维修任务名称标题	VARCHAR(255)		√	
3	maintenance_uid	维修人员编号	VARCHAR(50)		√	
4	maintenance_name	维修人员姓名	VARCHAR(50)		√	
5	maintenance_begin_date	维修开始时间	DATE		√	
6	maintenance_end_date	维修结束时间	DATE		√	
7	status	状态：0. 未开始； 1. 执行中； 2. 审批中； 3. 已结束	TINYINT(4)		√	

续表

序号	字段	名称	数据类型	主键	非空	默认值
8	task_finish_time	审批提交时间	DATETIME			
9	process_finish_time	审批完成时间	DATETIME			
10	process_instance_id	审批流程实例 id	VARCHAR(255)			
11	create_time	创建时间	DATETIME		√	
12	creator	创建人姓名	VARCHAR(50)		√	

表 E.9　维修任务详情表(表:zop_wx_task_detail)

序号	字段	名称	数据类型	主键	非空	默认值
1	id	主键 id	BIGINT(20)	√	√	
2	task_id	维修任务工单序号	BIGINT(20)		√	
3	problem_id	问题 id	BIGINT(20)		√	
4	result	结果:0. 未开始; 1. 已修复	TINYINT(4)			
5	note	备注	VARCHAR(255)			
6	files	文件 id 集合	TEXT			
7	update_time	维修时间	DATETIME			
8	create_time	创建时间	DATETIME		√	

表 E.10　巡检记录表(表:zop_xj_record)

序号	字段	名称	数据类型	主键	非空	默认值
1	id	主键 id	BIGINT(20)	√	√	
2	task_id	巡检任务 id	BIGINT(20)		√	
3	name	巡检工单名称	VARCHAR(255)		√	
4	task_uid	巡检人员 id	VARCHAR(50)		√	
5	status	状态:0. 未开始; 1. 执行中;2. 审批中; 3. 已结束	TINYINT(4)		√	0
6	start_time	巡检开始时间	DATETIME		√	
7	end_time	巡检结束时间	DATETIME		√	
8	update_time	更新时间	DATETIME			
9	result	状态:0. 正常;1. 异常	TINYINT(4)			

续表

序号	字段	名称	数据类型	主键	非空	默认值
10	task_finish_time	审批提交时间	DATETIME			
11	process_finish_time	审批完成时间	DATETIME			
12	process_instance_id	审批流程实例 id	VARCHAR(255)			
13	create_time	创建时间	DATETIME		√	

表 E.11　　巡检记录详情表(表:zop_xj_record_detail)

序号	字段	名称	数据类型	主键	非空	默认值
1	id	主键 id	BIGINT(20)	√	√	
2	record_id	巡检记录 id	BIGINT(20)		√	
3	object_id	巡检对象 id	BIGINT(20)		√	
4	result	状态:0. 正常;1. 异常	TINYINT(4)			
5	note	备注	VARCHAR(255)			
6	files	文件 id 集合	TEXT			
7	address	位置信息	GEOMETRY (65535)			
8	update_time	更新时间	DATETIME			
9	create_time	创建时间	DATETIME		√	
10	longitude	经度	DECIMAL(12,6)			
11	latitude	纬度	DECIMAL(12,6)			

表 E.12　　巡检记录详情明细表(表:zop_xj_record_detail_mingxi)

序号	字段	名称	数据类型	主键	非空	默认值
1	id	主键 id	BIGINT(20)	√	√	
2	deatail_id	巡检记录详情 id	BIGINT(20)		√	
3	item_id	对象指标 id	BIGINT(20)		√	
4	status	状态:0. 正常;1. 异常	TINYINT(4)			

表 E.13　　巡检任务表(表:zop_xj_task)

序号	字段	名称	数据类型	主键	非空	默认值
1	id	主键 id	BIGINT(20)	√	√	
2	task_cycle	巡检任务类别	VARCHAR(4)		√	

续表

序号	字段	名称	数据类型	主键	非空	默认值
3	task_type	日常巡检周期间隔：1.一周；2.一旬；3.一个月；4.一季度；5.六个月；6.一年；7.自定义	TINYINT(4)			
4	task_day	任务天数	INT(11)			
5	name	任务名称	VARCHAR(255)		√	
6	task_uid	巡检人员 id	VARCHAR(50)		√	
7	task_uname	巡检人员姓名	VARCHAR(50)		√	
8	task_start_time	任务开始时间	DATE		√	
9	task_end_time	任务结束时间	DATE		√	
10	status		TINYINT(4)		√	0
11	create_time	创建时间	DATETIME		√	
12	creator	创建人姓名	VARCHAR(50)		√	

表 E.14　　巡检任务详情表(表:zop_xj_task_detail)

序号	字段	名称	数据类型	主键	非空	默认值
1	id	主键 id	BIGINT(20)	√	√	
2	task_id	巡检任务 id	BIGINT(20)		√	
3	object_id	巡检对象 id	BIGINT(20)		√	

表 E.15　　养护记录表(表:zop_yh_record)

序号	字段	名称	数据类型	主键	非空	默认值
1	id	主键 id	BIGINT(20)	√	√	
2	task_id	养护任务 id	BIGINT(20)		√	
3	name	养护工单名称	VARCHAR(255)		√	
4	task_uid	养护人员 id	VARCHAR(50)		√	
5	status	状态：0.未开始；1.执行中；2.审批中；3.已结束	TINYINT(4)		√	0
6	start_time	养护开始时间	DATETIME		√	
7	end_time	养护结束时间	DATETIME		√	

续表

序号	字段	名称	数据类型	主键	非空	默认值
8	update_time	更新时间	DATETIME			
9	result	状态:0. 正常;1. 异常	TINYINT(4)			
10	task_finish_time	审批提交时间	DATETIME			
11	process_finish_time	审批完成时间	DATETIME			
12	process_instance_id	审批流程实例 id	VARCHAR(255)			
13	create_time	创建时间	DATETIME		√	

表 E.16　养护记录详情表(表:zop_yh_record_detail)

序号	字段	名称	数据类型	主键	非空	默认值
1	id	主键 id	BIGINT(20)	√	√	
2	record_id	养护记录 id	BIGINT(20)		√	
3	object_id	养护对象 id	BIGINT(20)		√	
4	result	状态:0. 正常;1. 异常	TINYINT(4)			
5	note	备注	VARCHAR(255)			
6	files	文件 id 集合	TEXT			
7	address	位置信息	GEOMETRY (65535)			
8	update_time	更新时间	DATETIME			
9	create_time	创建时间	DATETIME		√	
10	longitude	经度	DECIMAL(12,6)			
11	latitude	纬度	DECIMAL(12,6)			

表 E.17　养护记录详情明细表(表:zop_yh_record_detail_mingxi)

序号	字段	名称	数据类型	主键	非空	默认值
1	id	主键 id	BIGINT(20)	√	√	
2	deatail_id	养护记录详情 id	BIGINT(20)		√	
3	item_id	对象指标 id	BIGINT(20)		√	
4	status	状态:0. 正常;1. 异常	TINYINT(4)			

表 E. 18 养护任务表(表:zop_yh_task)

序号	字段	名称	数据类型	主键	非空	默认值
1	id	主键 id	BIGINT(20)	√	√	
2	task_cycle	养护任务类别	VARCHAR(4)		√	
3	task_type	日常养护周期间隔: 1. 一周;2. 一旬; 3. 一个月;4. 一季度; 5. 六个月;6. 一年; 7. 自定义	TINYINT(4)			
4	task_day	任务天数	INT(11)			
5	name	养护任务名称标题	VARCHAR(255)		√	
6	task_uid	养护人员编号	VARCHAR(50)		√	
7	task_uname	养护人员姓名	VARCHAR(50)		√	
8	task_start_time	任务开始时间	DATE		√	
9	task_end_time	任务结束时间	DATE		√	
10	status	任务状态: 1. 有效;2. 无效	TINYINT(4)		√	0
11	create_time	创建时间	DATETIME		√	
12	creator	创建人姓名	VARCHAR(50)		√	

表 E. 19 养护任务详情表(表:zop_yh_task_detail)

序号	字段	名称	数据类型	主键	非空	默认值
1	id	主键 id	BIGINT(20)	√	√	
2	task_id	养护任务工单序号	BIGINT(20)		√	
3	object_id	养护对象 id	BIGINT(20)		√	

附录 F(规范性附录)

水费计收模块数据库结构设计

附录 F 规定了农村供水数据中心水费计收模块数据库结构设计。

表 F.1　　　　账号变动表(表: sf_acctmod_b_0)

序号	字段	名称	数据类型	主键	非空	默认值
1	acctmod_id	序号	INT(11)	√	√	
2	user_id	用水户 id	BIGINT(20)			
3	mod_type	金额变动类型	VARCHAR(32)			
4	mod_amt	变动金额	DECIMAL(20,6)			
5	pre_balance	变动前余额	DECIMAL(20,6)			
6	aft_balance	变动后余额	DECIMAL(20,6)			
7	create_time	创建时间	DATETIME			
8	source	记录来源	VARCHAR(64)			
9	remark	备注	VARCHAR(128)			

表 F.2　　　　附加费收费明细表(表:sf_additionprice_b)

序号	字段	名称	数据类型	主键	非空	默认值
1	id	主键 id	INT(11)	√	√	
2	water_company	供水公司	VARCHAR(11)			
3	water_plant	水厂编码	VARCHAR(32)			
4	price_name	水价名称	VARCHAR(255)			
5	step_price_id	水价类型	INT(11)			
6	area_id	乡镇编码	INT(11)			
7	add_price_type	附加费类型	VARCHAR(12)			
8	add_price_value	附加费值	DECIMAL(10,2)			
9	user_type	用水类型	VARCHAR(32)			
10	cycle	抄表周期	CHAR(1)			

续表

序号	字段	名称	数据类型	主键	非空	默认值
11	trash_active	是否开启垃圾处理费	VARCHAR(1)			
12	trash_price	垃圾处理费	DECIMAL(10,2)			
13	sewage_active	是否开启污水处理费	VARCHAR(1)			
14	sewage_price	污水处理费	DECIMAL(10,2)			
15	state	状态	VARCHAR(1)			
16	start_date	开始时间	DATE			
17	end_date	结束时间	DATE			
18	remark	备注	VARCHAR(255)			
19	confirm_date	生效时间	DATE			

表 F.3　　用户报装表(表:sf_applyorder_b)

序号	字段	名称	数据类型	主键	非空	默认值
1	apporder_id	报装单号	VARCHAR(50)	√	√	
2	water_meter_no	水表号	BIGINT(20)			
3	meter_no	表号	VARCHAR(50)			
4	user_name	用户名称	VARCHAR(32)			
5	first_letter	拼音首字母	VARCHAR(30)			
6	user_cert_no	证件号码	VARCHAR(32)			
7	user_tel	手机号码	VARCHAR(32)			
8	user_addr	报装地址	VARCHAR(255)			
9	area_id	报装区域	INT(11)			
10	meter_type	水表类型	VARCHAR(32)			
11	user_type	水户类型: 1.智能水表; 2.磁卡水表; 3.机械水表	VARCHAR(32)			
12	user_state	用户状态	VARCHAR(5)			'4'
13	apply_state	状态:0.已申请; 1.已派单;2.已完成	CHAR(1)			'0'
14	industry	用户行业	TINYINT(4)			
15	installer_id	安装人系统 id	BIGINT(20)			
16	installer	安装人	VARCHAR(255)			
17	create_time	创建时间	DATETIME			

续表

序号	字段	名称	数据类型	主键	非空	默认值
18	install_time	安装时间	DATETIME			
19	apply_type	报装类型	CHAR(1)			
20	approach	报装途径： 1. 窗口网页； 2. 电话；3. 微信	CHAR(1)			
21	ic_no	磁卡表号	VARCHAR(30)			
22	user_count	用水人口	INT(11)			
23	cycle	抄表周期	CHAR(2)			
24	area_name	区域名称	VARCHAR(50)			
25	pid	乡镇 id	INT(11)			
26	p_area_name	乡镇名称	VARCHAR(50)			
27	company_name	所属分公司	VARCHAR(50)			
28	water_company	所属分公司编码	VARCHAR(50)			
29	plant_name	水厂名称	VARCHAR(50)			
30	water_plant	所属水厂	VARCHAR(50)			
31	userid	用户 id	INT(11)			
32	account_opening_fee	开户费	DECIMAL(10,2)			
33	account_no	户号	VARCHAR(50)			
34	serial_num	流水号	VARCHAR(50)			

表 F.4　　　　用户报装费用明细表(表:sf_apply_fee_info)

序号	字段	名称	数据类型	主键	非空	默认值
1	id	主键 id	VARCHAR(50)	√	√	
2	apply_order_id	用户报装工单 id	VARCHAR(50)			
3	account_opening_fee	开户费	DECIMAL(10,2)			
4	material_fee	材料费	DECIMAL(10,2)			
5	hourly_wage	工时费	DECIMAL(10,2)			
6	other_fee	其他费用	DECIMAL(10,2)			
7	remark	备注	VARCHAR(255)			
8	apply_charge_type	报装费用类型	VARCHAR(1)			
9	create_time	操作时间	DATETIME			
10	role_name	操作人	VARCHAR(30)			
11	print_count	打印次数	VARCHAR(3)			
12	print_time	打印时间	DATETIME			

表 F.5 用户换表记录(表:sf_change_water_meter_record)

序号	字段	名称	数据类型	主键	非空	默认值
1	id	主键 id	VARCHAR(50)	√	√	
2	user_id	用户系统编码	BIGINT(20)			
3	account_no	户号	VARCHAR(255)			
4	user_name	户名	VARCHAR(50)			
5	old_water_meter_no	旧水表号	BIGINT(20)			
6	old_water_meter_type	旧水表类型	VARCHAR(1)			
7	old_water_meter_read	旧表读数	DECIMAL(10,2)			
8	new_water_meter_no	新水表表号	BIGINT(20)			
9	new_water_meter_type	新水表类型	VARCHAR(1)			
10	new_water_meter_read	新表读数	DECIMAL(10,2)			
11	role_user_name	操作人员	VARCHAR(50)			
12	create_time	操作时间	DATETIME			

表 F.6 水费账期设定(表:sf_cycle_date_setting)

序号	字段	名称	数据类型	主键	非空	默认值
1	id	主键 id	INT(11)	√	√	
2	water_company	分公司	VARCHAR(255)			
3	company_name	分公司名	VARCHAR(255)			
4	cycle_month	周期月份	VARCHAR(255)			
5	cycle_start_date	周期开始时间	DATE			
6	cycle_end_date	周期结束时间	DATE			

表 F.7 垃圾处理费(表:sf_garbage_fee)

序号	字段	名称	数据类型	主键	非空	默认值
1	id	主键 id	INT(11)	√	√	
2	garbage_fee_name	垃圾处理费名称	VARCHAR(50)			
3	water_company	所属公司	VARCHAR(20)			
4	water_plant	所属水厂	VARCHAR(50)			
5	garbage_price	垃圾处理费单价	DECIMAL(8,2)			
6	garbage_active	垃圾处理费是否开启:0.未开启;1.开启	VARCHAR(1)			
7	remark	备注	VARCHAR(255)			
8	role_name	操作人	VARCHAR(50)			
9	create_time	创建时间	DATETIME			

表 F. 8　　用户行业字典表(表:sf_industry_b)

序号	字段	名称	数据类型	主键	非空	默认值
1	id	主键 id	INT(11)	√	√	
2	water_company	分公司	VARCHAR(11)			
3	water_company_desc	分公司名称	VARCHAR(255)			
4	resident_type	用户行业	INT(11)			
5	resident_type_desc	用户行业描述	VARCHAR(32)			
6	user_type	子行业	VARCHAR(32)			
7	user_type_desc	子行业描述	VARCHAR(32)			
8	createtime	创建时间	DATETIME			

表 F. 9　　滞纳金每日计算明细表(表:sf_lateamt_b)

序号	字段	名称	数据类型	主键	非空	默认值
1	id	主键 id	INT(11)	√	√	
2	user_id	户号	INT(11)			
3	capital	欠费本金	DECIMAL(10,2)			
4	mod_amt	当天滞纳金	DECIMAL(10,2)			
5	lateprice_id	滞纳金计费明细	INT(11)			
6	ori_recon_id	原始对账单 id	INT(11)			
7	des_recon_id	入账对账单 id	INT(11)			
8	date	滞纳金收取日期	DATETIME			
9	state	是否扣缴: 1. 未扣缴;2. 已扣缴	VARCHAR(1)			
10	remark	备注	VARCHAR(255)			
11	step_id	阶梯水价 id	INT(11)			

表 F. 10　　滞纳金收费明细表(表:sf_lateprice_b)

序号	字段	名称	数据类型	主键	非空	默认值
1	id	主键 id	INT(11)	√	√	
2	water_company	供水公司	VARCHAR(11)			
3	resident_type	居民类型	INT(11)			
4	user_type	用水类型	VARCHAR(32)			
5	late_active	是否开启滞纳金: 0. 未开启;1. 开启	VARCHAR(1)			
6	rate	费率	DECIMAL(5,2)			

续表

序号	字段	名称	数据类型	主键	非空	默认值
7	start_time	起算时间	INT(11)			
8	min_price	最低值	DECIMAL(10,2)			
9	max_price_type	最高值类型	VARCHAR(1)			
10	state	状态	VARCHAR(1)			
11	start_date	开始时间	DATE			
12	end_date	结束时间	DATE			
13	remark	备注	VARCHAR(255)			
14	water_plant	水厂编码	VARCHAR(32)			
15	area_id	乡镇编码	INT(11)			

表 F.11　　水费异常记录表(表:sf_log)

序号	字段	名称	数据类型	主键	非空	默认值
1	id	主键 id	INT(11)	√	√	
2	user_id	用户 id	INT(11)			
3	type	类型	INT(11)			
4	create_time	抄表时间	DATETIME			
5	remark	备注	VARCHAR(3000)			

表 F.12　　用户留言表(表:sf_leave_message)

序号	字段	名称	数据类型	主键	非空	默认值
1	id	主键 id	INT(11)	√	√	
2	weixcode	用户微信标识	VARCHAR(255)			
3	message_content	留言内容	VARCHAR(255)			
4	create_time	留言时间	DATETIME			
5	message_status	留言状态	CHAR(1)			
6	role_name	联系人	VARCHAR(255)			
7	role_id	人员 id	VARCHAR(255)			
8	role_tel	联系电话	VARCHAR(11)			
9	company_name	供水公司	VARCHAR(64)			
10	area_name	所在乡镇	VARCHAR(64)			

表 F.13 抄表手册信息表(表:sf_meter_manual)

序号	字段	名称	数据类型	主键	非空	默认值
1	id	主键 id	INT(11)	√	√	
2	water_company	分公司	VARCHAR(255)			
3	water_plant	水厂	VARCHAR(255)			
4	pid	上级区域 id	INT(32)			
5	area_id	片区编号	VARCHAR(16)			
6	user_id	抄表片区	VARCHAR(16)			
7	old_user_id	抄表人员编号	VARCHAR(16)			
8	create_time	创建时间	DATETIME			

表 F.14 用户信息变更操作记录表(表:sf_operation_b)

序号	字段	名称	数据类型	主键	非空	默认值
1	id	主键 id	INT(11)	√	√	
2	user_name	户名	VARCHAR(50)			
3	account_no	户号	VARBINARY(50)			
4	operation_type	操作类型: 1. 删除用户; 2. 更改基本信息; 3. 更换水表	INT(11)			
5	watermeter_no	水表号	VARCHAR(20)			
6	info	操作详情	VARCHAR(50)			
7	role_name	执行人员	VARCHAR(30)			
8	createtime	创建时间	DATETIME			
9	userid	用户 id	BIGINT(20)			

表 F.15 其他费用(表:sf_otheramt_b)

序号	字段	名称	数据类型	主键	非空	默认值
1	id	主键 id	INT(11)	√	√	
2	water_company	分公司	VARCHAR(16)			
3	water_plant	水厂	VARCHAR(32)			
4	area_id	乡镇 id	INT(11)			
5	register_user	是否注册用户: 0. 不是;1. 是	VARCHAR(1)			
6	user_id	用户 id	INT(11)			

续表

序号	字段	名称	数据类型	主键	非空	默认值
7	user_name	用户名	VARCHAR(32)			
8	charge_item	收费项目	VARCHAR(32)			
9	tel	电话	VARCHAR(16)			
10	amt	金额	DECIMAL(8,2)			
11	remark	备注	VARCHAR(255)			
12	create_user	创建人	VARCHAR(32)			
13	create_time	创建时间	DATETIME			

表 F.16　营业网点信息表(表:sf_outlets_b)

序号	字段	名称	数据类型	主键	非空	默认值
1	id	主键 id	INT(11)	√	√	
2	outlets_name	营业网点名称	VARCHAR(50)			
3	outlets_manager	网点负责人	VARCHAR(50)			
4	outlets_tel	联系电话	VARCHAR(50)			
5	water_company	所属公司	CHAR(2)			
6	company	供水公司名称	VARCHAR(50)			
7	business_hours	营业时间	VARCHAR(255)			
8	outlets_addr	地址	VARCHAR(255)			
9	longitude	经度	DECIMAL(12,6)			
10	latitude	纬度	DECIMAL(12,6)			

表 F.17　充值记录表(表:sf_payrecord_b)

序号	字段	名称	数据类型	主键	非空	默认值
1	pay_rec_id	充值记录 id	VARCHAR(32)	√	√	
2	user_id	用水户 id	VARCHAR(32)			
3	pay_type	缴费方式	VARCHAR(32)			
4	pay_amt	缴费金额	DECIMAL(20,2)			
5	state	缴费状态	VARCHAR(10)			
6	pay_time	缴费时间	DATETIME			
7	invoicestate	是否开票	TINYINT(4)			
8	reconciliation_type	账单类型	VARCHAR(10)			
9	reconciliation_id	账单 id	INT(8)			
10	transaction_id	微信交易单号	VARCHAR(32)			

表 F.18　　缴费错误修正记录表(表:sf_payrecord_change_history)

序号	字段	名称	数据类型	主键	非空	默认值
1	id	主键 id	INT(11)	√	√	
2	false_user_id	错误户号	VARCHAR(32)			
3	true_user_id	正确户号	VARCHAR(32)			
4	pay_rec_id	订单号	VARCHAR(50)			
5	pay_amt	订单充值金额	DECIMAL(6,2)			
6	create_time	修正时间	TIMESTAMP			
7	role_name	操作人	VARCHAR(50)			
8	role_userid	操作人系统 id	VARCHAR(50)			
9	remark	错缴说明	VARCHAR(255)			
10	paytime	缴费时间	DATETIME			

表 F.19　　预存、退款金额表(表:sf_pre_storageamt_b)

序号	字段	名称	数据类型	主键	非空	默认值
1	id	主键 id	INT(11)	√	√	
2	water_company	分公司	VARCHAR(16)			
3	water_plant	水厂	VARCHAR(32)			
4	pid	乡镇	INT(11)			
5	user_id	用水户 id	INT(11)			
6	account_no	户号	VARCHAR(64)			
7	user_name	户名	VARCHAR(32)			
8	user_tel	用户电话	VARCHAR(50)			
9	user_addr	地址	VARCHAR(255)			
10	mod_type	方式: 1.预存;2.退款	VARCHAR(32)			
11	mod_amt	发生金额	DECIMAL(8,2)			
12	pre_balance	预存、退款前余额	DECIMAL(8,2)			
13	aft_balance	预存、退款后余额	DECIMAL(8,2)			
14	remark	备注	VARCHAR(255)			
15	create_user	创建人	VARCHAR(32)			
16	create_time	创建时间	DATETIME			
17	print_count	打印次数	INT(11)			

表 F.20　　用户每期账单金额表(表:sf_reconciliation_b)

序号	字段	名称	数据类型	主键	非空	默认值
1	id	主键 id	INT(11)	√	√	
2	user_id	用户 id	VARCHAR(32)			
3	create_time	抄表时间	DATETIME			
4	permeterread	水表起码	DECIMAL(20,2)			
5	meterread	水表止码	DECIMAL(20,2)			
6	use_count	用水量	DECIMAL(20,2)			
7	add_count	增加量	DECIMAL(20,2)			
8	cube_amt	基本方	DECIMAL(20,2)			
9	unit_amt	水价单价	DECIMAL(20,2)			
10	water_amt	水费变动金额	DECIMAL(10,2)			
11	trash_amt	垃圾处理费	DECIMAL(10,2)			
12	sewage_amt	污水处理费	DECIMAL(10,2)			
13	addition_amt	附加费变动金额	DECIMAL(10,2)			
14	late_amt	滞纳金变动金额	DECIMAL(10,2)			
15	amt	账单金额	DECIMAL(10,2)			
16	buckle_amt	扣缴金额	DECIMAL(10,2)			
17	payable_amt	应缴金额	DECIMAL(10,2)			
18	pay_amt	实缴金额	DECIMAL(10,2)			
19	state	状态	INT(11)			
20	source	用水记录	VARCHAR(500)			
21	remark	备注	VARCHAR(255)			
22	late_amt_time	账单滞纳金起算时间	DATETIME			
23	lose_amt	水损方	DECIMAL(20,2)			
24	rec_date	抄表时间	DATETIME			
25	pay_time	缴费时间	DATETIME			
26	cur_pay_amt	本期实缴金额	DECIMAL(10,2)			
27	mod_type	缴费方式	VARCHAR(16)			
28	reduce_amt	特例用户减免金额	DECIMAL(10,2)			
29	acctmod_id	充值 id	INT(11)			
30	deposit_amt	缴存结余	DECIMAL(10,2)			
31	prestore_amt	预存结余	DECIMAL(10,2)			
32	print_count	打印次数	INT(11)			
33	late_days	逾期天数	INT(11)			

续表

序号	字段	名称	数据类型	主键	非空	默认值
34	cal_use_count	实收水量	INT(11)			
35	create_user	创建人	VARCHAR(32)			
36	charge_user	收费人员	VARCHAR(32)			
37	reduce_user	减免人员	VARCHAR(32)			
38	man_reduce_amt	人工减免金额	DECIMAL(10,2)			
39	reduce_time	减免时间	DATETIME			
40	step_one_amt	第一阶梯水费	DECIMAL(10,2)			
41	step_two_amt	第二阶梯水费	DECIMAL(10,2)			
42	step_three_amt	第三阶梯水费	DECIMAL(10,2)			
43	after_deposit_amt	本期缴存结余	DECIMAL(10,2)			
44	after_prestore_amt	本期预存结余	DECIMAL(10,2)			
45	receipt_no	流水号	VARCHAR(32)			
46	step_one_name	第一阶梯水价名称	VARCHAR(32)			
47	step_two_name	第二阶梯水价名称	VARCHAR(32)			
48	step_three_name	第三阶梯水价名称	VARCHAR(32)			
49	one_use_count	第一阶梯水量	DECIMAL(10,2)			
50	two_use_count	第二阶梯水量	DECIMAL(10,2)			
51	three_use_count	第三阶梯水量	DECIMAL(10,2)			
52	one_unit_amt	第一阶梯单价	DECIMAL(10,2)			
53	two_unit_amt	第二阶梯单价	DECIMAL(10,2)			
54	three_unit_amt	第三阶梯单价	DECIMAL(10,2)			
55	wx_send_state	微信账单推送状态	INT(11)			
56	sys_user_id	抄表人员	VARCHAR(32)			

表 F.21　用户每期账单金额历史表(表:sf_reconciliation_b_his)

序号	字段	名称	数据类型	主键	非空	默认值
1	id	主键 id	INT(11)	√	√	
2	user_id	用户 id	VARCHAR(32)			
3	create_time	抄表时间	DATETIME			
4	permeterread	水表起码	DECIMAL(20,2)			
5	meterread	水表止码	DECIMAL(20,2)			
6	use_count	用水量	DECIMAL(20,2)			
7	add_count	增加量	DECIMAL(20,2)			

续表

序号	字段	名称	数据类型	主键	非空	默认值
8	cube_amt	基本方	DECIMAL(20,2)			
9	unit_amt	水价单价	DECIMAL(20,2)			
10	water_amt	水费变动金额	DECIMAL(10,2)			
11	trash_amt	垃圾处理费	DECIMAL(10,2)			
12	sewage_amt	污水处理费	DECIMAL(10,2)			
13	addition_amt	附加费变动金额	DECIMAL(10,2)			
14	late_amt	滞纳金变动金额	DECIMAL(10,2)			
15	amt	账单金额	DECIMAL(10,2)			
16	buckle_amt	扣缴金额	DECIMAL(10,2)			
17	payable_amt	应缴金额	DECIMAL(10,2)			
18	pay_amt	实缴金额	DECIMAL(10,2)			
19	state	状态	INT(11)			
20	source	用水记录	VARCHAR(500)			
21	remark	备注	VARCHAR(255)			
22	late_amt_time	账单滞纳金起算时间	DATETIME			
23	lose_amt	水损方	DECIMAL(20,2)			
24	rec_date	抄表时间	DATETIME			
25	pay_time	缴费时间	DATETIME			
26	cur_pay_amt	本期实缴金额	DECIMAL(10,2)			
27	mod_type	缴费方式	VARCHAR(16)			
28	reduce_amt	特例用户减免金额	DECIMAL(10,2)			
29	acctmod_id	充值 id	INT(11)			
30	deposit_amt	缴存结余	DECIMAL(10,2)			
31	prestore_amt	预存结余	DECIMAL(10,2)			
32	print_count	打印次数	INT(11)			
33	late_days	逾期天数	INT(11)			
34	cal_use_count	实收水量	INT(11)			
35	create_user	创建人	VARCHAR(32)			
36	charge_user	收费人员	VARCHAR(32)			
37	reduce_user	减免人员	VARCHAR(32)			
38	man_reduce_amt	人工减免金额	DECIMAL(10,2)			
39	reduce_time	减免时间	DATETIME			
40	step_one_amt	第一阶梯水费	DECIMAL(10,2)			

续表

序号	字段	名称	数据类型	主键	非空	默认值
41	step_two_amt	第二阶梯水费	DECIMAL(10,2)			
42	step_three_amt	第三阶梯水费	DECIMAL(10,2)			
43	after_deposit_amt	本期缴存结余	DECIMAL(10,2)			
44	after_prestore_amt	本期预存结余	DECIMAL(10,2)			
45	receipt_no	流水号	VARCHAR(32)			
46	step_one_name	第一阶梯水价名称	VARCHAR(32)			
47	step_two_name	第二阶梯水价名称	VARCHAR(32)			
48	step_three_name	第三阶梯水价名称	VARCHAR(32)			
49	one_use_count	第一阶梯水量	DECIMAL(10,2)			
50	two_use_count	第二阶梯水量	DECIMAL(10,2)			
51	three_use_count	第三阶梯水量	DECIMAL(10,2)			
52	one_unit_amt	第一阶梯单价	DECIMAL(10,2)			
53	two_unit_amt	第二阶梯单价	DECIMAL(10,2)			
54	three_unit_amt	第三阶梯单价	DECIMAL(10,2)			
55	wx_send_state	微信账单推送状态	INT(11)			
56	sys_user_id	抄表人员	VARCHAR(32)			

表 F.22　　二次供水信息表(表:sf_second_water)

序号	字段	名称	数据类型	主键	非空	默认值
1	id	主键 id	INT(11)	√	√	
2	second_water_name	二次供水费用名称	VARCHAR(50)			
3	water_company	所属公司	VARCHAR(20)			
4	water_plant	所属水厂	VARCHAR(50)			
5	second_water_price	二次供水费用单价	DECIMAL(8,2)			
6	remark	备注	VARCHAR(255)			
7	role_name	操作人	VARCHAR(50)			
8	create_time	创建时间	DATETIME			

表 F.23　　污水处理费记录表(表:sf_sewage_fee)

序号	字段	名称	数据类型	主键	非空	默认值
1	id	主键 id	INT(11)	√	√	
2	sewage_fee_name	垃圾处理费名称	VARCHAR(50)			
3	water_company	所属公司	VARCHAR(20)			

续表

序号	字段	名称	数据类型	主键	非空	默认值
4	water_plant	所属水厂	VARCHAR(50)			
5	sewage_price	垃圾处理费单价	DECIMAL(8,2)			
6	sewage_active	垃圾处理费是否开启	VARCHAR(1)			
7	remark	备注	VARCHAR(255)			
8	role_name	操作人	VARCHAR(50)			
9	create_time	创建时间	DATETIME			

表 F.24　　特例用户信息表(表:sf_special_user)

序号	字段	名称	数据类型	主键	非空	默认值
1	user_id	用户编码	INT(11)	√	√	
2	account_no	户号	VARBINARY(30)			
3	user_name	户名	VARCHAR(50)			
4	company_name	所属分公司	VARCHAR(50)			
5	water_company	所属供水公司	VARCHAR(30)			
6	water_plant	水厂编码	VARCHAR(40)			
7	plant_name	水厂名称	VARCHAR(40)			
8	p_area_name	乡镇名称	VARCHAR(30)			
9	pid	乡镇编码	INT(11)			
10	area_name	抄表片区	VARCHAR(30)			
11	area_id	抄表片区编码	INT(11)			
12	relief_use_type	减免用量类型	INT(11)			
13	relief_proportion	减免占比	INT(11)			
14	relief_default_numb	默认减免次数	INT(11)			
15	lave_relief_numb	剩余减免次数	INT(11)			
16	relief_count	减免量	DECIMAL(6,2)			
17	relief_period_type	减免期限类型	INT(11)			
18	start_period	减免开始日期	DATE			
19	end_period	减免结束日期	DATE			
20	remark	备注	VARCHAR(255)			
21	role_name	操作人	VARCHAR(50)			
22	use_relief_count	使用次数	INT(11)			

表 F. 25 水费计算明细表(表:sf_stepamt_b)

序号	字段	名称	数据类型	主键	非空	默认值
1	id	主键 id	INT(11)	√	√	
2	user_id	户号	INT(11)			
3	recon_id	对账单 id	INT(11)			
4	stepprice_id	阶梯水价 id	INT(11)			
5	min_count	水量范围起始值	DECIMAL(20,2)			
6	max_count	水量范围结束值	DECIMAL(20,2)			
7	use_count	用水量	VARCHAR(255)			
8	unit_amt	单价	DECIMAL(10,2)			
9	water_amt	水费	DECIMAL(10,2)			
10	create_time	创建时间	DATETIME			
11	sort	序号	INT(11)			

表 F. 26 阶梯水价收费明细表(表:sf_stepprice_b)

序号	字段	名称	数据类型	主键	非空	默认值
1	id	主键 id	INT(11)	√	√	
2	price_name	价格名称	VARCHAR(255)			
3	water_company	供水公司	VARCHAR(11)			
4	water_plant	水厂编码	VARCHAR(32)			
5	area_id	乡镇编码	INT(11)			
6	resident_type	居民类型	INT(11)			
7	user_type	用水类型	VARCHAR(16)			
8	cycle	抄表周期	CHAR(1)			
9	set_price_active	是否开启阶梯水价	VARCHAR(1)			
10	set_price	单价	DECIMAL(10,2)			
11	cube_active	是否开启基本方	VARCHAR(1)			
12	cube_amt	基本方	DECIMAL(10,2)			
13	lose_active	是否开启水损方	VARCHAR(1)			
14	lose_amt	水损方	DECIMAL(10,2)			
15	zero_active	是否收取零用量	VARCHAR(1)			
16	step_one_count	阶梯一水量	DECIMAL(10,2)			
17	step_one_price	阶梯一单价	DECIMAL(4,2)			
18	step_two_count	阶梯二水量	DECIMAL(10,2)			
19	step_two_price	阶梯二单价	DECIMAL(4,2)			

续表

序号	字段	名称	数据类型	主键	非空	默认值
20	step_three_count	阶梯三水量	DECIMAL(10,2)			
21	step_three_price	阶梯三单价	DECIMAL(4,2)			
22	state	状态	INT(11)			
23	start_date	开始时间	DATE			
24	end_date	结束时间	DATE			
25	remark	备注	VARCHAR(255)			
26	calculate_type	计算类型	INT(11)			
27	late_price_type	滞纳金类型(按固定值)	VARCHAR(10)			
28	start_time	起算时间	INT(11)			
29	min_price	最低值	DECIMAL(10,2)			
30	late_price	滞纳金	DECIMAL(10,2)			
31	rate	费率	DECIMAL(5,2)			

表 F.27　　混合比例用水详情(表:sf_stepprice_mix_detail)

序号	字段	名称	数据类型	主键	非空	默认值
1	id	主键 id	INT(11)	√	√	
2	user_id	用户编码	BIGINT(20)			
3	step_price_id	阶梯水价 id	INT(11)			
4	use_type	用水类型	VARCHAR(16)			
5	use_price	价格	DECIMAL(10,2)			
6	use_ratio	使用比例	DECIMAL(5,2)			

表 F.28　　微信用户绑定表(表:sf_userbinding_b)

序号	字段	名称	数据类型	主键	非空	默认值
1	BINDID	绑定标识	VARCHAR(32)	√	√	
2	USERID	用户户号	INT(11)		√	
3	WEIXCODE	微信号	VARCHAR(32)			
4	STATUS	默认标识	VARCHAR(1)		√	
5	BINDUSERID	被绑定的户号	INT(11)			

表 F.29　　用水记录表(表:sf_userecord_b)

序号	字段	名称	数据类型	主键	非空	默认值
1	use_rec_id	主键 id	VARCHAR(40)	√	√	

续表

序号	字段	名称	数据类型	主键	非空	默认值
2	rec_date	采集日期	DATE	√	√	
3	user_id	用水户 id	INT(11)			
4	per_meter_read	水表起吗	DECIMAL(20,2)			
5	meter_read	水表止码	DECIMAL(20,2)			
6	use_count	用水量	DECIMAL(20,2)			
7	cost	计费金额	DECIMAL(20,6)			
8	pay_cost	暂未使用	DECIMAL(10,6)			
9	state	状态	VARCHAR(3)			
10	water_meter_no	水表号	BIGINT(20)			
11	source_type	数据来源途径：0. 智能水表；1. 手机；2. 电脑；3. 远传	CHAR(1)			

表 F. 30　　按照汇总每月用户用水量(表:sf_userecord_b_user_month)

序号	字段	名称	数据类型	主键	非空	默认值
1	id	主键 id	INT(11)	√	√	
2	user_id	用水户 id	INT(11)			
3	water_meter_no	水表号	BIGINT(20)		√	
4	use_count	用水量	DECIMAL(20,2)			
5	cost	计费金额	DECIMAL(20,6)			
6	month	月份	VARCHAR(10)		√	
7	create_time	创建时间	TIMESTAMP		√	

表 F. 31　　按照汇总用户近 7 天用水量(表:sf_userecord_b_user_week)

序号	字段	名称	数据类型	主键	非空	默认值
1	id	主键 id	INT(11)	√	√	
2	user_id	用水户 id	INT(11)			
3	water_meter_no	水表号	BIGINT(20)		√	
4	use_count	用水量	DECIMAL(20,2)			
5	cost	计费金额	DECIMAL(20,6)			
6	month	月份	VARCHAR(10)		√	
7	create_time	创建时间	TIMESTAMP		√	

表 F. 32　水量抄表阈值设置(表:sf_userecord_meterread_limit)

序号	字段	名称	数据类型	主键	非空	默认值
1	id	主键 id	INT(11)	√	√	
2	water_company	分公司	INT(11)			
3	resident_type	居民类型	INT(11)			
4	user_type	用水类型	INT(11)			
5	water_meter_type	水表类型	CHAR(1)			
6	user_id	户号	INT(11)			
7	usecount	两次抄表间的水量阈值	INT(11)			

表 F. 33　用水户预警配置(表:sf_userecord_warn_limit)

序号	字段	名称	数据类型	主键	非空	默认值
1	water_meter_no	水表号	VARCHAR(32)	√	√	
2	data_deadline	取数截止日期	DATETIME			
3	ninety_avg_usecount	近 90d 用水平均值	DECIMAL(20,2)			
4	ninety_zero_usecount_day	近 90d 连续零用水天数	INT(11)			
5	ninety_max_usecount	近 90d 用水最高值	DECIMAL(20,2)			
6	min_usecount	低预警阈值	DECIMAL(20,2)			
7	max_usecount	高预警阈值	DECIMAL(20,2)			

表 F. 34　用户档案信息表(表:sf_user_b)

序号	字段	名称	数据类型	主键	非空	默认值
1	user_id	系统编号	BIGINT(20)	√	√	
2	water_meter_no	水表编码	BIGINT(20)			
3	user_name	用户姓名	VARCHAR(32)			
4	first_letter	拼音首字母	VARCHAR(30)			
5	user_cert_no	用户身份证	VARCHAR(50)			
6	user_tel	用户电话	VARCHAR(50)			
7	user_addr	用户地址	VARCHAR(256)			
8	area_id	抄表手册	INT(11)			
9	user_type	用户类型	VARCHAR(50)			
10	user_count	用户家庭人数	INT(11)			
11	last_pay_date	最后一次缴费时间	DATETIME			
12	last_pay_amt	最后一次缴费金额	DECIMAL(10,2)			

续表

序号	字段	名称	数据类型	主键	非空	默认值
13	balance	当前余额	DECIMAL(10,2)			
14	user_state	用户状态	VARCHAR(20)			
15	create_time	入库日期	TIMESTAMP		√	
16	industry	用户行业	INT(11)			
17	grade	用户等级	VARCHAR(10)			
18	score	用户评分	VARCHAR(10)			
19	addr_id	水表地址	INT(11)			
20	switch_flag	水表开关状态： 0. 关；1. 开	CHAR(1)			
21	water_meter_type	水表类型： 1. 智能水表； 2. 磁卡水表； 3. 机械水表	VARCHAR(1)			
22	station	管理站	INT(11)			
23	default_read	默认水表读数	DECIMAL(10,2)			
24	section	片区	INT(11)			
25	install_time	安装日期	DATETIME			
26	staff	水表抄表负责人	VARCHAR(100)			
27	ic_no	磁卡表号	VARCHAR(50)			
28	account_no	户号	VARCHAR(100)		√	
29	meter_no	表号	VARCHAR(50)			
30	company_name	所属分公司	VARCHAR(50)			
31	cycle	抄表周期	CHAR(1)			
32	p_area_name	乡镇名称	VARCHAR(30)			
33	pid	乡镇编码	INT(11)			
34	area_name	抄表片区	VARCHAR(30)			
35	collection_id	用户 id 集合	INT(11)			
36	device_id	水表对应物联网 id	VARCHAR(100)			
37	part_id	所属片区	VARCHAR(10)			
38	sort	抄表排序	INT(11)			
39	resident_type	居民类型	VARCHAR(255)			
40	initial_time	建档时间	DATETIME			
41	longitude	经度	DECIMAL(12,6)			

续表

序号	字段	名称	数据类型	主键	非空	默认值
42	latitude	纬度	DECIMAL(12,6)			
43	addition_price_id	附加费	INT(11)			
44	step_id	水价类别名称 id	INT(11)			
45	step_name	水价类别名称	VARCHAR(50)			
46	remark	备注	VARCHAR(32)			
47	water_plant	所属水厂编码	VARCHAR(50)			
48	plant_name	水厂名称	VARCHAR(50)			
49	special_status	是否特例用户	INT(11)			
50	deposit_amt	缴存结余	DECIMAL(10,2)			
51	prestore_amt	预存结余	DECIMAL(10,2)			
52	late_price_id	滞纳金	INT(11)			
53	big_water_status	是否大水用户	INT(11)			
54	garbage_disposal_fee	垃圾处理费	DECIMAL(10,2)			
55	garbage_disposal_fee_id	垃圾处理费主键	INT(11)			
56	sewage_treatment_fee	污水处理费	DECIMAL(10,2)			
57	sewage_treatment_fee_id	污水处理费主键	INT(11)			
58	current_year_use_total	当前年度阶梯总用水量	DECIMAL(10,2)			
59	second_water	二次供水	DECIMAL(8,2)			
60	second_water_id	二次供水主键	INT(11)			
61	deleted	删除状态： 0. 未删除；1. 删除	INT UNSIGNED(11)			0

表 F. 35　　用户集信息表(表:sf_user_collection)

序号	字段	名称	数据类型	主键	非空	默认值
1	id	主键 id	INT(11)	√	√	
2	name	名称	VARCHAR(32)			
3	adm_dept	归口管理部门	VARCHAR(64)			
4	longitude	经度	DECIMAL(12,6)			
5	latitude	纬度	DECIMAL(12,6)			
6	pid	乡镇编码	INT(11)			
7	p_area_name	乡镇名称	VARCHAR(30)			

表 F.36 用户短信记录表(表:sf_user_sms)

序号	字段	名称	数据类型	主键	非空	默认值
1	id	主键	INT(11)	√	√	
2	user_id	用户主键	INT(11)			
3	content	短信内容	VARCHAR(1024)			
4	create_time	创建时间	DATETIME			
5	remark	备注	VARCHAR(255)			

表 F.37 用水类型字典表(表:sf_use_type)

序号	字段	名称	数据类型	主键	非空	默认值
1	id	主键 id	INT(11)	√	√	
2	use_type	用水类型	VARCHAR(255)			

表 F.38 水表变更历史记录表(表:sf_watermeterno_change_history)

序号	字段	名称	数据类型	主键	非空	默认值
1	id	主键 id	INT(11)	√	√	
2	old_watermeterno	旧水表号	VARCHAR(50)			
3	new_watermeterno	新水表号	VARCHAR(50)			
4	new_meterread	新水表默认读数	DECIMAL(10,2)			
5	role_user_name	操作人	VARCHAR(50)			
6	create_time	操作时间	DATETIME			

表 F.39 停水公告信息表(表:sf_water_announcement)

序号	字段	名称	数据类型	主键	非空	默认值
1	id	主键 id	INT(11)	√	√	
2	report_title	公告标题	VARCHAR(255)			
3	report_content	公告内容	MEDIUMTEXT			
4	role_name	发布人	VARCHAR(255)			
5	create_time	发布时间	DATETIME			
6	role_id	用户 id	VARCHAR(255)			
7	cover_image	封面图片	VARCHAR(255)			
8	announcement_tyep	公告类型	CHAR(1)			

表 F.40　　供水(分)公司信息表(表:sf_water_company)

序号	字段	名称	数据类型	主键	非空	默认值
1	id	主键 id	VARCHAR(11)	√	√	
2	price_name	价格名称	VARCHAR(255)			
3	company_name	分公司	VARCHAR(255)			
4	addr	地址	VARCHAR(255)			
5	tel	联系电话	VARCHAR(11)			

表 F.41　　供水(分)公司、水厂、乡镇对应关系表(表:sf_wwa_relation)

序号	字段	名称	数据类型	主键	非空	默认值
1	id	主键 id	INT(11)	√	√	
2	water_company	分公司编码	VARCHAR(32)			
3	company_name	分公司名称	VARCHAR(32)			
4	water_plant	水厂编码	VARCHAR(32)			
5	plant_name	水厂名称	VARCHAR(32)			
6	area_id	区域 id	INT(11)			
7	area_name	区域名称	VARCHAR(32)			

附录 G(规范性附录)

系统管理模块数据库结构设计

附录 G 规定了农村供水数据中心系统管理模块数据库结构设计。

表 G.1　　　　系统通告表(表:sys_announcement)

序号	字段	名称	数据类型	主键	非空	默认值
1	id	主键 id	VARCHAR(32)	√	√	
2	titile	系统通告标题	VARCHAR(100)			
3	msg_content	系统通告内容	TEXT			
4	start_time	开始时间	DATETIME			
5	end_time	结束时间	DATETIME			
6	sender	发布人	VARCHAR(100)			
7	priority	优先级: L. 低;M. 中;H. 高	VARCHAR(255)			
8	msg_category	消息类型: 1. 通知公告;2. 系统消息	VARCHAR(10)		√	'2'
9	msg_type	通告对象类型: USER. 指定用户; ALL. 全体用户	VARCHAR(10)			
10	send_status	发布状态: 0. 未发布;1. 已发布; 2. 已撤销	VARCHAR(10)			
11	send_time	发布时间	DATETIME			
12	cancel_time	撤销时间	DATETIME			
13	del_flag	删除状态: 0. 正常;1. 已删除	VARCHAR(1)			
14	bus_type	业务类型: email. 邮件;bpm . 流程	VARCHAR(20)			

续表

序号	字段	名称	数据类型	主键	非空	默认值
15	bus_id	业务 id	VARCHAR(50)			
16	open_type	打开方式：component.组件；url.路由	VARCHAR(20)			
17	open_page	组件/路由	VARCHAR(255)			
18	create_by	创建人	VARCHAR(32)			
19	create_time	创建时间	DATETIME			
20	update_by	更新人	VARCHAR(32)			
21	update_time	更新时间	DATETIME			
22	user_ids	指定用户	TEXT			
23	msg_abstract	摘要	TEXT			
24	dt_task_id	钉钉号 id	VARCHAR(100)			

表 G.2　　用户通告阅读标记表(表:sys_announcement_send)

序号	字段	名称	数据类型	主键	非空	默认值
1	id	主键 id	VARCHAR(32)			
2	annt_id	通告 id	VARCHAR(32)			
3	user_id	用户 id	VARCHAR(32)			
4	read_flag	阅读状态：0.未读；1.已读	VARCHAR(10)			
5	read_time	阅读时间	DATETIME			
6	create_by	创建人	VARCHAR(32)			
7	create_time	创建时间	DATETIME			
8	update_by	更新人	VARCHAR(32)			
9	update_time	更新时间	DATETIME			

表 G.3　　组织机构表(表:sys_depart)

序号	字段	名称	数据类型	主键	非空	默认值
1	id	主键 id	VARCHAR(32)	√	√	
2	parent_id	父机构 id	VARCHAR(32)			
3	depart_name	机构/部门名称	VARCHAR(100)		√	
4	depart_name_en	机构/部门英文名	VARCHAR(500)			
5	depart_name_abbr	机构/部门名称缩写	VARCHAR(500)			
6	depart_order	排序号	INT(11)			0

续表

序号	字段	名称	数据类型	主键	非空	默认值
7	description	描述	VARCHAR(500)			
8	org_category	机构类别	VARCHAR(10)		√	'1'
9	org_type	机构类型	VARCHAR(10)			
10	org_code	机构编码	VARCHAR(64)		√	
11	owner_org_code	所属机构编码	VARCHAR(100)			
12	mobile	手机号	VARCHAR(32)			
13	fax	传真	VARCHAR(32)			
14	address	地址	VARCHAR(100)			
15	memo	备注	VARCHAR(500)			
16	status	状态： 1. 启用；0. 未启用	VARCHAR(1)			
17	del_flag	删除状态： 0. 正常；1. 已删除	VARCHAR(1)			
18	qywx_identifier	对接企业微信的 id	VARCHAR(100)			
19	create_by	创建人	VARCHAR(32)			
20	create_time	创建日期	DATETIME			
21	update_by	更新人	VARCHAR(32)			
22	update_time	更新日期	DATETIME			
23	addvcd	行政区划	VARCHAR(60)			
24	department_ contact_username	部门联系人	VARCHAR(50)			

表 G. 4　　部门权限表(表:sys_depart_permission)

序号	字段	名称	数据类型	主键	非空	默认值
1	id	主键 id	VARCHAR(32)	√	√	
2	depart_id	部门 id	VARCHAR(32)			
3	permission_id	权限 id	VARCHAR(32)			
4	data_rule_ids	数据规则 id 集合	VARCHAR(1000)			

表 G. 5　　部门角色关系表(表:sys_depart_role)

序号	字段	名称	数据类型	主键	非空	默认值
1	id	主键 id	VARCHAR(32)	√	√	
2	depart_id	部门 id	VARCHAR(32)			

续表

序号	字段	名称	数据类型	主键	非空	默认值
3	role_name	部门角色名称	VARCHAR(200)			
4	role_code	部门角色编码	VARCHAR(100)			
5	description	描述	VARCHAR(255)			
6	create_by	创建人	VARCHAR(32)			
7	create_time	创建时间	DATETIME			
8	update_by	更新人	VARCHAR(32)			
9	update_time	更新时间	DATETIME			

表 G.6　部门角色权限关系表(表:sys_depart_role_permission)

序号	字段	名称	数据类型	主键	非空	默认值
1	id	主键 id	VARCHAR(32)	√	√	
2	depart_id	部门 id	VARCHAR(32)			
3	role_id	角色 id	VARCHAR(32)			
4	permission_id	权限 id	VARCHAR(32)			
5	data_rule_ids	数据权限 id 集合	VARCHAR(1000)			
6	operate_date	操作时间	DATETIME			
7	operate_ip	操作 IPlkjh	VARCHAR(20)			

表 G.7　部门角色用户关系表(表:sys_depart_role_user)

序号	字段	名称	数据类型	主键	非空	默认值
1	id	主键 id	VARCHAR(32)	√	√	
2	user_id	用户 id	VARCHAR(32)			
3	drole_id	角色 id	VARCHAR(32)			

表 G.8　系统数据字典表(表:sys_dict)

序号	字段	名称	数据类型	主键	非空	默认值
1	id	主键 id	VARCHAR(32)	√	√	
2	dict_name	字典名称	VARCHAR(100)		√	
3	dict_code	字典编码	VARCHAR(100)		√	
4	description	描述	VARCHAR(255)			
5	del_flag	删除状态	INT(11)			
6	create_by	创建人	VARCHAR(32)			
7	create_time	创建时间	DATETIME			

续表

序号	字段	名称	数据类型	主键	非空	默认值
8	update_by	更新人	VARCHAR(32)			
9	update_time	更新时间	DATETIME			
10	type	字典类型： 0. string；1. number	INT UNSIGNED(11)			0

表 G. 9　系统数据字典值详情表(表:sys_dict_item)

序号	字段	名称	数据类型	主键	非空	默认值
1	id	主键 id	VARCHAR(32)	√	√	
2	dict_id	字典 id	VARCHAR(32)			
3	item_text	字典项文本	VARCHAR(100)		√	
4	item_value	字典项值	VARCHAR(100)		√	
5	description	描述	VARCHAR(255)			
6	sort_order	排序序号	INT(11)			
7	status	状态： 1. 启用；0. 未启用	INT(11)			
8	create_by	创建人	VARCHAR(32)			
9	create_time	创建时间	DATETIME			
10	update_by	更新人	VARCHAR(32)			
11	update_time	更新时间	DATETIME			

表 G. 10　系统文件存储记录表(表:sys_file)

序号	字段	名称	数据类型	主键	非空	默认值
1	id	主键 id	INT(11)	√	√	
2	pid	父级 id	VARCHAR(16)			
3	file_name	文件名	VARCHAR(100)		√	
4	type	工程类型： 1. 水库；2. 水厂； 3. 泵站；4. 监测点	VARCHAR(1)			
5	content_type	文件类型	VARCHAR(100)		√	
6	file_path	文件路径	VARCHAR(200)			
7	file_length	文件大小	INT(11)		√	
8	ct_date	创建时间	TIMESTAMP		√	
9	sort	排序序号	INT(11)			

表 G. 11　　系统日志表(表:sys_log)

序号	字段	名称	数据类型	主键	非空	默认值
1	id	主键 id	VARCHAR(32)	√	√	
2	log_type	日志类型: 1. 登录日志; 2. 操作日志	INT(11)			
3	log_content	日志内容	VARCHAR(1000)			
4	operate_type	操作类型	INT(11)			
5	userid	操作用户账号	VARCHAR(32)			
6	username	操作用户名称	VARCHAR(100)			
7	ip	操作者 IP	VARCHAR(100)			
8	method	请求的 java 方法名称	VARCHAR(500)			
9	request_url	请求路径	VARCHAR(255)			
10	request_param	请求参数	LONGTEXT			
11	request_type	请求类型	VARCHAR(10)			
12	cost_time	耗时	BIGINT(20)			
13	create_by	创建人	VARCHAR(32)			
14	create_time	创建时间	DATETIME			
15	update_by	更新人	VARCHAR(32)			
16	update_time	更新时间	DATETIME			

表 G. 12　　菜单权限表(表:sys_permission)

序号	字段	名称	数据类型	主键	非空	默认值
1	id	主键 id	VARCHAR(32)	√	√	
2	parent_id	父级菜单 id	VARCHAR(32)			
3	name	菜单标题	VARCHAR(100)			
4	url	路径	VARCHAR(255)			
5	component	组件	VARCHAR(255)			
6	component_name	组件名字	VARCHAR(100)			
7	redirect	一级菜单跳转地址	VARCHAR(255)			
8	menu_type	菜单类型: 0. 一级菜单;1. 子菜单; 2. 按钮权限	INT(11)			
9	perms	菜单权限编码	VARCHAR(255)			
10	perms_type	权限策略: 1. 显示;2. 禁用	VARCHAR(10)			'0'

续表

序号	字段	名称	数据类型	主键	非空	默认值
11	sort_no	菜单排序序号	DOUBLE(8,2)			
12	always_show	聚合子路由：1. 是；0. 否	TINYINT(4)			
13	icon	菜单图标	VARCHAR(100)			
14	is_route	是否路由菜单：1. 是；0. 否	TINYINT(4)			1
15	is_leaf	是否叶子节点：1. 是；0. 否	TINYINT(4)			
16	keep_alive	是否缓存该页面：1. 是；0. 否	TINYINT(4)			
17	hidden	是否隐藏路由：1. 是；0. 否	INT(11)			0
18	hide_tab	是否隐藏 Tab：1. 是；0. 否	INT(11)			
19	description	描述	VARCHAR(255)			
20	create_by	创建人	VARCHAR(32)			
21	create_time	创建时间	DATETIME			
22	update_by	更新人	VARCHAR(32)			
23	update_time	更新时间	DATETIME			
24	del_flag	删除状态	INT(11)			0
25	rule_flag	是否添加数据权限：1. 是；0. 否	INT(11)			0
26	status	按钮权限状态：0. 无效；1. 有效	VARCHAR(2)			
27	internal_or_external	外链菜单打开方式：0. 内部打开；1. 外部打开	TINYINT(4)			

表 G. 13　　权限数据规则配置表(表:sys_permission_data_rule)

序号	字段	名称	数据类型	主键	非空	默认值
1	id	主键 id	VARCHAR(32)	√	√	
2	permission_id	菜单 id	VARCHAR(32)			
3	rule_name	规则名称	VARCHAR(100)			
4	rule_column	规则对应的数据字段	VARCHAR(255)			

续表

序号	字段	名称	数据类型	主键	非空	默认值
5	rule_conditions	规则生效条件	VARCHAR(255)			
6	rule_value	规则值	VARCHAR(100)			
7	status	状态： 1. 启用;0. 未启用	VARCHAR(255)			
8	create_time	创建时间	INT(11)			
9	create_by	创建人	VARCHAR(255)			
10	update_time	更新时间	VARCHAR(10)			'0'
11	update_by	更新人	DOUBLE(8,2)			

表 G. 14 角色表(表:sys_role)

序号	字段	名称	数据类型	主键	非空	默认值
1	id	主键 id	VARCHAR(32)	√	√	
2	role_name	角色名称	VARCHAR(200)			
3	role_code	角色编码	VARCHAR(100)		√	
4	description	描述	VARCHAR(255)			
5	create_by	创建人	VARCHAR(32)			
6	create_time	创建时间	DATETIME			
7	update_by	更新人	VARCHAR(32)			
8	update_time	更新时间	DATETIME			

表 G. 15 角色权限关系表(表:sys_role_permission)

序号	字段	名称	数据类型	主键	非空	默认值
1	id	主键 id	VARCHAR(32)	√	√	
2	role_id	角色 id	VARCHAR(32)			
3	permission_id	权限 id	VARCHAR(32)			
4	data_rule_ids	数据权限 id 集合	VARCHAR(1000)			
5	operate_date	操作时间	DATETIME			
6	operate_ip	操作 IP	VARCHAR(20)			

表 G. 16 多租户信息表(表:sys_tenant)

序号	字段	名称	数据类型	主键	非空	默认值
1	id	主键 id	INT(11)	√	√	
2	name	租户名称	VARCHAR(100)			

续表

序号	字段	名称	数据类型	主键	非空	默认值
3	create_time	创建时间	DATETIME			
4	create_by	创建人	VARCHAR(100)			
5	begin_date	开始时间	DATETIME			
6	end_date	结束时间	DATETIME			
7	status	状态	INT(11)			

表 G. 17　　用户表(表:sys_user)

序号	字段	名称	数据类型	主键	非空	默认值
1	id	主键 id	VARCHAR(32)	√	√	
2	username	登录账号	VARCHAR(100)			
3	realname	真实姓名	VARCHAR(100)			
4	password	密码	VARCHAR(255)			
5	salt	md5 密码盐的值	VARCHAR(45)			
6	avatar	头像	VARCHAR(255)			
7	birthday	生日	DATETIME			
8	sex	性别:1. 男;2. 女	TINYINT(4)			
9	email	电子邮件	VARCHAR(45)			
10	phone	电话	VARCHAR(45)			
11	org_code	机构编码	VARCHAR(64)			
12	status	用户状态: 1. 正常;2. 冻结	TINYINT(4)			
13	del_flag	删除状态: 0. 正常;1. 删除	TINYINT(4)			
14	third_id	第三方登录的唯一标识	VARCHAR(100)			
15	third_type	第三方类型	VARCHAR(100)			
16	activiti_sync	同步工作流引擎: 1. 同步;2. 不同步	TINYINT(4)			
17	work_no	工号	VARCHAR(100)			
18	post	职务	VARCHAR(100)			
19	telephone	座机号	VARCHAR(45)			
20	create_by	创建人	VARCHAR(32)			
21	create_time	创建时间	DATETIME			
22	update_by	更新人	VARCHAR(32)			

续表

序号	字段	名称	数据类型	主键	非空	默认值
23	update_time	更新时间	DATETIME			
24	user_identity	身份： 1. 普通成员；2. 管理者	TINYINT(4)			
25	depart_ids	负责部门 id 集合	LONGTEXT			
26	rel_tenant_ids	多租户标识 id 集合	VARCHAR(100)			
27	client_id	设备 ID	VARCHAR(64)			

表 G.18　　用户代理人设置(表:sys_user_agent)

序号	字段	名称	数据类型	主键	非空	默认值
1	id	主键 id	VARCHAR(32)	√	√	
2	user_name	用户名	VARCHAR(100)			
3	agent_user_name	代理人用户名	VARCHAR(100)			
4	start_time	代理开始时间	DATETIME			
5	end_time	代理结束时间	DATETIME			
6	status	状态：0. 无效；1. 有效	VARCHAR(2)			
7	create_name	创建人名称	VARCHAR(50)			
8	create_by	创建人登录名称	VARCHAR(50)			
9	create_time	创建日期	DATETIME			
10	update_name	更新人名称	VARCHAR(50)			
11	update_by	更新人登录名称	VARCHAR(50)			
12	update_time	更新日期	DATETIME			
13	sys_org_code	所属部门	VARCHAR(50)			
14	sys_company_code	所属公司	VARCHAR(50)			

表 G.19　　用户角色表(表:sys_user_role)

序号	字段	名称	数据类型	主键	非空	默认值
1	id	主键 id	VARCHAR(32)	√	√	
2	user_id	用户 id	VARCHAR(32)			
3	role_id	角色 id	VARCHAR(32)			

表 G.20　　岗位信息表(表:sys_position)

序号	字段	名称	数据类型	主键	非空	默认值
1	id	主键 id	VARCHAR(32)	√	√	

续表

序号	字段	名称	数据类型	主键	非空	默认值
2	code	职务编码	VARCHAR(32)			
3	name	职务名称	VARCHAR(32)			
4	post_rank	职级	VARCHAR(2)			
5	company_id	公司 id	VARCHAR(32)			
6	create_by	创建人	VARCHAR(50)			
7	create_time	创建时间	DATETIME			
8	update_by	更新人	VARCHAR(50)			
9	update_time	更新时间	DATETIME			
10	sys_org_code	组织机构编码	VARCHAR(50)